성공의 문을 여는
마스터키

KB192105

일러두기

- 이 책에서는 국내 최초로 저자 찰스 해낼이 직접 작성한 '통찰'(Insight)과 '핵심 요약'(Highlights)을 소개하고 있으며, 저자가 여러 버전으로 출간한 *The Master Key System*을 종합해서 번역했다.

- 본문 각 장은 다음과 같이 구성되어 있다.

  - 통찰(Insight): 해당 장의 핵심 내용을 저자가 통합적 관점에서 정리했다.
  - 핵심 요약(Highlights): 각 장에서 꼭 알아야 할 부분을 저자가 요약했다.
  - 마스터키 시스템(Master Key System): 책의 본문이다.
  - 질문과 대답(Q&A): 저자가 핵심 내용을 질의응답 형식으로 정리했다.

- 1919년 출간 당시의 과학적 이해를 바탕으로 하고 있으므로, 현대 과학의 발전에 따라 일부 내용은 수정 및 보완이 필요할 수 있다.

- 모든 각주는 한국어판 편집자의 것이다.

끌어당김의 법칙으로 풀어낸,
반복 가능한 24주 성공 프로젝트

THE
MASTER
KEY
SYSTEM

성공의 문을 여는
마스터키

찰스 F. 해낼 지음 ✤ 강주헌 옮김

현대
지성

목차

추천사

우리는 자연과 함께 살아가면서 계속해서 앞으로 나아가야 한다. 변화가 두렵더라도 그 자리에 머물러서는 안 된다. 건강한 사고방식을 가진 사람이라면 누구나 역동적으로 인생을 개척하고 싶어 할뿐더러, 살아 있는 동안 끊임없이 성장하며 조금씩 나아지길 바란다.

이러한 성장은 오직 개인의 사고 수준을 높이고, 그에 따라 행동과 환경을 개선함으로써 이룰 수 있다. 그러므로 창조적 사고 과정과 그 적용 방법을 연구하는 일은 우리 모두에게 매우 중요하다. 그 과정과 방법을 터득한다면, 인간 진화의 속도를 높이고 질적 수준을 향상시키는 열쇠를 발견할 수 있기 때문이다.

인류는 '진리'를 간절히 갈망하며, 그것에 이르는 모든 길을 탐색해왔다. 그 여정에서 우리의 선조들은 독특한 책들을 저술했는데, 자잘한 것부터 숭고한 것까지 온갖 사상을 아우르고자 노력했다. 점술과 예언에 관한 내용으로 시작해서 여러 철학 사상을 다루고, 마침내는 '마스터키'라 불리는 궁극의 진리에 다다르게 해주는 안내서이다.

이 책에서 '마스터키'는 광대한 우주의 지혜를 활용하여 자신의 꿈과 열망에 공명하는 것들을 이끌어내는 수단으로, 우리 모두에게 주어진다.

　우리를 둘러싼 모든 사물과 체계는 궁극적으로 인간이 창조한 것이며, 애초에 누군가의 마음속에서 생각의 형태로 존재했던 것이다. 따라서 사고는 건설적이며, 우리의 생각은 우주의 영적인 힘이 인간을 통해 발현되는 것이다. 이런 관점에서 보면 인간은 우주의 창조물인 셈이다. 『성공의 문을 여는 마스터키』는 이 힘을 활용하는 방법, 좀 더 정확히 말하자면 그것을 건설적이고 창조적으로 사용하는 법을 우리에게 일러준다. 그러나 우리가 간절히 소망하는 목표와 상황은 먼저 마음속에서 구체적인 형태를 갖추어야 한다. 이 책은 그 과정을 설명하고 안내하고 있다.

　『성공의 문을 여는 마스터키』에 담긴 가르침은 지금까지 '24개 강의로 구성된 통신 강좌' 형식으로 발간되어 왔으며, 원래는 24주에 걸쳐 매주 한 강의씩 독자에게 전달되었다. 이제 우리는 24개 강의가 모두 포함된 책을 손에 넣게 되었다.

　부디 이 책을 소설처럼 가볍게 읽지 말기를 바란다. 일종의 교과서로 여기고, 각 장을 신중히 읽으며 그 의미를 성실하게 받아들였으면 한다. 다시 말해, 일주일에 한 장씩만 읽고 되새긴 후 다음 장으로 나아가길 바란다. 그렇게 하지 않으면, 십중팔구 뒷부분을 오해하여 시간과 비용을 낭비하게 될 것이기 때문이다.

　책에서 알려주는 대로 실천한다면, 우리는 '마스터키'를 통해 소중한 꿈을 이룰 힘과 놀랍도록 아름다운 삶을 만끽할 역량을 지닌, 더욱 건강하고 발전된 사람으로 다시 태어날 수 있을 것이다.

F. H. 버저스

저자 서문

I

성공이 이루어지든 그렇지 않든 간에, 어떤 환경이 만들어지려면 그에 앞서 어떤 형태로든 행동이 있어야 한다. 그리고 어떤 행동이 일어나려면 의식적이든 무의식적이든 어떤 생각이 먼저 있어야 한다. 생각은 마음의 산물이므로, 마음Mind이 모든 행위가 시작되는 창조의 중심이라는 것은 분명하다.

오늘날 비즈니스 세계를 움직이는 기본 법칙들은 동등한 힘을 가진 다른 요인에 의해 쉽사리 변경되거나 폐기되지 않는다. 그러나 상위 법칙이 하위 법칙을 지배한다는 것은 당연한 이치다. 생명력 있는 나무에서 수액이 줄기를 타고 위로 올라가는 것은 중력의 법칙을 거스르기 때문이 아니라, 그것을 극복하기 때문이다.

환경을 통제하려면 마음에서 행동으로 이어지는 과학적 원리를 발견해야 한다. 이 원리를 알게 된다면, 그 지식은 매우 귀중한 자산이 된다. 이러한 지식은 서서히 체득되지만, 습득하는 즉시 실천할 수 있다. 환경을 극복하는 힘은 그런 지식이 맺는 열매 중 하나이다. 건강과 조화, 번영은 그 지식의 대차대조표에서 자산으로 기록되며, 그 지식을 얻기 위해 자료를 수집하는 데 투자한 노력만이 비용으로 간주될 뿐이다.

눈에 보이는 것을 관찰하는 데 많은 시간을 보내는 자연주의자는 관찰을 담당하는 두뇌 영역의 힘을 끊임없이 단련한다. 그 결과, 그는 시각적 인식 능력이 놀랄 만큼 발달하여, 이런 능력을 갖추지 못한 동료와 달리 단번에 수많은 세부 사항을 포착할 수 있다. 우리는 두뇌 훈련만으로도 이러한 역량을 계발할 수 있다. 뇌의 관찰 영역 기능을 강화하겠다는 의식적인 결정을 내리고, 주의력과 집중력을 기르며 그 특별한 능력을 반복적이고 의도적으로 연습하면 된다. 이런 과정을 거치면 우리는 동료들보다 훨씬 뛰어난 관찰력을 갖추게 되고, 그 방법도 터득하게 된다. 반대로, 무력감에 빠져 어떠한 행동도 취하지 않는다면 취약한 뇌세포들이 굳어져 결실 없는 황폐한 삶을 살 수밖에 없다.

모든 생각은 현실로 나타나려는 속성이 있다. 욕망은 생각의 씨앗이며, 이 씨앗이 발아하여 자라나 꽃을 피우고 열매를 맺는다. 우리는 매일 이런 씨앗을 뿌린다. 그 수확물은 무엇일까? 오늘의 우리는 과거에 품었던 생각의 결과물이다. 미래의 우리는 지금 우리가 생각하는 바의 결과일 것이다. 결국 우리의 성격과 인격, 환경은 우리가 마음속에 간직한 생각이 만들어낸다. 생각은 유사한 것을 끌어당긴다. 정신의 인력 법칙law of mental attraction은 원자의 친화력 법칙law of atomic affinity과 다르지 않다. 우리의 생각은 그와 비슷한 생각이나 사람, 환경, 상황 등을 불러들인다. 정신의 흐름은 전기나 자기, 열에너지의 흐름만큼이나 실재하며, 우리는 우리와 조화를 이루는 그런 흐름을 끌어당긴다. 그렇다면 우리를 성공으로 이끄는 흐름을 선택할 수 있을까? 삶의 과정에서 우리가 제기하는 매우 중요한 질문이기도 하다.

마음의 흐름에는 항상 어느 정도의 저항이 따르기 마련이다. 우리의 뇌 활동은 각 영역의 고유한 기능에 반응하여 일어난다. 마음의 잠재력은 꾸준한 훈련과 연습을 통해 끌어올릴 수 있다. 우리가 반복해서 연습할수록 각각의 뇌 활동은 더욱 정교해진다.

그렇다면 마음을 성장시키기 위해 연습이 필요한 이유는 무엇일까? 우리는 지각 능력을 발달시키고, 감성을 풍부하게 하며, 상상력을 고취시키기 위해 연습한다. 또한 직관력을 균형 있게 발휘하여, 이유를 명확히 설명하기는 어렵더라도 신속하게 선택할 수 있는 능력을 기르기 위해서라도 연습이 필요하다. 나아가 도덕적 자질을 함양함으로써 우리가 추구하는 마음의 힘을 개발하는 것 역시 연습을 통해 가능해진다. 이처럼 마음을 단련하는 동기는 다채로울 수 있지만 그 목적은 하나, 바로 우리 내면에 숨어 있는 무한한 잠재력을 일깨우는 데 있다.

세네카는 "가장 위대한 사람은 불굴의 의지로 옳은 일을 선택하는 사람이다"라고 했다. 마음이 최대의 힘을 발휘하려면 도덕성 함양을 위한 훈련이 필수적이므로, 의식적인 정신적 노력에는 반드시 도덕적 목적이 동반되어야 한다. 도덕 의식이 발달하면 동기도 정화되어, 행동의 강도와 지속성이 높아진다. 그러므로 인격이 조화롭게 성장하려면 육체와 정신, 도덕심이 건전해야 한다. 이 셋이 조화롭게 어우러질 때 진취성과 결단력, 인내력이 형성되고, 그때 성공의 문이 필연적으로 열리게 된다.

자연은 만물의 조화로움을 성취하기 위해 부단히 노력하며, 일체의 불화와 상처, 장애물을 균형감 있게 치유하고자 한다. 따라서 우

성공의 문을 여는 마스터키

리가 조화로운 마음가짐을 가지면, 자연스레 우리 주변의 물질적 환경도 그에 맞춰 변화하기 시작한다. 조화로운 분위기를 만들어내려면 무엇보다 우리 자신이 먼저 그에 걸맞은 내적 상태를 갖추는 것이 중요하다.

마음이 엄청난 창조적 힘이라는 점을 이해한다면 무엇이 불가능하겠는가? 욕망Desire이 막강한 창조적 에너지라면, 우리 삶과 운명에서 욕망을 함양하고 통제하며 관리해야 하는 것은 당연한 일 아닐까? 강인한 정신력을 키우면 긍정적이고 건설적인 사고의 물결을 일으켜, 그 힘으로 주변 환경을 바꿔나갈 수 있게 된다. 그 힘이 다른 이들의 마음에 스며들면, 그들은 자신도 모르게 그의 생각에 동조하게 된다. 탁월한 설득력을 지닌 위인들에게는 이 힘이 덩두렷이 느껴진다. 그들의 영향력은 곳곳에서 입증된다. 그들은 타인의 희망을 경청하는 것처럼 보이지만, 실상은 타인이 자발적으로 그들에게 순응하도록 이끈 결과일 따름이다. 이처럼 강력한 욕망과 상상력을 지닌 사람은 다른 이의 마음에 깊은 영향을 미치고, 궁극적으로는 그가 원하는 방향으로 그들을 이끌어간다. 이런 자성(磁性)을 지닌 사람은 상대방을 끌어당기고 매혹시킨다. 그는 상대의 감성을 자극하고 의지를 꺾어버린다.

스스로 돕고자 하는 내적 힘을 타고나지 않은 사람은 없다. 모든 이에게는 역경을 극복하려는 지적이고 도덕적인 용기가 내재되어 있다. 혼돈에 빠진 오늘날의 세상에는 이 진실이 절실히 필요하다. 따라서 잠들어 있는 지적 용기를 일깨울 가능성을 포기하지 말고, 모두에게 열려 있는 도덕적 용기를 발휘해야 한다. 우리 모두의 내면에 신성한 힘이 있음을 잊어서는 안 된다.

우리는 태양이 '뜨고', '진다'라고 말한다. 하지만 누구나 알듯이, 그것은 표면적인 움직임을 묘사한 것일 뿐이다. 우리 감각에는 지구가 정지해 있는 것처럼 보이지만, 실제로는 엄청난 속도로 자전하고 있다. 또한 우리는 종을 '소리 내는 물체'로 정의하지만, 모두가 아는 대로 종은 공기 중에 진동을 일으킬 뿐이다. 그 진동수가 초당 16회에 도달하면 소리가 인지된다. 우리는 초당 38,000회의 진동까지 들을 수 있다. 진동수가 그 이상 높아지면 다시 고요한 세계로 돌아가 아무 소리도 들리지 않는다. 그러므로 소리는 종 자체에 있는 게 아니라 우리 마음속에 있음을 알 수 있다.

우리는 태양이 '빛을 발한다'라고 말하고, 그렇게 믿기도 한다. 그러나 태양은 에너지를 방출할 뿐이고, 그 에너지가 대기 중에서 초당 400조 회의 진동을 일으켜 '광파'를 형성한다. 우리가 빛으로 지각하는 것은 실제로 '운동'motion의 한 양태일 뿐이며, 빛은 광파의 운동, 다시 말해 파장이 우리 마음에 촉발하는 감각인 것이다. 진동수가 증가함에 따라 빛의 색상이 달라진다. 구체적으로 설명하자면, 진동의 폭이 좁아지고 속도가 빨라질 때마다 빛의 색이 변한다. 그래서 우리는 장미를 붉다고 말하고, 풀을 초록이라 칭하며, 하늘을 푸르다고 표현하지만, 그런 색채들은 오직 우리 마음속에만 존재하는 것으로, 빛의 진동이 초래한 결과로서 우리가 감지하는 감각일 뿐이다. 진동이 초당 400조 회 아래로 느려지면, 더 이상 빛으로 느껴지지 않고 열로 인식된다.

이제 우리는 표면적인 모습만이 우리 의식 속에 존재한다는 사실을 깨달았다. 심지어 시간과 공간마저 사라진다. 시간은 연속성의 경험에 불과하기에 현재와 관련 없는 생각들을 제거하면 과거도 미래도 존재하지 않기 때문이다. 결국 "모든 원자는 영원히 보존된다"라는 단 하나의 원리가 존재하는 모든 것을 지배하고 통제한다. 이 법칙에 따르면, 사라지는 원자는 어딘가에서 반드시 받아들여져야 한다. 어떤 원자도 소멸되지 않으며 어딘가에 사용된다. 끌어당기는 쪽, 즉 필요로 하는 쪽으로만 이동할 뿐이다. 우리는 주는 것만을 받을 수 있고, 받을 수 있는 사람에게만 줄 수 있다. 하지만 성장의 속도와 조화의 정도는 우리가 결정한다.

우리 삶을 지배하는 법칙들은 궁극적으로 우리에게 유익한 방향으로 고안된 것이다. 그 법칙들은 불변하므로, 우리는 그 법칙들의 지배에서 벗어날 수 없다. 언제나 예외 없이 적용되는 모든 위대한 힘은 조용히 엄숙하게 작용한다. 그러나 그 힘과 조화를 이루며 평화롭고 행복한 삶을 영위할 수 있느냐 하는 것은 결국 우리의 능력에 달려 있다.

인생에서 역경과 불화, 장애물에 부딪힌다는 것은 우리에게 더 이상 필요치 않은 것을 내려놓지 않거나, 반대로 우리에게 진정 필요한 것을 받아들이길 거부하고 있다는 신호일 수 있다. 우리는 낡고 시대에 뒤처진 것을 새롭고 더 나은 것으로 대체함으로써 성장할 수 있다. 성장이란 일종의 교환이자 주고받는 행위인데, 그 이유는 우리 모두가 완전한 존재이기에 무언가를 내어줄 때만 새로운 것을 얻을 수 있기 때문이다. 따라서 이미 가진 것에 집착하고 고집한다면 우리에게 꼭 필요한 것을 얻을 기회를 놓치고 말 것이다.

인력의 법칙, 즉 끌어당김의 법칙은 우리에게 이로운 것만을 우리에게 가져다준다. 우리가 무언가를 끌어당기는 이유를 알게 되면, 현재 상황을 의식적으로 조절할 수 있고, 더욱 성장하기 위해 다양한 경험에서 필요한 것만을 추출해낼 수 있다. 이것을 해내느냐 마느냐에 따라, 우리가 성취하는 조화와 행복의 수준이 좌우된다.

성장에 필요한 것들을 자신의 것으로 만드는 능력이 지속해서 발전하면, 우리는 더 높은 경지에 이르고 안목도 확장된다. 그에 따라 우리에게 필요한 것을 식별하는 역량도 커지고, 필요한 것이 주위에 있는지를 인지하여 그것을 끌어당겨 흡수하는 능력도 자연스레 향상된다. 성장에 필요한 것 이외에는 그 무엇도 우리에게 접근하지 못하게 하라. 우리가 맞닥뜨리는 상황과 경험이 우리에게 유익이 되게 하라. 역경과 위기에서 지혜를 이끌어내, 더욱 성장하는 데 필요한 공식을 찾아내지 못한다면 역경과 위기는 끊임없이 반복될 것이다. 뿌린 대로 거둔다는 속담은 수학 공식만큼이나 정확하다. 역경을 극복하는 데 필요한 노력을 기울인 만큼, 정확히 그만큼의 지속적인 힘을 얻게 된다.

성장에 반드시 필요한 것들은 우리에게 완벽히 부합하는 것만을 강하게 끌어당기라고 요구한다. 최상의 행복을 성취하는 비결은, 자연의 법칙을 이해하고 의식적으로 협력하는 데 있다.

우리 마음의 힘을 종종 억누르고 무력화시키는 견해들은 인종에 대한 편협한 사고에서 비롯된다. 흥미롭게도 그런 견해를 맹목적으로 수용하여, 그에 따라 행동하는 사람이 의외로 많다. 두려움과 걱정, 무력감과 열등감이 매일 우리에게 밀물처럼 밀려온다. 이러한 감정들로 인해 수많은 사람이 아무런 성취를 이루지 못하는 까닭, 즉 해방감을 주는 올바른 평가와 건전한 야망만 있었더라면 위대한 업적을 달성할 수 있었을 텐데도 보잘것없는 결과에 그칠 수밖에 없는 이유를 충분히 설명할 수 있다.

남성에 비해 여성은 이러한 환경에서 훨씬 더 큰 피해를 입었다. 여성이 타인의 생각과 진동에 더욱 민감하게 반응하기도 하지만, 부정적이고 억압적인 사고가 봇물처럼 여성을 향하는 경우가 많았기 때문이다.

그러나 이제 이런 상황이 극복되고 있다. 플로렌스 나이팅게일 (Florence Nightingale, 1820-1910)은 크림 전쟁 당시 남다른 온유함과 공감 능력, 행동력을 보여주며 여성에 대한 편견을 이겨냈다. 미국 적십자사를 창설한 클라라 바턴(Clara Barton, 1821-1912)은 남북전쟁 시기 북군에서 비슷한 역할을 수행하며 여성에게 불리한 여건을 극복했다. 제니 린드(Jenny Lind, 1820-1887)는 순회 공연으로 막대한 수익을 올리는 재능을 과시하고, 타고난 자질을 끊임없이 연마해 당대 음악계 정상에 오름으로써 그런 상황을 뛰어넘었다. 이 외에도 가수와 배우, 자선가와 작가로서 문학계와 연극계, 예술계와 사회에서 눈부신 성과를 일궈낸 수많은 여성이 있었다.

남성뿐 아니라 여성도 스스로 사고하기 시작했고, 여성에게도 새로운 삶을 개척할 기회가 있음을 깨달았다. 여성들은 삶에 어떤 비밀이 있다면 그것이 공개되어야 한다고 주장한다. 생각의 영향력과 잠재력이 지금처럼 철저하고 세밀하게 연구된 적이 과거에는 없었다. 마음이 만물의 근원이자 보편적 실재라는 경이로운 사실을 소수의 선각자는 예로부터 인식하고 있었지만, 이 중차대한 진리가 일반 대중의 의식에까지 전달된 적은 없었다. 이제 이 경이로운 진실을 명확히 알리고자 많은 사람이 애쓰고 있다. 현대 과학이 우리에게 가르쳐준 바와 같이, 빛과 소리는 운동의 강도가 다를 뿐이다.

따라서 이러한 차이를 인식하기 전에는 상상조차 할 수 없었던 힘들이 우리 내면에서 발견된다.

새로운 시대가 도래했다. 새 시대를 전심으로 받아들이면, 삶의 광활한 의미와 장엄함이 엿보이는 듯하다. 우리 삶에는 무한한 가능성이라는 싹이 피어나고 있다. 우리가 무언가를 달성할 잠재력은 무궁무진하며, 우리의 성장에는 제한이 없다. 그 경지에 이르면, 우리 자신이 무한한 에너지의 일부이며, 그 무한한 에너지로부터 새로운 힘을 끌어낼 수 있음을 깨닫게 된다.

II

의식적인 노력을 크게 들이지 않고도 성공과 권력, 부와 업적을 끌어당기는 것처럼 보이는 이가 있는 반면, 고군분투 끝에 정상에 오르는 사람도 있다. 하지만 갖은 노력에도 불구하고 야망과 꿈, 이상을 전혀 이루지 못하는 경우도 있다. 이런 차이는 어디에서 비롯되는 걸까? 어떤 사람은 야망을 손쉽게 이루는 반면 어떤 사람은 장애물에 직면하고, 또 어떤 사람은 결국 좌절하는 원인은 무엇일까? 그 원인이 육체적인 측면에 있지는 않을 것이다. 그렇다면 육체적으로 완벽한 사람은 모두 성공해야 할 테니까. 따라서 그 차이는 분명 정신적인 데서 비롯된다. 즉, 마음에 그 비결이 있는 것이다. 이런 이유로 마음은 창조적인 힘이며, 사람들 사이에 존재하는 유일한 차이점이다. 바꿔 말하면, 우리가 삶의 여정에서 맞닥뜨리는 환경과 난관을 극복하게 해주는 것은 바로 마음이다.

알렉산더와 나폴레옹, 크롬웰과 말버러 공작, 조지 워싱턴 같은 위대한 지도자들, 앤드류 카네기와 J. P. 모건, 존 록펠러와 윌리엄 레버흄 같은 사업계의 거물들, 로버트 스티븐슨과 새뮤얼 모스, 굴리엘모 마르코니, 토머스 에디슨과 니콜라 테슬라 같은 발명가들은 생각이라는 창조적 힘을 통해 내적 자질을 최대한 발휘한 인물들이다. 만약 사람들 사이의 유일한 차이가 어떤 생각을 하고, 그 생각을 활용하고 다루며, 더 나아가 발전시키는 역량에 있다면, 궁극적으로 성공과 권력, 성취의 비결이 마음에 내재한 창조적 힘, 즉 사고의 힘에 있다면, 올바르게 생각하는 능력이 우리 모두에게 가장 중요한 목표가 되어야 할 것이다.

생각에 내재한 창조적 힘을 온전히 이해하면, 놀라운 결과를 경험할 수 있을 것이다. 그러나 적절한 적용과 근면함, 집중력이 수반되지 않는다면 그런 결과를 얻을 수 없다. 이어지는 내용에서 드러나겠지만, 정신계와 영적 세계를 지배하는 법칙들은 물질계의 법칙만큼이나 견고하고 절대적이다. 따라서 원하는 결과를 얻으려면, 그 법칙을 발견하고 그에 따라 행동해야 한다. 법칙을 올바로 따를 때만이, 기대하는 결과를 매번 정확히 얻을 수 있다. 간단히 말해, 힘은 내면에서 시작되는 것이고, 우리가 약한 이유는 외부의 도움에 기대기 때문이다. 따라서 주저 없이 자신만의 생각에 몰두하며 허리를 펴고 똑바로 서서 주인 된 자세를 취하면 누구나 기적을 만들어낼 수 있다.

과학자들이 말하듯이, 우리는 우주의 에테르 안에 존재한다. 우주의 에테르는 그 자체로는 형태가 없지만 유연해서, 우리가 어떻게 생각하고 어떻게 말하는지에 따라 우리 주변과 내면에 형성된다. 우리가 사고를 어디로 향하느냐에 따라 그 에테르는 움직인다. 따라서 우리에게 실체적으로 나타나는 것은 우리가 생각하고 말한 바로 그것이다.

생각을 지배하는 법칙이 있다. 우리가 무엇인가에 대한 신념을 더 크게 표출하지 못하는 이유는 이해가 부족하기 때문이다. 모든 것이 명확한 법칙에 따라 완벽하게 작동한다는 사실을 우리는 지금껏 제대로 깨닫지 못했다. 사고의 법칙은 수학과 화학, 전기와 중력에 작용하는 법칙만큼이나 분명하다. 행복과 건강, 성공과 번영, 모든 조건이나 환경은 어떤 결과이고, 그 결과는 의식적으로든 무의식적으로든 올바른 사고에서 비롯된다는 점을 이해하기 시작할 때, 생각을 지배하는 법칙을 효과적으로 파악하는 것이 얼마나 중요한지 깨닫게 될 것이다.

이렇게 의식의 차원에서 생각의 힘을 깨닫게 될 때, 우리는 삶이 줄 수 있는 최고의 가치를 소유하게 된다. 더 높은 차원에 있는 중요한 것들도 우리의 것이 된다. 그 숭고한 것들이 우리 일상의 삶을 실질적으로 구성하는 일부가 된다. 우리는 더 높은 힘을 인식하고, 그 힘을 끊임없이 활용한다. 그 힘은 고갈되지 않고 무한하다. 따라서 우리는 승리에 승리를 거듭한다. 결코 극복할 수 없을 것 같은 장애물도 극복된다. 적이 친구로 바뀌고, 상황이 개선되며 주변 환경이 변화하여 운명이 정복된다.

재화의 공급이 고갈되지 않으면, 우리가 원하는 만큼 수요가 생길 수 있다. 수요와 공급의 이론적 법칙에 따르면 그렇다.

상황과 환경은 우리 생각에 의해 형성된다. 어쩌면 지금의 조건들도 우리가 무의식적으로 만들어낸 것일지 모른다. 현재의 상황이 만족스럽지 않다면, 현재의 정신 자세에 의식적으로 변화를 주고 주변 환경이 새롭게 바꾼 정신 자세에 맞추어 변하는지를 관찰해보라. 이런 해결책이 이상하거나 초자연적인 것은 아니다. 이른바 '존재의 법칙'Law of Being일 뿐이다. 마음에 뿌리를 둔 생각들은 반드시 같은 종류의 열매를 맺는다. 가장 교활한 사기꾼조차도 "가시나무에서 포도를, 엉겅퀴에서 무화과를" 거둘 수 없다. 우리 상황을 개선하려면 먼저 우리 자신이 더 나은 방향으로 변해야 한다. 우리 사고와 욕망이 먼저 향상되어야 한다.

정신계를 지배하는 법칙을 모른다면, 어린아이가 불을 가지고 노는 것과 같다. 어른이라도 화학물질들의 특성과 상호 작용 원리를 모른 채 위험한 화학물질을 다루는 것과 같다. 이런 비유가 보편적으로 통용되는 이유는, 남녀를 불문하고 우리 삶의 모든 조건을 만들어내는 가장 큰 원인 중 하나가 마음이기 때문이다.

모두가 지금까지 언급한 모든 것에 동의하고, 어떤 말에도 예외를 두지 않더라도 남은 문제가 있다. 그 법칙을 실제로 어떻게 적용하느냐는 것이다.

이 법칙을 활용해서 그 혜택이 우리 삶에 구체화될 수 있도록 이 법칙과 조화로운 관계에 있으려면, 이 법칙이 제대로 작동할 수 있는 조건이 모두 충족되었는지 확인할 필요가 있다. 전기를 지배하는 법칙이 있고, 전기와 관련된 전등과 전선, 개폐기 등 많은 장치가 있다. 우리가 전력을 생산하는 방법을 알더라도 연결이 올바르게 이루어지지 않으면 아무리 개폐기를 조작해도 불이 켜지지 않을 것이다. 끌어당김의 법칙도 마찬가지다. 끌어당김의 법칙도 언제 어디서나 작용하며, 무언가가 끊임없이 창조되어 나타나고, 모든 것이 끊임없이 변화한다. 그러나 그 과정을 이용하려면, 전기와 중력의 경우처럼 끌어당김의 법칙에 먼저 순응해야 한다.

마음은 창조적이고, 끌어당김의 법칙에 따라 움직인다. 우리는 자신이 해야 한다고 생각하는 것을 누군가에게 하도록 강요하거나 영향을 미치려 해서는 안 된다. 모든 사람에게는 스스로 선택할 권리가 있기 때문이다. 이 원칙을 지키지 않는다면 우리는 힘의 법칙에 따라 행동하게 된다. 하지만 힘의 법칙은 본질적으로 파괴적이며, 끌어당김의 법칙과도 정면으로 배치된다.

조금만 깊이 생각해보면, 모든 위대한 자연의 법칙은 조용히 작용하고, 그 근간에는 끌어당김의 법칙이 자리 잡고 있음을 확신할 수 있다. 오직 지진이나 재난 같은 파괴적인 현상만이 물리적인 힘을 사용한다는 사실도 깨닫는다. 따라서 진정으로 좋은 것은 결코 강압이나 폭력을 통해 이루어지지 않는다.

성공하려면 창조적인 면에 집중해야 한다. 여기에는 예외가 없다. 남의 것을 빼앗는 데 몰두해서는 안 된다. 다른 사람에게서 어떤 것도 빼앗으려 하지 말고, 스스로 무언가를 창조하고 싶어 해야 한다. 우리에게 필요한 것은 다른 사람에게도 필요하다는 사실을 기꺼이 인정해야 한다.

누군가에게 주기 위해 다른 사람의 것을 빼앗을 필요가 없다. 앞에서도 말했듯이, 공급은 모두의 욕구를 충족시킬 만큼 충분하기 때문이다. 자연이라는 부의 보고는 마르지 않는 샘이다. 그런데도 어딘가에 공급이 부족하다면 분배 체계가 아직 불완전하기 때문일 뿐이다.

풍요Abundance는 우주의 자연법칙이다. 이 법칙이 존재한다는 것은 의심의 여지가 없다. 그 증거가 어디에서나 발견되기 때문이다. 어디서나 자연은 풍성하다. 오히려 지나치게 관대하고 낭비적으로 보일 정도다. 창조된 것에서도 절약의 흔적이 전혀 보이지 않는다. 모든 것이 풍부하다. 헤아릴 수 없이 많은 나무와 꽃, 식물과 동물이 있고, 웅장한 번식 계획에 따라 탄생 과정이 끝없이 이어진다. 이 모든 것에서 자연이 우리를 위해 마련한 풍요로움을 확인할 수 있다. 우리 모두가 이 풍요를 누릴 수 있을 만큼 넘치도록 많지만, 다수가 그 무궁무진한 공급의 혜택을 누리지 못하는 것도 사실이다. 그들은 '물질의 보편성'Universality of substance을 아직 깨닫지 못했으며, 따라서 우리가 원하는 것과 연결되도록 하는 고리를 짓는 시작점이 마음에 있다는 것도 아직 깨닫지 못한 사람들이다.

그러므로 마음과 관련해 최근의 연구가 이루어낸 놀라운 발전을 충분히 이해해서 제대로 활용하지 못하는 사람은, 인류가 전기와 관련해 발견한 법칙들을 알아냄으로써 지금까지 축적한 이점을 인정하고 활용하지 않는 사람과 마찬가지로 조만간 뒤처지기 마련이다.

물론 마음은 호의적 조건만큼이나 부정적인 조건도 쉽게 만들어낼 수 있다. 우리가 온갖 종류의 결핍과 제약, 불화를 의식적으로나 무의식적으로 상상하면 결국 부정적인 상황을 만들어내는 셈이 된다. 유감스럽게도 많은 사람이 무의식적으로 이러한 실수를 범하고 있는 것이 현실이다.

다른 모든 법칙과 마찬가지로 이 법칙도 사람을 차별하지 않는다. 게다가 끊임없이 작동하며, 각자가 만들어낸 조건을 그에게 가차 없이 안겨준다. 달리 말하면, "우리는 무엇이 되었든 심은 대로 거두는 법이다."

따라서 풍요의 향유 여부는 '풍요의 법칙'을 인정하느냐에 달려 있다. 달리 말하면, 모든 것이 마음에서, 오로지 마음에서만 창조된다는 사실을 인정하느냐에 달려 있다. 물론 우리가 어떤 것이 창조될 수 있다는 것을 알고, 그에 걸맞은 노력을 기울이기 전에는 어떤 것도 창조될 수 없다. 예컨대 오래전에도 전기 자체는 존재했다. 그러나 누군가 전기를 인공적으로 생산해 이용할 수 있는 법칙을 발견하기 전에는 아무도 전기의 혜택을 누리지 못했다. 이제 그 법칙이 충분히 파악된 덕분에 사실상 온 세상이 전기로 밝혀진다. 풍요의 법칙도 마찬가지다. 그 법칙을 인정하고 조화롭게 받아들이는 사람만이 그 혜택을 누린다.

풍요의 법칙을 받아들이면 용기와 충성심, 재치와 활력, 개성과 창의성 같은 정신적, 도덕적 자질이 계발된다. 이 모든 것이 사고의 유형에 속하고 생각 자체가 창조력을 띠기에, 이런 자질들도 마음가짐에 따라 현실로 구현된다. 개인의 사고 능력은 '우주적 마음'universal Mind에 기반해 작용하며 우주적 마음을 구체적으로 표현하는 도구이므로, 풍요의 법칙을 인정하면 생각하는 힘도 향상된다는 주장은 타당할 수밖에 없다. 그러므로 그 과정을 통해, 개인은 우주적인 것을 세상에 드러내는 통로가 된다. 즉, 우리의 생각이 원인이 되어 삶의 조건을 만들어낸다고 할 수 있다.

'생각이 원인이고, 조건은 결과'라는 이 원리는 개인에게 놀라운 가능성을 열어준다. 가령 기회를 창출하고 포착함으로써 우리는 주어진 상황을 통제할 수 있게 된다. 기회를 만드는 일은 앞으로 어떤 상황에 처하더라도 흔들리지 않는 중요한 자질이나 능력, 다시 말해 '생각하는 힘'을 기르고 유지하는 것과도 연관된다.

또한, 이 원칙은 우리의 마음속에 승리와 성공의 씨앗을 심어주기에, 우리는 이 원칙의 힘을 깨닫는 만큼 자신이 추구하는 목표와 부합하는 구체적인 행동을 하게 된다. 끌어당김의 법칙은 이런 방식으로 작용한다. 끌어당김의 법칙은 모든 사람에게 주어진 공유재산이므로, 그 작동 원리를 충분히 이해하면 누구나 자유롭게 활용할 수 있다.

용기Courage라는 마음의 힘은 정신적인 도전을 즐길 때 발휘된다. 용기는 고결하고 숭고한 감정이며, 명령을 내릴 때나 명령에 복종할 때나 똑같이 필요하다. 용기는 종종 겉으로 드러나지 않는 경향이 있다. 또한 남녀 할 것 없이 다른 사람을 기쁘게 해주려고만 하는 이들도 있다. 그러나 때가 되어 숨겨진 의지가 밖으로 표출되면, 부드러운 장갑 안에 든 강철 손이 모습을 드러낸다. 참으로 그러하다! 진정한 용기는 냉철하고 차분하며 침착하다. 무모하고 호전적이며, 까다롭고 논쟁을 부추기는 행위는 결코 진정한 용기가 아니다.

축적Accumulation은 더 큰 기회가 찾아올 때까지 기다리면서, 우리에게 지속해서 제공되는 것의 일부를 따로 떼어내 비축하고 보존하는 힘이다. 그래야 그런 기회가 왔을 때 즉시 활용할 수 있기 때문이다. 마태복음에서도 "가진 자는 더 받아 풍성해질 것"이라 말하지 않았던가.

성공한 사업가는 이 자질을 잘 계발한 사람이다. 1916년에 5,200만 달러의 재산을 남기고 사망한 철도왕, 제임스 J. 힐(James Jerome Hill, 1838-1916)은 "자신이 성공할 운명인지 실패할 운명인지를 쉽게 알아낼 방법이 있다. 단순하지만 절대 빗나가지 않는 방법이다. 돈을 저축하고 있는가? 그렇지 않다면 탈락이다. 당신의 삶은 실패로 끝날 것이다. 그렇지 않기를 바라겠지만, 당신이 실패할 거라는 예언은 당신이 지금 숨 쉬고 있다는 것만큼이나 확실하다. 성공의 씨앗이 당신 안에 없기 때문이다"라고 했다. 이 글을 읽고 다행이라 여길 독자도 있을 것이다.

그러나 제임스 J. 힐의 전기를 읽어본 사람이라면 알겠지만, 힐은 우리가 여기서 제안하는 방식들을 충실히 따른 결과 5,000만 달러를 벌었다. 더구나 힐도 처음에는 무일푼으로 시작했다. 그는 상상력을 발휘해 서부 평원을 가로지르는 광대하며 이상적인 철도망을 구상했고, 다음 단계에서는 그 계획을 실현하는 데 필요한 수단과 방법을 확보하기 위해 풍요의 법칙을 받아들이고 터득했다. 그가 이런 단계적 프로그램을 따르지 않았다면 비축하고 축적할 것이 전혀 없었을 것이다.

축적 과정에는 탄력이 붙기 마련이다. 축적하는 양이 늘어날수록 우리는 더 많은 것을 갈망하게 되고, 더 많은 것을 갈망할수록 더 많은 것을 축적하게 된다. 따라서 이렇게 작용과 반작용이 반복되며, 가속도가 붙어 멈출 수 없게 될 때까지는 그리 오랜 시간이 걸리지 않는다. 하지만 이런 축적 과정이 이기적이거나 인색한 행위, 혹은 냉혹한 행위와 혼동되어서는 안 된다. 이런 행동은 일그러진 마음에서 비롯되므로 진정한 발전을 저해할 뿐이다.

건설성Constructiveness은 마음의 창조적 본능이다. 기업인으로 성공하려면 계획을 세우고 추진할 수 있어야 한다는 것은 주변에서 쉽게 확인된다. 기업 세계에서 건설성은 주로 진취성initiative이라 불린다. 이미 다져진 길을 따르는 것만으로는 부족하다. 새로운 아이디어와 일하는 방식을 개발해야 한다. 건설성은 설계, 건축, 계획, 발명, 발견, 개선 등 많은 분야에서 발휘된다. 이 소중한 자질은 끊임없이 독려되고 개발되어야 한다. 건설성은 누구에게나 존재하며, 정도의 차이만 있을 뿐이다. 우리는 모든 것이 시작된 '무한하고 영원한 에너지'Infinite and Eternal Energy 안에 존재하는 의식의 중심이기 때문이다.

물은 고체(얼음), 액체(물), 기체(증기)의 세 가지 상태로 존재한다. 셋 모두 같은 화합물이며, 온도에 따라 상태가 달라진다. 하지만 얼음으로 엔진을 돌리려 하지는 않는다. 얼음을 증기로 바꿔야만 무거운 짐도 쉽게 운반할 수 있다. 우리 안의 에너지도 마찬가지다. 그 에너지를 창조적으로 활용하려면 상상력이라는 불로 얼음을 녹이는 것부터 시작해야 한다. 불이 강해져 더 많은 얼음을 녹일수록 생각의 힘이 더 강력해지는 것을 알게 된다. 그러면 욕망을 실현하는 것도 더 쉬워진다.

총기(Sagacity, 聰氣)는 자연법칙을 인식하고 그에 따라 행동하는 능력을 말한다. 진정한 총기는 사기와 기만을 경계하며 멀리한다. 총기는 우리에게 만물의 핵심을 꿰뚫어 보게 하고, 성공의 필연적 조건을 만들어내는 원인들을 작동시키는 방법을 알려주는 깊은 통찰의 산물이다.

재치(Tact, 才致)는 사업 성공에 필요한 미묘하면서도 중요한 요소다. 재치는 직관과 유사하다. 재치를 갖추려면 섬세한 감각이 필요하고, 무엇을 말하고 행동해야 할지 본능적으로 알아야 한다. 재치 있는 사람이 되려면 동정심과 이해심을 가져야 한다. 이해심이

드문 이유는 대부분 보고 듣고 느끼기만 할 뿐, 진정으로 '이해'하려 애쓰지 않기 때문이다. 재치가 있으면 미래를 예측하고 행동의 결과를 계산할 수 있다. 신체와 정신, 도덕적으로 깨끗할 때 재치를 발휘할 수 있는데, 그런 상태가 여전히 성공의 조건이 되기 때문이다.

충성심Loyalty은 역경을 견디는 힘과 기개를 묶어주는 강력한 연결 고리 중 하나다. 그 고리가 깨지면 치욕이 뒤따른다. 친구를 배신하느니 차라리 오른손을 잃겠다는 사람에게는 친구가 많다. 신뢰와 우정으로 쌓은 성소를 묵묵히 지키는 사람은 바람직한 조건만을 끌어당기는 우주의 힘과 연결된다. 결국 그 자신도 그 성소에 들어가게 된다. 그런 사람이 궁핍을 겪는다는 건 상상할 수조차 없다.

개성Individuality은 자신의 잠재력을 펼치고, 스스로 법이 되며, 목표보다 과정에 더 관심을 두는 힘이다. 강한 사람은 앞선 이를 흉내 내며 현실에 안주하는 사람들을 신경 쓰지 않는다. 다수를 앞섰다는 사실이나 군중의 박수에 만족하지도 않는다. 좀스럽고 열등한 사람만이 그런 찬사에 들뜬다. 개성은 약골들의 굴종보다 자신의 능력을 펼치는 데서 더 큰 기쁨을 얻는다.

개성은 모두에게 내재된 진정한 힘이다. 그 힘을 발견하여 표현할 때 우리는 떠들썩한 선동가를 따라다니지 않고, 자기만의 길을 책임감 있게 걷는다.

진실Truth은 행복의 절대적 조건이다. 진실을 알고 그 위에 당당히 설 때 비교할 수 없는 만족을 얻을 수 있다. 진실은 만물의 근본이며, 모든 기업 활동과 사회적 관계의 전제 조건이다. 진실은 갈등과 의심, 위험이 가득한 세계에서 유일하게 의지할 수 있는 든든한 기반이다.

　무지로든 고의로든 진실을 등지는 행위는 모두 우리를 떠받치는 기반을 허무는 것이어서 불화와 혼란, 필연적 손실로 이어진다. 열등한 사람이 올바른 행동의 결과를 정확히 예측하지 못하는 것은 당연하다 할지라도, 심오한 통찰력을 지닌 탁월한 사람마저 쉽게 방향을 잃고 성과를 내지 못한다. 그 이유는 애초에 올바른 원칙에서 벗어났기 때문이다.

　성공에 필요한 요건은 신뢰 구축과 승리 방정식의 체계화에 있다. 이 둘을 갖추고도 진정한 성공을 위해서는 남은 과제가 있다. 때로는 새롭게 일깨워진 생각하는 힘이 가리키는 방향으로 필요한 조치를 취하는 것이다. 여기에 '힘'power의 마법 같은 비밀이 숨어 있다.

　우리의 정신 작용 중 10퍼센트 미만이 의식적 차원에서 이뤄진다. 나머지 90퍼센트는 잠재의식이나 무의식 차원에서 일어난다. 따라서 의식적인 생각에만 의존하는 사람은 10퍼센트의 효율밖에 활용하지 못한다. 반면 가치 있는 성과를 거두는 사람은 정신의 훨씬 더 많은 부분을 이용한다. 잠재의식이라는 광대한 영역에는 위대한 진실이 감춰져 있다. 생각이 지닌 본연의 창조적 힘, 즉 목표와 관련 짓고 보이지 않는 것에서 보이는 것을 끌어내는 힘도 잠재의식에서 찾아낸다.

　전기 법칙을 이해하는 사람은 전기가 전압이 높은 곳에서 낮은 곳으로 흐른다는 원리를 파악하여 전압을 자유자재로 제어할 수 있다. 반면 전기 법칙을 모르는 사람은 실질적으로 아무것도 하지 못한다. 정신세계를 지배하는 법칙도 마찬가지다. 마음이 모든 것을 꿰뚫는다는 것을 아는 사람은 어떤 요구에도 즉각 반응하며, 그 법칙을 이용해 조건과 상황, 환경을 통제할 수 있다. 하지만 그 법칙을 모르는 사람이 어떻게 그것을 사용할 수 있겠는가?

정신세계를 지배하는 법칙을 알 때 얻는 열매는 우리를 자유롭게 하는 '진실'이라는 신의 선물이다. 그때 우리는 모든 결핍과 한계에서 벗어날 뿐 아니라 슬픔과 걱정, 불안으로부터도 해방된다. 이 법칙이 사람을 차별하지 않고, 지금의 사고방식이 어느 쪽으로 기울었든 차이를 두지 않음을 아는 것만으로도 기쁘지 않은가?

정신력이 다른 모든 힘을 통제하고 이끌며, 이 능력은 충분히 계발되고 발전될 수 있고, 정신력의 활동에는 그 어떤 제약도 가해질 수 없다는 사실을 자각하면, 정신의 힘이야말로 세상에서 가장 위대한 진리이고, 모든 병의 치료제이며, 모든 난관의 해결책이라는 것이 명백해진다. 또한 정신력은 창조주가 인간의 해방을 위해 준비해둔 아름다운 선물이며, 모든 욕망을 채워주는 것이기도 하다.

III

요즘은 과학 정신이 모든 분야를 지배하여 인과관계를 무시할 수 없게 되었다.

법치주의가 확립되면서 인류의 진보에 새로운 지평이 열렸다. 법치 시대가 열리며 인간의 삶에서 불확실성과 변덕이 사라지고, 법과 이성, 확실성이 그 자리를 채웠다. 이제 모든 결과에는 분명한 원인이 있음을 모두가 안다. 그래서 어떤 결과를 원한다면, 우리는 그 결과에 도달할 수밖에 없는 조건을 찾게 된다.

모든 법의 기반을 이루는 근거는 귀납적 추론을 통해 발견되는데, 이는 다수의 개별 사례를 비교하여 공통 요인을 찾아내는 방식이다.

문명국가는 이런 귀납적 방법론으로 많은 번영을 이루고 소중한 지식을 쌓아왔다. 수명이 늘고, 고통이 줄었으며, 다리가 놓이고, 밤이 밝아졌다. 시야가 넓어지고, 이동이 빨라지며 거리의 장벽이 허물어져 교류가 활발해졌다. 인간은 바닷속으로, 하늘 높이 갈 수 있게 되었다. 이런 성과를 거둔 연구 방법을 생각하는 법에도 적용한다면 어떤 경이로운 결과가 나올까? 그 결과들이 특정 사고법을 따른다는 것이 밝혀지면, 결과를 분류하는 일만 남는다.

이런 귀납적 방법은 과학적이며, 우리의 양도할 수 없는 자유만큼 소중히 지켜야 할 유일한 방법이다. 국민이 내외적으로 안전하려면 보건 수준 향상, 공사 기업의 효율화, 과학 및 예술의 지속적 발전, 과학과 예술 및 윤리를 중심으로 개인과 집단의 삶의 질을 높이려는 국가적 노력 등이 필요하다.

이 책 『성공의 문을 여는 마스터키』는 절대적 과학적 진실에 기반하여, 우리 안의 잠재력을 일깨우고 그것을 실현할 방법을 제시한다. 개인의 실질적 능력을 높이고, 분별력과 활력, 정신적 유연성을 기르는 법도 배울 수 있다. 여기서 펼쳐지는 정신 법칙을 제대로 이해하면, 지금껏 상상도 못한 결과와 말로 표현 못할 보상을 받게 될 것이다.

또한, 정신의 수용적인 면과 능동적인 면 모두를 바르게 사용하는 법을 설명하고, 기회를 인식하는 방법을 가르친다. 의지력과 추론력을 강화하고, 욕망 등 여러 감정과 상상력, 직관력을 키우고 최적으로 활용하는 방법도 소개한다. 진취성과 집념, 선택의 지혜, 지적 공감, 삶의 향유를 고차원으로 끌어올리는 방법도 제시된다.

『성공의 문을 여는 마스터키』는 진정한 마음의 힘과 그 활용법을 설명한다. 마음의 힘을 대신한다고 주장하는 것들이 적지 않으나, 이는 사실 최면술이나 도술과 같이 노력 없이 성과를 얻을 수 있다는 허황된 기만에 불과할 뿐, 진정한 마음의 힘과는 무관하다.

이 책으로 우리는 몸을 통제하고 건강까지 지킬 수 있는 깨달음을 얻고 계발할 수 있다. 기억력을 증진하고 강화하는 방법, 통찰력을 향상하는 방법도 알 수 있다. 여기서 말하는 통찰력은 평범한 수준을 넘어선 매우 희귀한 차원의 것이다. 성공한 기업인에게서 공통으로 발견되는 특징으로, 어떤 상황에서도 어려움뿐 아니라 기회까지 포착하게 해주는 통찰력을 말한다. 대부분의 사람들은 코앞까지 다가온 절호의 기회조차 제대로 포착하지 못한 채, 실익은 없으면서 진을 빼는 상황에서 자신을 갉아먹으며 탕진하고 있을 뿐이다.

『성공의 문을 여는 마스터키』가 말하는 정신력은 강한 의지와 좋은 인격을 뜻한다. 이런 정신력이 있으면, 다른 사람들이 저절로 당신을 믿고 따르게 된다. 당신이 사람들과 기회를 끌어당기는 힘을 갖게 되는 거다. 그러면 당신은 '운이 좋은 사람', '모든 일이 잘 풀리는 사람'이 된다. 이는 자연의 기본 원리를 이해하고 그것과 잘 어우러지며, 우주의 큰 힘과 하나가 된다는 뜻이다. 결국 당신은 사회와 기업에서 모든 이익을 만들어내는 근본 원리인 '끌어당김의 법칙', '성장의 자연법칙', '심리학 법칙'을 알고 있다는 말이다.

정신력은 창조적인 힘으로, 우리에게 독자적으로 무언가를 만들어내는 능력을 준다. 다른 이에게서 빼앗는 능력이 아니다. 자연은 그렇게 작용하지 않는다. 자연은 한 포기 풀이 자라던 곳에 두 포기가 자라게 한다. 정신력을 지니면 우리도 자연처럼 그렇게 할 수 있다.

이 책을 통해 우리는 통찰력과 총기, 독립심을 키울 수 있다. 남을 돕는 힘과 성향까지 개발할 수 있다. 불신과 두려움, 침울함, 갖가지 결함과 제약, 나약함을 극복하고, 고통과 질병까지 떨쳐낼 수 있다. 묻혀 있던 재능, 진취성과 기백, 에너지와 활력을 일깨우고, 예술과 문학, 과학에서 아름다움을 찾는 감각도 일깨울 수 있다.

『성공의 문을 여는 마스터키』는 불확실하고 모호한 방법들을 명확한 원칙으로 대체하여 이미 수많은 사람의 삶을 변화시켰다. 이 원칙들은 효율성을 추구하는 모든 시스템의 기초를 이룬다.

유에스 스틸United States Steel Corporation의 회장, 엘버트 게리(Elbert Gary, 1846-1927)는 "대다수 대기업의 성공적 경영을 위해서는 효율성 전문가의 자문과 조언이 필수불가결하다. 그러나 나는 올바른 원칙을 식별하고 채택하는 것이 훨씬 더 중차대한 일이라고 확신한다"라고 역설했다. 『성공의 문을 여는 마스터키』는 올바른 원칙을 가르치고, 그 원칙을 실질적으로 적용하는 방법을 제시한다는 점에서 다른 학습서와 차별화된다. 어떤 원칙의 가치는 오로지 그것의 적용 여부에 의해서만 평가될 수 있음을 이 책은 강조한다. 이 책에서 제안하는 방법론을 철저히 실천에 옮긴다면, 원칙의 참된 가치가 일상생활 속에서 가시적으로 증명될 것이다.

세상 사람들의 생각에 변화가 일어나고 있다. 이 변화는 우리 가운데 조용히 진행되며, 예수의 탄생 이후 세상에서 일어난 어떤 변화보다 중요하다. 노동자 계급뿐 아니라 지위와 교양을 겸비한 최상류층까지, 모든 계층에서 사람들의 생각에 휘몰아치는 혁명적 변화는 세계사에서 유례가 없는 현상이다.

과학은 최근 놀라운 발견들을 통해 거의 무한에 가까운 자원을 발굴해냈다. 하지만 이러한 광범위한 가능성과 예기치 못한 물리적 역량이 발견됨에 따라, 과학자들은 어떤 이론을 확정적이고 의심할 여지 없다고 단정 짓거나, 불합리하고 불가능하다고 섣불리 부정하는 것을 더욱 경계하게 되었다. 이에 따라 관습과 맹목적 신념, 잔혹한 행위는 서서히 자취를 감추고, 그 자리를 비전과 신앙, 이타적 봉사 정신이 대신하는 새로운 문명의 서막이 열리고 있다. 오랫동안 인류를 구속해온 전통의 굴레가 풀리고 물질주의의 한계가 드러나면서, 자유로운 사고가 꽃피우고 진실이 밝은 보름달처럼 떠올라 많은 이들에게 경이로움을 선사하고 있다.

현재 세계는 개개인의 내면에서 새로운 의식과 힘이 솟아나고 있으며, 인간의 잠재력에 대한 혁명적인 각성의 시대를 앞두고 있다. 지난 세기가 물질적 차원에서 전례 없이 눈부신 발전을 이루어냈다면, 이번 세기에는 정신적이고 영적인 영역에서 커다란 발전을 이룰 것이다.

물리학은 물질을 분자, 원자 그리고 궁극적으로 에너지로 분해하는 과정을 밝혀냈다. 존 앰브로즈 플레밍(John Ambrose Fleming, 1849-1945)은 왕립 연구소에서 전한 연설에서 그 에너지를 마음으로 분해하며 "에너지는 궁극적 본질까지 내려가면, 마음 혹은 의지라고 부르는 것의 흐름이라고 이해할 수밖에 없다"라고 말했다.

이제 자연에서 가장 강력한 힘이 무엇인지 살펴보자. 광물계에서는 모든 것이 고체 상태로 존재하며 정적이다. 동식물계에서 모든 것은 유동적이고 끊임없이 변하며, 끝없이 생겨난다. 대기에는 열과 빛, 에너지가 있다. 눈에 보이는 영역에서 보이지 않는 영역으로, 조악한 것에서 섬세한 것으로, 저준위에서 고준위로 갈수록 그 영역은 더 순수하고 영적으로 변한다. 따라서 우리가 보이지 않는 영역까지 들어가면 가장 순수하지만 불안정한 상태의 에너지를 만나게 된다.

자연의 가장 강력한 힘은 눈에 보이지 않듯이, 인간의 가장 강력한 힘도 보이지 않는 영적인 힘이다. 영적인 힘은 사고 과정을 통해서만 드러날 수 있다. 사고(思考)는 영혼의 유일한 활동이고, 생각은 사고의 유일한 산물이다.

비유적으로 말하자면, 덧셈과 뺄셈은 영적 계산이고, 추론은 영적 과정이며, 아이디어는 영적 구상의 결과물이다. 질문은 영적 탐구의 빛이 되고, 논리와 논증, 철학은 영적 사고의 도구가 된다.

어떤 생각이 떠오르면 그에 상응하는 신체 조직, 뇌의 특정 영역, 신경 회로, 심지어 근육까지도 활성화되어 반응한다. 생각이 일어나는 순간 신체 조직의 구성 자체에 물리적, 화학적 변화가 생긴다는 것을 의미한다. 따라서 우리가 신체를 근본적으로 변화시키고자 한다면, 먼저 그에 걸맞은 생각을 지속해서 그리고 강렬하게 해야 한다. 구체적이고 생생하게 떠올릴수록, 또 감정을 담아 반복할수록 그 효과는 더욱 증대된다.

이런 과정을 통해 실패도 성공으로 바뀐다. 실패와 절망, 결핍과 한계, 불화에 대한 생각이 물러나고, 용기와 기회, 영감과 조화에 대한 생각이 그 자리를 채운다. 이런 생각들이 뿌리내리면 신체 조직이 변한다. 그때 우리는 새로운 눈으로 삶을 보게 된다. 낡은 것이 사라지고, 모든 것이 새로워진다. 우리는 그렇게 다시 태어난다. 이번에는 영적인 것으로부터 태어나기 때문에 삶이 새로운 의미를 갖는다. 우리는 재구성되고, 기쁨과 확신, 희망과 에너지로 가득 찬다. 그리하여 이전에는 보지 못했던 성공의 기회가 여기저기서 보인다. 전에는 아무 의미 없어 보이던 것에서 가능성을 찾아낸다. 그렇게 몸에 스며든 성공에 대한 생각이 주변 사람들에게도 전해지면, 그들이 사방에서 우리를 돕기 시작한다. 우리는 성공한 새로운 동료들을 끌어당기고, 그 결과 우리의 환경이 달라진다. 이처럼 생각을 바꾸는 간단한 행위로 우리는 자신은 물론 환경과 상황, 조건까지 바꿀 수 있다.

지금 우리가 새로운 시대의 여명기에 있다는 것이 보이는가? 그렇지 않다면, 어떻게든 봐야 한다. 매력적이고 경이로운 기회가 거의 무한히 열려 어리둥절할 정도다. 불과 백 년 전만 하더라도 단 한 사람이 개틀링 기관총 하나만으로 무장해도 당대 최강의 군대 전체를 무너뜨릴 수 있었다. 지금도 마찬가지다. 이 책을 통해 미지의 영역을 개척하는 방법을 터득한 사람은 그렇지 못한 대다수에 비해 압도적인 우위를 점하게 될 것이 분명하다.

당신의 잠재력을 깨우는 5단계 접근법

심리학 연구에 따르면, 우리는 정신 능력의 90퍼센트를 거의 활용하지 못하고 있다. 즉, 대부분 사람에게는 지금까지 이룬 것보다 10배나 많은 것을 성취할 잠재력이 있다는 뜻이다.

이 분석표는 당신의 현 위치와 성과를 정확히 보여줄 뿐만 아니라, 노력 여하에 따라 어떤 성취가 가능한지도 알려준다.

다음 표에서 아래에 지시한 대로 빈칸을 채워보라.

정신적 산물	%
건강	%
시간 효율성	%
창조력	%
집중력	%
합계	**%**
5로 나눈 평균값	**%**

첫 번째 점검 항목은 '정신적 산물'Mental Product이다. 당신의 정신적 산물은 얼마나 가치 있는가? 그 가치를 충분히 실현하고 있는

가? 이 정신적 산물의 실제 가치는 당신이 얼마나 잘 팔 수 있느냐에 달려 있다. 당신과 엇비슷한 능력을 지닌 사람이, 당신보다 크게 낫지 않은 성과를 올리면서도 10배나 20배 심지어 50배가 넘는 보수를 받는 경우도 많은데, 거기에는 다 이유가 있다. 이 분석표가 그 이유를 설명해준다.

당신이 제공할 수 있는 것, 즉 당신의 지식, 경험, 충성심, 에너지의 가치를 객관적으로 평가해보라. 그것을 추정치만큼 받고 판매하고 있다면 정신적 산물의 가치 실현도는 100퍼센트이다. 추정치의 50퍼센트만 받고 있다면 50퍼센트로 떨어진다. 당신이 제공하는 것의 가치를 과소평가하지 말라. 손실은 더 큰 손실로 이어지며, 대부분의 손실은 자기 비하에서 비롯됨을 명심하라. 인과관계는 어디서나 언제나 작동하는 불변의 법칙이다. 좋든 나쁘든 우리가 받는 것은 명확한 원인의 결과이다. 그것이 보상이 되느냐 불이익이 되느냐가 다를 뿐이다.

주목해야 할 또 하나의 중요한 점은, 정신적 산물을 효과적으로 판매하는 능력이 반드시 개인의 능력이나 지식의 양과 비례하지 않는다는 것이다. 당신은 연간 400달러에 정신적 산물을 팔 수 있지만, 그 가치는 5,000달러에 파는 사람의 산물보다 더 클 수 있다. 그 이유는 간단하다. 그냥 아는 것만으로는 쓸모가 없기 때문이다. 활용되지 않는 지식은 그 자체로는 아무런 가치를 지니지 못한다. 지식에 가치를 부여하려면 창조적 힘과 집중력을 거쳐 역동적 형태로 전환해야 한다. 치밀하고 지능적으로 계획된 집중적 노력 없이는 오히려 연간 4,000달러의 비용이 들 수도 있다.

성공의 문을 여는 마스터키

두 번째로는 건강Health에 대해 생각해보자. 잘 먹고 잘 자며, 적당한 여흥을 즐기고, 건강을 의식하지 않고도 직장과 일상을 제대로 처리할 수 있다면 건강 점수는 100퍼센트이다. 그러나 건강에 늘 신경 쓰고, 음식과 수면을 걱정하며, 정신적·신체적 고통이 있다면 그만큼 점수를 깎아야 한다. 건강 상태가 목표의 90퍼센트라 생각하면 90퍼센트, 50퍼센트의 효율이라 생각하면 50퍼센트라고 쓰라. 냉정하고 공정하게 평가하라.

우리 신체는 지속적인 파괴와 재생의 과정을 통해 균형을 유지한다. 삶을 단순히 낡은 것과 새것의 교환으로 본다면, 건강은 새로운 조직의 생성과 낡은 조직의 제거 사이에서 유지되는 '평형 상태'equilibrium라고 정의할 수 있다.

우리 몸에서는 끊임없이 탄생과 죽음이 일어난다. 우리가 섭취하는 음식, 물, 공기 속 영양분은 체내에서 소화, 흡수되어 새로운 세포를 만드는 데 사용된다. 이 과정을 통해 낡고 손상된 세포들이 새 세포로 대체되면서 신체 조직이 재생된다.

한편 뇌 활동이나 근육 운동 같은 신체 활동 과정에서는 에너지 생산을 위해 세포 내 영양분이 소모되고, 노폐물이 생성된다. 세포는 이런 대사 과정을 반복하다가 수명을 다하면 점차 죽어간다. 그러나 죽은 세포와 쌓인 노폐물이 적절히 제거되지 않으면 염증 반응을 일으키고, 만성 질환의 원인이 될 수 있다. 노폐물 제거를 위해 어떤 기관에 부담을 주느냐에 따라 증상이 다르게 나타난다.

완벽한 건강의 비결은 이런 법칙을 이해하는 데 있다. 즉, 새롭게 만들어지는 세포와 제거되는 낡은 세포 사이의 균형을 잡는 방법을 아는 것이 핵심이다.

세 번째로 살펴볼 중요한 요인은 시간 효율성Time Efficiency이다. 시간은 모두에게 공평하게 주어지므로, 우리가 시간을 어떻게 활용하느냐에 따라 성과가 달라진다. 8시간 일하고, 8시간 자고, 8시간은 여가와 자기 계발에 사용한다면 24시간을 온전히 쓰는 것이므로 시간 효율성 점수는 100퍼센트가 된다.

그러나 이익을 얻고 팔아야 하는 8시간 중 일부라도 게으름을 피우거나 잡담으로 낭비한다면, 무의미한 문제에 사로잡혀 시간을 허비한다면, 그만큼 점수를 깎아야 한다. 머리를 베개에 대는 순간 잠들면 더할 나위 없이 좋지만, 침대에 누운 채 15분부터 한 시간까지 뒤척인다면 그만큼 점수를 다시 차감해야 한다. 꿈이나 걱정, 불안 때문에 숙면하지 못해도 마찬가지다.

아침 일찍 상쾌한 기분으로 활기차게 일어난다면, 쓸데없이 시간을 허비하지 않고 일어나자마자 샤워하고 몸 단장을 한다면, 완벽하다! 그러나 침대에 누운 채 빈둥대며 공상에 잠겨 15~30분을 쓸데없이 낭비한다면, 점수를 그만큼 깎아야 한다. 남은 시간이라도 당신에게 정신적으로나 육체적으로 도움이 되는 건전한 유흥을 즐기며 보낸다면 다행이다. 이는 언제라도 현금화할 수 있는 자본을 모으는 것과 같다. 그러나 어떻게든 시간을 보냈지만 자랑할 만한 성과가 전혀 없다면 육체적으로나 정신적으로 혹은 도덕적으로 나아진 게 없는 셈이다. 시간을 덧없이 흘려보내고 가치 있는 것을 전혀 남기지 못했다면 그 시간은 잃어버린 것과 같다. 이익은커녕 성공에 방해가 되는 결과를 낳았을 수 있다. 이 점수를 매길 때도 정직해야 한다. 당신에게 합당한 점수를 정확히 줘야 한다.

네 번째로, 창조력에 대해 생각해보자. 만나는 사람들이 진정 당신에게 필요한 존재이고, 당신이 바라는 대로 당신을 대한다면 창조력 점수는 100퍼센트다. 우리의 모든 성취는 타인과의 상호작용을 통해 이루어지기 때문이다. 이것 말고는 성공으로 가는 다른 길이 없다.

이런 창조력은 무의식적으로 발휘되어야 하므로 성격과 밀접한 관계가 있다. 하지만 무언가를 성취하는 데 힘겨울 정도로 애쓰고 의지력까지 짜내 동원해야 한다면, 예컨대 중요한 인터뷰를 앞두고 초조해하고 걱정한다면 점수를 40-50퍼센트 이하로 깎아야 한다. 관련 원칙을 완전히 이해하지 못한 상태이기 때문이다.

그 원칙을 온전히 깨우쳤다면 불안해할 이유가 없다. 누구나 자신에게 최선인 방향으로 행동할 것이 분명하고, 당신도 그렇게 기대하는 게 당연하기 때문이다. 모든 거래는 쌍방에 이익이 되어야 한다. 이 법칙을 이해하고 삶과 정신에 스며들게 했다면 마스터키를 찾은 것이나 다름없다.

그때부터, 당신 앞을 가로막던 모든 문이 활짝 열릴 것이다. 모든 것이 처음에는 하나의 생각이므로, 마음을 가라앉히고 그 생각에만 집중하며 다른 생각을 지워내면, 그 생각은 다양한 모습과 가능성으로 펼쳐질 것이다. 그 생각을 명확히 그리고 깊이 파고들수록, 창조력이 작용하여 마음과 몸의 활동을 지배하고, 그 생각과 관련된 모든 조건을 만들어갈 것이다. 곧 그 생각은 명확하고 구체적인 형태를 띠게 된다. 이 원리를 완전히 이해하여 최종 결과를 좌우할 수 있음을 시시때때로 입증해 보여줄 수 있다면 당신의 창조력 점수는 100퍼센트가 된다.

다섯 번째로, 집중력이다. 당신은 집중할 수 있는가? 집중의 의미를 아는가? 제기된 문제에 5분, 10분, 더 나아가 15분 동안 오로지 몰두할 수 있는가? 그 문제를 분석하고 해결할 수 있는가? 요컨대 문제의 모든 측면을 파악하고, 근본 원인을 찾아 최종 해결책을 도출할 수 있는가? 그 해결책이 옳다고 확신하는가? 그렇게 문제를 온전히 털어내고, 다른 일로 관심을 돌릴 수 있는가? 그렇다면 당신의 집중력 점수는 100퍼센트이다.

하지만 두려움과 불안에 사로잡히고, 문제가 없는데도 상상으로 문제를 만들어내며, 남의 생각이나 말, 행동을 괜히 두려워한다면 그만큼 점수를 깎아야 한다. 집중법을 알면 그 누구도 그 무엇도 두려울 게 없고, 기존에 알려진 모든 힘을 무력화할 힘을 갖게 되기 때문이다. 어쨌든 공정하고 정직하게 점수를 매겨보라.

이제 평균을 내보자. 현재 당신의 위치를 살펴보자. 당신 점수가 평균을 약간 웃돈다면 분석표는 대략 아래와 같을 것이다.

정신적 산물	50%
건강	80%
시간 효율성	80%
창조력	50%
집중력	10%
합계	**270%**
5로 나눈 평균값	**54%**

성공의 문을 여는 마스터키

예를 들어, 현재 연 1,000달러의 수입을 올리고 있지만 당신의 정신적 산물이 연 2,000달러의 가치가 있다고 판단한다면, 그 기준에 따라 모든 것을 계산해보라. 만약 어떤 방법이 당신의 잠재력을 일깨워 정신적 산물의 가치를 2,000달러까지 높이는 데 도움이 된다면, 그 방법 자체가 당신에게 연간 1,000달러의 가치를 지니는 셈이 된다.

건강, 시간 효율성, 창조력, 집중력을 향상시키는 데 도움을 주는 방법에도 동일하게 적용된다. 그런 방법들은 당신의 삶의 질과 성과를 높이고 결과적으로 수입 증대로 이어질 수 있기에, 최소한 연간 1,000달러 이상의 가치를 지닌다.

『성공의 문을 여는 마스터키』에 담긴 통찰과 기술들은 수많은 사람의 경험에 비추어볼 때, 단순히 정신적 산물의 가치를 높이는 데 그치지 않는다. 이 책은 삶 전반에 걸쳐 성공으로 향하는 길을 밝혀 준다. 책에 제시된 원칙들을 충실히 따른다면 지금까지 언급한 것 이상의 놀라운 성과를 거둘 수 있다.

『성공의 문을 여는 마스터키』의 가치를 온전히 흡수하기 위해서는 서두르지 말고 차분히 접근해야 한다.

24주 동안, 매주 한 장씩 이 책의 내용을 깊이 숙고하며 내면화하라. 각 문장의 의미를 꼼꼼히 파악하고 깊이 있게 성찰하라. 이 책을 지속적으로 탐독하며 평생의 지침서이자 영감의 원천으로 활용하라. 읽을 때마다 우주의 영원한 원리를 더욱 깊이 이해하게 될 것이다.

원대하고 아름다운 생각을 완전히 이해하는 데는
그 생각을 잉태하는 데 공들인 만큼의 시간이 걸린다!

조제프 주베르

1장

내면세계를
발견하라

삶의 원동력을 강화하고 싶다면 먼저 그 힘의 존재를 인식하라. 건강을 원한다면 건강에 대한 의식을 높여라. 행복을 원한다면 일상의 선택이 행복에 영향을 미친다고 생각하라. 이렇게 의식하며 살면 힘과 건강, 행복이 당신의 일부가 되어 떼어낼 수 없게 된다. 우리는 내면의 힘으로 세상을 지배하고, 세상은 그 내면의 힘에 따른다.

내면의 힘은 이미 우리 안에 있다. 다만 그 힘을 이해하고, 사용하고 통제하며, 스며들게 해야 한다. 그래야 한 걸음씩 전진하며 큰 성공을 거둘 수 있다.

매일 계속하면 탄력과 활력을 얻는다. 영감이 깊어지고 계획이 구체화되며 이해력이 커지면, 세상이 죽은 물질이 아니라 살아 숨 쉬는 생명체임을 깨닫게 된다. 세상은 인간의 심장들로 이뤄진 아름다운 생명체다.

여기서 언급되는 내용을 받아들이고 적용하려면 상당한 이해력이 필요하다. 하지만 이 책의 교훈을 이해한 사람은 새로운 빛과 힘에 고무되어, 하루하루 자신감과 더 큰 기회를 얻을 것이다. 그리하여 자신의 소망과 꿈이 실현될 것이란 확신에, 예전보다 더 깊고 충만하며 의미 있는 삶을 살아간다.

이 장에서는 소유의 근거, 이득과 손실을 비롯한 삶의 모든 현상의 원인, 힘을 얻는 방법 등을 다룬다. 특히 '내면세계'world within라는 개념이 제시되고, 그 세계가 어떻게 작동하는지 밝힌다. 또한 문제를 해결하는 방법, 꿈을 실현하는 데 필요한 용기와 기회, 희망과 열정, 자신감을 얻는 법도 설명한다. 아울러 효율성을 높이고 유지하는 방법, 미래를 스스로 만들어가는 법도 언급한다. 끝으로 모든 조건의 원인, 경험의 이유, 힘의 근원을 설명하고, 왜 이 모든 힘이 우리 통제하에 있는지도 밝힌다.

Master Key System _____

01 많이 가진 자가 더 많이 모은다는 것은 존재의 모든 차원에서 사실이며, 손실이 더 큰 손실로 이어지는 것도 마찬가지다.

02 마음은 창조적이다. 따라서 삶에서 맞닥뜨리는 조건과 환경, 경험은 습관적이거나 지배적인 정신 자세의 결과다.

03 마음가짐은 생각에 필연적으로 영향을 받는다. 그러므로 기회와 성취, 소유의 비밀은 사고방식과 밀접한 관계가 있다.

04 우리가 먼저 '존재'해야 '행동'할 수 있고, 또 우리가 '존재'하

는 동안에만 '행동'할 수 있기 때문에, 현재의 '존재'가 '생각'에 영향을 받는 것은 자명하다.

05 소유하지 않은 힘은 표현할 수 없다. 진정한 힘을 획득하는 유일한 길은 그 힘의 존재를 명확히 인식하는 것이다. 하지만 모든 힘이 내면에서 비롯됨을 깨닫기 전까지는 힘을 의식하기 어렵다.

06 내면세계가 있다. 그것은 생각과 느낌, 권능의 세계이고, 빛과 삶, 아름다움이 지배하는 세계이다. 보이지 않더라도 그 힘은 강력하다.

07 내면세계는 마음의 지배를 받는다. 내면세계의 존재를 자각하는 순간, 우리는 모든 문제의 해답, 즉 모든 결과의 원인을 자연스럽게 발견하게 된다. 내면세계가 우리의 통제하에 있기에 권능과 소유를 결정짓는 모든 법칙 역시 우리의 손아귀 안에 있다.

08 외부 세계는 내면세계를 투영한다. 겉으로 드러나는 것은 내면에 존재하는 것의 반영일 뿐이다. 내면세계에는 무한한 지혜와 힘, 필요한 모든 것의 원천이 숨어 있으며, 그것이 표현되고 펼쳐지기를 기다리고 있는지도 모른다. 우리가 내면에서 그 잠재력을 인식하는 순간 그것은 구체적인 형태로 외부 세계에 발현될 것이다.

09 내면세계의 조화는 외부 세계에서 조화로운 조건, 쾌적한 주변 환경 등 최적의 상태로 나타난다. 내면세계의 조화는 건강의 기

반일 뿐만 아니라 탁월한 능력과 성과, 성취, 성공에 이르는 필수 조건이기도 하다.

10　내면세계의 조화는 생각을 통제하는 능력을 의미한다. 이는 경험이 우리에게 미치는 영향을 스스로 결정할 수 있게 한다.

11　내면세계의 조화는 낙관과 풍요로 귀결되며, 그러한 내면의 풍요로움은 자연스레 외적인 풍요로움으로 이어진다.

12　외부 세계는 내면의 의식 상태와 조건을 그대로 반영한다.

13　내면세계의 지혜를 발견하는 순간, 우리는 그 안에 잠들어 있던 경이로운 가능성을 감지할 수 있게 된다. 그리고 그 가능성을 외부 세계로 현실화할 힘 또한 저절로 갖추게 될 것이다.

14　내면의 지혜를 발견하고 받아들이는 순간, 우리는 중요한 변화를 겪게 된다. 이는 단순한 인지적 변화를 넘어서는 실질적인 힘의 체득 과정이다. 이 힘을 통해 우리는 잠재력을 현실로 구현할 수 있게 된다. 결국 내면의 지혜를 인식하고 수용하는 것은 개인의 조화로운 성장과 발전의 핵심이 된다. 이는 우리 삶의 질을 높이고, 주변 세계와 더 나은 관계를 만드는 근간이 된다.

15　내면세계는 강인한 사람들이 용기와 희망, 열정과 자신감, 신뢰와 믿음을 이끌어내는 현실적 기반이다. 이 과정에서 그들은 미

래를 내다보는 탁월한 지혜를 얻고, 그 미래를 실제로 구현할 수 있
는 능력까지 갖추게 된다.

16   삶은 외부에서 더해지는 것이 아니라, 내면에서 우러나오는
것을 표현하는 과정이다. 그러므로 외부 세계에서 얻은 것은 모두
내면세계에서 이미 가지고 있던 것의 반영일 뿐이다.

17   모든 소유는 우리의 의식 상태에서 비롯된다. 따라서 모든
이득은 의식이 축적된 결과이고, 모든 손실은 의식이 분산된 결과
이다.

18   정신의 효율성은 조화의 정도에 비례한다. 불화는 혼란을 의
미하므로, 힘을 지닌 사람은 필연적으로 자연법칙과 조화를 이룬
사람이다.

19   우리는 객관적인 마음을 통해 외부 세계와 연결된다. 뇌는 이
객관적 마음의 지배를 받는 기관이며, 중추 신경계를 통해 우리는
신체의 모든 부분과 의식적으로 소통한다. 중추 신경계는 빛과 열,
냄새와 소리, 맛 등 모든 감각에 반응한다.

20   객관적 마음이 올바른 사고로 진실을 포착하고, 이 건설적인
생각이 중추 신경계를 통해 신체에 전달될 때, 우리는 긍정적이고
조화로운 경험을 하게 된다.

21   그 결과 강인한 체력과 활력 등 모든 건설적인 힘이 우리 몸에 축적된다. 하지만 정신적 고통과 육체적 통증, 결핍과 한계 등 온갖 형태의 불화와 부조화 역시 객관적 마음을 통해 우리 삶에 스며들기도 한다. 따라서 우리는 객관적 마음, 즉 잘못된 사고방식을 통해 모든 파괴적인 힘과 연결되는 것이다.

22   우리의 잠재의식은 내면세계와의 연결 통로 역할을 한다. 복강신경총(solar plexus, 혹은 태양신경총),* 즉 명치는 잠재의식의 지배를 받는 기관이다. 교감 신경계는 기쁨과 두려움, 사랑과 희노애락 등 모든 주관적 감정과 호흡, 상상력 등 잠재의식적 현상을 관장한다. 잠재의식을 통해 우리는 우주의 마음과 연결되고, 우주의 무한한 창조적 힘과 접촉한다.

23   우리 존재의 두 중심, 즉 객관적 마음과 연계된 중추 신경계, 그리고 주관적 마음과 연계된 교감 신경계는 어떻게 조화를 이루며 작용할까? 여기에 우리 삶의 거대한 비밀이 숨어 있다. 이 비밀을

◇◇◇◇◇◇

* **복강신경총(solar plexus)**: 해부학적으로 복강신경총은 위 뒤쪽, 횡경막 아래에 위치한 신경절로, 자율 신경계의 일부이다. 내장 기관의 기능을 조절하는 데 중요한 역할을 한다. 본문에서 언급된 복강신경총은 고대 요가와 신지학(神智學, Theosophy) 전통에서 비롯된 개념으로, 생명력의 중심이자 직관과 영적 인식의 좌소로 여겨졌다. 오늘날에도 일부 영적 수행 전통에서는 복강신경총이 감정과 직관의 중심부로 간주되곤 한다. 본문에서는 고대의 영적 전통에 기반해 복강신경총을 잠재의식과 연결 지어 설명하고 있다.

알아낼 때, 우리는 객관적 마음과 주관적 마음을 의식적으로 협력시키고, 더 나아가 유한과 무한을 조화시킬 수 있을 것이다. 그렇게 되면 우리는 변덕스럽고 불확실한 외부의 힘에 좌우되지 않고 미래를 완벽히 통제할 수 있게 될 것이다.

24 모두가 인정하듯이, 우주 전체에 편재하는 의식, 즉 원리는 오직 하나뿐이다. 그 의식은 모든 공간을 가득 채우고, 존재하는 곳 어디에서나 본질적으로 동일하다. 그 의식은 전지전능하며, 영원히 존재한다. 그 의식 안에 모든 생각과 사물이 존재하며, 여기에는 예외가 없다.

25 우주에서 사고할 수 있는 의식체는 단 하나뿐이다. 이 의식체가 생각할 때, 그 생각은 의식체에게 객관적인 것이 된다. 이 의식체는 모든 곳에 존재하므로, 당연히 우리 개개인의 내면에도 자리 잡고 있다. 우리 각자는 이 전지전능하고 편재하는 의식이 외부로 표출된 결과물이다.

26 우주에 단 하나의 사고하는 의식체만 존재하므로, 우리의 의식은 필연적으로 우주 의식과 동일하다. 다시 말해, 모든 마음은 하나의 마음인 것이다. 이 결론에는 어떤 반론의 여지도 없다.

27 우리 각자의 뇌세포를 활성화시키는 의식은 모든 인간의 뇌세포를 작동시키는 의식과 본질적으로 같다. 그러므로 우리 각자는 우주의 마음이 개별화된 존재일 뿐이다.

성공의 문을 여는 마스터키

28 우주의 마음은 정적 에너지, 즉 잠재 에너지potential energy이다. 달리 말해, 우주의 마음은 그저 존재할 뿐이다. 우주의 마음은 개인을 통해서만 외부로 표출될 수 있고, 개인은 우주의 마음을 통해서만 외부 세계에 모습을 드러낼 수 있다. 따라서 둘은 하나라고 할 수 있다.

29 개인의 사고 능력은 우주적 마음의 의도를 실현하고 이를 현실 세계에 구현하는 역량을 의미한다. 우리의 의식은 오로지 사고 능력으로 구성된다. 워커Walker도 언급했듯이 "마음은 그 자체로 섬세한 형태의 정적 에너지로 여겨지며, 이 에너지에서 '생각'이라고 불리는 활동이 비롯된다. 생각은 마음의 동적인 측면인 것이다." 그러므로 생각은 정적인 마음이 동적인 마음으로 전환될 때 발생하는 진동하는 힘이라고 할 수 있다.

30 우주의 마음이 모든 속성을 내포하고 있고, 전지전능하고 편재하므로, 이러한 속성들은 잠재적 형태로 각 개인의 내면에도 상시 존재한다. 따라서 우리가 생각할 때마다 그 생각은 반드시 그것의 근원에 부합하는 조건이나 객관적 실체로 구체화될 수밖에 없다.

31 따라서 모든 생각은 원인으로 작용하며, 모든 현실 조건은 그 결과로 나타난다. 이런 이유로 우리는 오로지 바람직한 조건을 창조하기 위해서라도 생각을 통제할 수 있어야 한다.

32 모든 힘은 내면에서 비롯되며, 우리의 절대적인 통제하에 있다. 하지만 모든 원리를 명확히 이해하고 자발적으로 적용할 때에만 진정한 힘이 발휘된다.

33 이 법칙을 완벽히 터득하여 생각의 과정을 통제할 수 있게 되면, 모든 상황에 이 능력을 적용할 수 있음이 분명해진다. 즉, 우리는 만물의 근본 원리인 전능한 법칙과 의식적으로 협력하는 경지에 이르게 된다.

34 우주의 마음은 존재하는 모든 원자의 생명 원리이다. 모든 원자는 더 큰 생명력을 표출하기 위해 끊임없이 노력한다. 따라서 모든 원자는 지적이며, 창조된 목적을 수행하려고 힘쓴다.

35 인류의 대부분은 외부 현실에 집중하며 살아간다. 지금까지 내면세계를 발견한 이는 극소수에 불과하지만, 그 외부 세계를 창조하는 것은 바로 내면세계이다. 내면세계가 창조적이므로, 외부 세계에서 발견한 모든 것은 내면세계에서 우리 자신이 만들어낸 것이다.

36 『성공의 문을 여는 마스터키』는 외부 세계와 내면세계의 이러한 연관성을 이해하도록 도와, 우리가 잠재된 능력을 현실화할 수 있게 한다. 내면세계는 원인이고, 외부 세계는 결과이다. 결과를 바꾸려면 원인을 변화시켜야 하지 않겠는가?

성공의 문을 여는 마스터키

37 방금 언급한 개념이 매우 새롭고 독특하게 느껴지는가? 대부분의 사람은 눈에 보이는 결과만을 바꾸려 애쓴다. 하지만 이는 한 가지 문제를 다른 문제로 바꾸는 것에 불과하다. 진정한 변화는 내면에서 시작된다. 우리 삶의 불협화음을 없애려면 그 근본 원인을 찾아 제거해야 한다. 그 원인은 언제나 우리의 내면 세계에 있다.

38 모든 성장은 내면에서 시작된다. 이 진리는 자연계 전체에서 명백히 드러난다. 모든 식물과 동물, 모든 인간은 이 위대한 법칙의 살아있는 증거이다. 그러나 많은 시대에 걸쳐 인류는 힘과 활력의 원천을 외부에서 찾으려는 실수를 범했다.

39 내면세계는 우주 에너지의 공급원이며, 외부 세계는 그 에너지의 표현 장소다. 우리가 받아들일 수 있는 우주의 공급량은 이 공급원에 대한 인식 수준에 달려 있다. 우리 각자는 무한한 에너지의 배출구이다. 다시 말해, 우리 하나하나가 그 출구가 되는 것이다.

40 인식(認識)은 정신적 과정이며, 이는 개인의 마음과 우주적 마음 간의 교류를 의미한다. 우주의 마음은 모든 공간과 생명체를 관통하는 지성이다. 이러한 정신적 작용이 바로 인과의 법칙이 작동하는 방식이다. 하지만 주목할 점은, 이 인과의 원리가 개인의 차원이 아닌 우주적 마음에서 발생한다는 것이다. 이는 객관적 능력이 아닌 주관적 과정으로, 그 결과는 무한히 다양한 상황과 경험으로 나타난다. 즉, 우리의 내면 작용이 외부 세계의 다채로운 현상을 만들어내는 것이다.

41 삶을 표현하기 위해서는 반드시 마음이 있어야 한다. 마음이 없다면 그 어떤 것도 존재할 수 없다. 존재하는 모든 것은 만물을 창조하고 계속해서 창조해내는 단일한 근본 물질이 다양한 형태로 표현된 것이다.

42 우리는 유연하고 변화 가능한 정신적 실체로 구성된 무한한 장(場) 속에 존재한다. 이 물질은 생기 있고 역동적이며 매우 민감하다. 마음의 요구에 따라 형태를 취한다. 즉, 생각이 만들어내는 틀을 통해 이 물질은 외부로 표출되는 것이다.

43 지식의 본질적 가치는 실생활에 적용될 때 비로소 발현된다. 이 원리를 실생활에서 이해하고 활용할 때, 우리는 놀라운 변화를 경험하게 된다. 빈곤은 풍요로, 무지는 지혜로, 불화는 조화로, 억압은 자유로 바뀐다. 이는 단순한 개인의 성장을 넘어서는 변화다. 물질적, 사회적 관점에서 볼 때, 이보다 더 큰 축복은 없을 것이다.

44 이제 적용해보자. 방해받지 않고 혼자 있을 수 있는 공간을 찾아가 편안히 바로 앉아라. 단, 긴장을 풀어서는 안 된다. 어떤 제약도 두지 말고, 생각의 나래를 활짝 펴라. 15~30분간 완벽한 고요를 유지하라. 당신의 몸을 완전히 통제할 수 있을 때까지, 사나흘이나 일주일 동안 이 훈련을 계속하라.

45 물론 많은 이들에게 이는 대단히 어려운 일이겠지만, 쉽게 해내는 사람들도 적지 않다. 하지만 보다 나은 미래로 나아가기 위해

서는 몸을 완벽히 제어하는 능력이 반드시 필요하다. 2장에서는 다음 단계로 나아가는 데 필요한 지침이 제공될 것이다. 다음 장으로 넘어가기 전에 여기에서 배운 것을 완벽하게 습득해야 한다.

◈◈◈ Q & A ◈◈◈

Q   외부 현실은 내면세계와 어떻게 연관되어 있는가?

A   외부 세계는 내면세계를 반영한다.

Q   모든 소유는 무엇에 영향을 받는가?

A   모든 소유는 의식에 영향을 받는다.

Q   개인은 객관적 현실과 어떤 방식으로 상호작용하는가?

A   우리는 객관적 마음을 통해 객관적 세계와 관계를 맺는다. 뇌는 객관적 마음에 속한 기관이다.

Q   우리는 우주의 마음과 어떻게 연결되는가?

A   우리는 보이지 않는 끈으로 우주적 마음과 연결되어 있다. 이 연결의 매개체는 바로 우리의 잠재의식이다. 주목할 만한 점은, 이 잠재의식의 핵심이 우리 신체의 태양신경총에 위치한다는 것이다. 이는 마치 우리 내면의 태양과도 같아서, 우주의 거대한 지성과 우리를 이어주는 교량 역할을 한다. 이를 통해 우리는 끊임없이 우주의 지혜와 에너지를 주고받으며, 더 큰

의식의 흐름에 동참하게 된다.

Q 우주의 마음이란 무엇인가?

A 우주의 마음은 존재하는 모든 원자의 생명 원리이다.

Q 우주적 마음과 조화를 이루는 행동이란 무엇을 의미하는가?

A 우리의 사고 능력은 우주적 마음과 소통하는 열쇠다. 생각을
   통해 우리는 이 거대한 우주의 힘을 현실로 끌어내릴 수 있다.
   즉, 우리의 사고는 우주적 마음을 현실화하는 도구다.

Q 우주적 마음과 일치하는 행동을 하고 우주와 교류할 때 어떤 결과가
   나타나는가?

A 이는 인과율의 원리로 나타난다. 모든 생각은 씨앗이고, 모든
   상황은 그 열매다. 우리의 사고가 원인이 되어 현실이라는 결
   과를 만들어낸다. 이는 우리가 삶의 창조자임을 의미한다.

Q 어떻게 해야 조화롭고 바람직한 조건을 확보할 수 있을까?

A 조화롭고 바람직한 조건은 올바른 생각을 통해 얻어진다.

Q 불화와 부조화, 결핍과 제약의 원인은 무엇인가?

A 불화와 부조화, 결핍과 제약은 잘못된 생각의 결과이다.

Q 모든 힘의 근원은 어디에 있는가?

A 진정한 힘은 우리 내면에 있다. 이는 무한한 에너지의 샘물과

같아서, 끝없는 공급의 원천이다. 우리 각자는 이 우주적 에너지의 표현체다. 이 내면의 힘을 깨닫고 활용할 때, 우리는 삶의 진정한 주인공이 된다.

세상을 변화시킨 사상가들은
대개 남들과 다르게 생각하는 용기에서 시작했다.
그들은 처음에 홀로 독창적인 사고의 길을 걸었지만,
결국에는 많은 이들의 생각을 바꾸는 데 성공했다.
이처럼 진정한 혁신은 관습에 도전하는 대담함에서 비롯되며,
이는 궁극적으로 사회 전체의 인식을 새롭게 하는 힘이 된다.

월터 콜턴Walter Colton

2장

생각은

에너지다

우리가 직면하는 대부분의 어려움은 명확하지 않은 사고와, 진정으로 중요한 것에 대한 인식 부족에서 비롯된다. 우리 삶에 적용되는 자연의 원리를 깨닫고 그에 맞춰 살아가는 것이 핵심 과제다. 따라서 명확한 사고와 윤리적 판단력을 기르는 것이 가장 중요하다. 사고 과정을 포함한 모든 과정의 토대가 견고해야 한다.

감성이 예민해지면 판단력이 날카로워지고, 미각도 한층 섬세해진다. 윤리 의식이 성장하면 지적 역량이 향상되고, 삶의 목표도 더욱 고차원적으로 변한다. 삶 그 자체에서 느끼는 충만감은 더욱 순수하고 강렬해진다. 따라서 세상에서 가장 훌륭한 것들을 탐구하는 가운데 최상의 기쁨을 누리는 것은 당연하다.

정신의 힘과 그 잠재적 가능성을 새롭게 이해하면, 이는 우리가 지금까지 최고로 여겼던 성취나 상상 속 물질적 진보를 훨씬 넘어서는 놀라운 것임을 깨닫게 된다.

생각은 에너지다. 적극적인 사고는 활발한 에너지를, 집중된 사고는 응축된 에너지를 만들어낸다. 분명한 목적에 초점을 맞춘 생각은 강력한 힘이 된다. 이는 가난을 미덕으로, 자기 부정을 아름다운 것으로 여기지 않는 이들이 사용하는 힘이다. 그들은 그런 생각을 나약함의 변명으로 일축한다.

이 힘을 수용하고 발현하는 능력은 자신 내부에 존재하는 무한한 에너지를 얼마나 인지하고 있느냐에 좌우된다. 이 무한한 에너지는 우리 모두의 내면에 잠재해 있으며, 우리의 신체와 정신을 지속적으로 재창조한다. 따라서 우리가 그 존재를 자각하면 언제든 필요한 방식으로 발현시킬 수 있다. 결국 그 진리를 깨닫는 정도만큼 우리는 그 힘을 외부로 드러낼 수 있다.

2장에서는 그 힘을 인식하고 겉으로 드러내는 방법이 제시된다.

◇◇◇ Highlights ◇◇◇

이 장에서는 의식과 잠재의식이라는 두 영역에서 마음이 어떻게 작용하는지, 그 이유에 대해 설명한다. 사고 과정의 대부분이 잠재의식에서 이뤄지는 것이 왜 가장 중요한 정신 현상인지, 또 우리가 의식에 덜 의존할수록 편안함과 완벽함이 커지는 이유도 밝힌다. 위대하고 고결하며 창의적인 생각과 아이디어의 근원, 그리고 때로 재치와 직관, 용기와 총명함, 영감을 타고나는 사람이 나타나는 이유 역시 밝힌다. 우리 사고 과정의 90퍼센트를 차지하는 광대한 정신의 저장고가 어떻게 의식의 감독을 받으며 의식을 유지하는 역할을 하는지도 설명한다. 이 광활한 정신 영역을 지배하는 법칙을 터득한 이들은 작가, 예술가, 정치인, 기업의 리더가 되어 성공과 성취를 거두는 반면, 사고 능력의 10퍼센트도 활용하지 못 하는 사람들이 존재하는 이유도 설명한다.

01　마음은 의식과 잠재의식이라는 두 차원에서 작동한다. 도널드 데이비슨 교수는 "자기 의식의 빛만으로 정신 활동 전체를 비추려 하는 사람은 초 하나로 우주를 밝히려는 사람과 다를 바 없다"라고 말했다.

02　잠재의식의 논리적 과정은 정확하고 규칙적으로 진행된다. 오류의 여지가 있다면 그런 진행이 불가능할 것이다. 그러나 우리의 마음은 인지cognition에 필요한 기초를 완벽하게 갖추고 설계되어 있으므로, 우리는 마음의 작동 방식modus operandi에 대해 조금도 걱정할 필요가 없다.

03　자애로운 낯선 이처럼 잠재의식은 우리에게 유익한 방향으로 작용하며, 잘 익은 과일만을 우리 무릎 위에 놓아준다. 그러므로 사고 과정을 궁극적으로 분석해보면, 잠재의식이야말로 가장 중요한 정신 현상이 펼쳐지는 무대라 할 수 있다.

04　셰익스피어는 학자들조차 알지 못했던 심오한 진리를 잠재의식을 통해 자연스럽게 이해했음이 틀림없다. 고대 그리스의 조각가 페이디아스가 대리석을 깎고 청동을 주조하여 위대한 조각상을 만들었을 때, 라파엘로가 성모를 그리고 베토벤이 교향곡을 작곡했을 때도 잠재의식의 힘을 빌렸음이 틀림없다.

05 편안함과 완벽함은 우리가 의식에 의존하는 정도에 정확히 반비례한다. 피아노 연주, 스케이트 타기, 타자기 사용, 노련한 거래 등을 완벽하게 해내려면 잠재의식의 작용이 필요하다. 우리가 활발한 대화를 나누면서도 복잡한 악보를 훌륭하게 연주할 수 있는 놀라운 현상은 잠재의식의 엄청난 힘을 입증하는 증거다.

06 우리가 잠재의식에 크게 의존하고 있음을 모르는 사람은 없다. 우리의 사고가 더욱 심오하고, 숭고하며, 혁신적일수록, 그 근원이 의식 너머의 영역에 있음이 명확해진다. 우리는 재치와 직관뿐 아니라 예술과 음악에서 아름다움을 느끼는 감각도 타고난다. 그러나 이런 능력의 근원, 즉 그것이 깃들어 있는 곳에 대해서는 전혀 모른다.

07 잠재의식의 가치는 헤아릴 수 없이 크다. 잠재의식은 우리에게 영감을 주고, 때로는 강력한 경고를 보낸다. 기억의 저장고에서 이름과 사건, 장면을 끄집어낼 때도 잠재의식의 도움을 받는다. 잠재의식은 우리의 생각과 취향의 방향을 결정할 때도 개입한다. 더불어, 의식적 노력만으로는 해결하기 힘든 복잡한 문제들을 잠재의식은 효과적으로 처리한다.

08 우리는 걷고 싶을 때 걸을 수 있다. 원하면 언제든 팔을 들어 올릴 수 있다. 즐거움을 주는 것이면 어느 것에나 눈이나 귀를 집중할 수도 있다. 하지만 심장 박동, 혈액 순환, 신체 성장, 신경 및 근육 조직 형성, 뼈 발달 등 생명 유지에 필수적인 과정들은 우리의

의지로 통제할 수 없다.

09 활동에는 두 가지 종류가 있다. 하나는 순간의 의지에 따라 결정되는 활동이고, 다른 하나는 어떤 동요나 변화 없이 매 순간 일정하고 규칙적이며 장엄하게 진행되는 활동이다. 이 둘을 비교해 보면, 후자에 경외감을 느낄 수밖에 없다. 그래서 우리는 그 신비로움에 궁금증을 갖고 해답을 찾아 나선다. 후자의 활동이 우리의 물리적 생명을 유지하는 데 핵심적인 과정임은 쉽게 알 수 있다. 한편 우리가 겉으로 드러내는 의지는 일시적이고 변화무쌍하므로, 이 극히 중요한 기능들이 그런 의지의 영역에서 의도적으로 벗어나, 우리 내면에 존재하는 영속적이고 신뢰할 만한 힘의 통제하에 놓인다는 추론을 피할 수 없다.

10 이 두 가지 힘 중 외부를 향한 변덕스러운 힘은 '의식적인 마음'Conscious Mind, 또는 외적 대상을 다룬다는 점에서 '객관적인 마음'이라 불린다. 반면 내적인 힘은 '잠재의식적인 마음'Subconscious Mind 혹은 '주관적인 마음'이라 일컫는다. 내적인 힘은 정신적 차원뿐 아니라 육체적 삶을 가능케 하는 규칙적 기능에도 관여한다.

11 의식과 잠재의식이 정신 영역에서 어떻게 작용하는지 정확히 이해하는 것도 중요하지만, 그 외의 기본 원리들도 명확히 알아야 한다. 의식은 오감을 통해 인식하고 기능하며, 외부 세계에 존재하는 대상과 거기서 얻는 인상을 다룬다.

성공의 문을 여는 마스터키

12 의식적 마음, 즉 의식에는 식별력이 있어 선택이라는 책임을 수행한다. 또한 귀납, 연역, 분석, 삼단논법 등에 기반한 추론 능력이 있으며, 이는 고도로 발달할 수 있다. 인식은 의지의 본거지이고, 모든 에너지의 근원이다.

13 의식은 타인의 마음에 깊은 인상을 남길 수 있을 뿐 아니라 잠재의식에도 영향을 미칠 수 있다. 이런 식으로 의식은 잠재의식의 방향을 통제하고 이끄는 역할을 한다. 의식이 이렇게 기능할 때 우리 삶의 다양한 여건을 완전히 바꿀 수 있다.

14 잠재의식이 무분별하게 받아들인 잘못된 전제 때문에 두려움, 걱정, 가난, 질병, 불화 등 갖가지 부정적 상황이 우리를 지배하는 것은 사실이다. 잘 훈련된 의식적 마음은 사전 예방적 조치를 통해 이러한 부정적 영향을 차단할 수 있다. 그러므로 단련된 의식은 광대한 잠재의식으로 통하는 관문을 지키는 파수꾼이라 할 수 있다.

15 한 저자는 "의식적 마음은 현재의 추론 능력이며, 잠재의식적 마음은 본능적 욕구, 즉 과거의 추론 결과"라고 설명하며 마음의 두 영역을 명확히 구별했다.

16 잠재의식은 외부 자료로부터 받은 전제에 기초하여 공정하고 정확하게 추론한다. 모든 전제가 옳다면, 잠재의식은 완벽한 결론에 도달한다. 그러나 전제와 제안에 오류가 있으면, 전체 구조가

무너진다. 잠재의식은 증명 과정에는 관여하지 않는다. 잠재의식은 의식적 마음이 파수꾼으로서 잘못된 전제로부터 자신을 지켜줄 것이라 전적으로 믿는다.

17 따라서 잠재의식은 어떤 제안도 진실로 받아들이고, 그에 근거해 전체 영역에서 즉각 행동한다. 반면 의식적 마음은 진실 또는 오류 중 하나를 제시할 수 있다. 만약 후자라면 존재 전반에 막대한 피해를 초래하게 된다.

18 의식적 마음은 깨어있을 때는 한순간도 경계를 늦춰서는 안된다. 여러 상황을 핑계로 '파수꾼'이 경계를 풀거나, 냉철한 판단을 보류하면, 잠재의식은 무방비 상태가 되어 사방에서 쏟아지는 제안에 노출된다. 공포심이 극에 달하고, 분노가 머리끝까지 치솟으며, 무책임한 폭도들이 충동에 사로잡히는 등 감정이 통제되지 않고 폭발할 때 극도로 위험한 조건이 조성된다. 그때 잠재의식은 주위 사람들이나 상황에서 파생되는 두려움, 증오, 이기심, 탐욕, 자기 비하 등 부정적 영향력에 그대로 드러난다. 그 결과 극히 불안정한 상황에 직면하고, 오랫동안 그런 결과를 감내해야 할 수 있다. 그러므로 잠재의식을 허위 정보로부터 보호하는 것이 무엇보다 중요하다.

19 잠재의식은 직관을 통해 인식하므로 그 처리 과정이 매우 신속하다. 의식 차원의 느린 추론이 끝나기를 기다리지 않는다. 엄밀히 말해, 잠재의식은 추론이라는 방식을 쓰지 않는다.

20 잠재의식은 심장 박동이나 혈액 순환처럼 끊임없이 활동한다. 명확한 목표를 잠재의식에 각인시키면, 그 목표 달성을 위한 내적 힘이 발현된다는 것이 확인되었다. 그렇다면 전능한 존재와 소통하게 해주는 힘의 원천이 바로 여기에 있는 셈이다. 우리가 진지하게 탐구할 가치가 있는 심오한 원리가 여기에 있다.

21 이 법칙은 매우 흥미롭게 작동한다. 이를 이해하는 사람은 복잡한 협상에 임할 때, 먼저 상호 간의 갈등 요소를 파악하고 해결하는 것이 중요함을 인식한다. 그 차이를 해소하면 모든 것이 달라지고 순조로워진다. 협상 중 어려운 문제가 제기되어도 연기할 여유를 갖고, 적절한 해법을 모색한다. 그러면 모든 것이 잘 해결된다. 요컨대 잠재의식을 신뢰하는 법을 터득한 사람은 무한한 자원이 자신의 수중에 있음을 깨닫는다.

22 잠재의식은 우리의 신념과 열망이 자리한 곳이다. 또한 잠재의식은 우리가 추구하는 예술적 이상과 이타적 행동의 원천이기도 하다. 정교하게 짜인 점진적 과정에 의해 타고난 법칙들이 약해지고, 그 결과 이런 본능적 자질들도 사라진다.

23 잠재의식은 직접적인 논리적 반박을 받아들이지 않는다. 따라서 잠재의식이 잘못된 관념을 수용했을 경우, 이를 교정하기 위해서는 강력하고 지속적인 반대 메시지를 제공해야 한다. 더불어, 잠재의식이 이러한 새로운 관점을 받아들여 건강한 사고방식과 생활 습관을 재구축하는 과정이 필요하다. 잠재의식은 습관의 본거지

이기도 하기 때문이다.

반복적으로 수행하는 행동은 점차 자동화되어 무의식적 습관으로 변한다. 이러한 행동은 의식적 판단 없이 수행되며, 잠재의식에 강하게 각인된다. 그 기계적 행위, 즉 습관이 건전하고 바른 것이라면 우리에게 유익할 것이나, 해롭고 잘못된 습관이라면 잠재의식의 막강한 힘을 인정하고 그 습관에서 실제로 자유로워지는 것이 유일한 해결책이다. 잠재의식은 창조적이고, 우리의 신성한 근원과 하나이므로 그 습관으로부터 벗어나는 데 필요한 해법을 즉시 제시할 것이다.

24 　요약하면, 잠재의식은 신체적 측면에서 우리의 생존과 유지에 결정적인 기능을 수행한다. 우리 몸의 건강을 회복시키고 면역력을 높이는 등 생존에 필수적인 기능들을 규칙적이고 안정적으로 작동시키는 것이 바로 잠재의식이다. 또한 잠재의식은 생명 자체를 유지하고 상황을 전반적으로 개선하려는 본능적 욕구, 자손을 지키려는 열망과도 관계가 있다.

25 　정신적 측면에서 잠재의식은 기억의 저장소다. 잠재의식에는 시공간의 제약을 받지 않는 경이로운 생각들이 숨겨져 있다. 잠재의식은 진취적이고 건설적인 생명력의 원천이며, 습관의 근거지이기도 하다.

26 　영적 측면에서 잠재의식은 이상과 열망, 상상력의 원천이다. 또한 우리를 '신성한 근원'Divine Source과 연결해주는 통로이기도 하

다. 우리가 그 신성한 근원을 인식하는 정도만큼, 힘의 근원을 이해하게 된다.

27 "어떻게 잠재의식이 상황을 변화시킬 수 있을까?" 이 질문에 대한 답은 "잠재의식은 우주적 마음의 일부이고, 부분은 종류와 특성에서 전체와 같기 때문"이다. 차이가 있다면 정도의 차이뿐이다. 우주의 마음이 본질적으로 창조적이라는 것은 이제 보편적으로 인정되는 사실이다. 더 나아가, 우주의 의식은 유일무이한 창조의 원천이라고 할 수 있다. 따라서 우리의 마음도 창조적임을 알 수 있다. 또한 생각은 마음에서 일어나는 유일한 활동이므로 생각 역시 창조적일 수밖에 없다.

28 하지만 나중에 알게 되겠지만, 단순히 생각하는 것과, 의식적이고 체계적이며 건설적인 방향으로 그 생각을 이끄는 것 사이에는 엄청난 차이가 있다. 이러한 방식으로 사고를 이끌기 위해서는 우리의 의식을 우주의 의식과 동조시키고, 우리 자신을 무한한 존재와 조화롭게 만들어 우주의 마음에 내재된 가장 강력한 힘, 즉 창조적 힘을 활성화해야 한다. 다른 모든 경우와 마찬가지로, 이 경우에도 자연법칙의 지배를 받는다. 이른바 '끌어당김의 법칙'으로, 마음이 창조적이어서 자동으로 대상과 관계를 맺고 그것을 외부로 드러낸다는 법칙이다.

29 1장에서는 몸을 완전히 통제하기 위한 훈련법을 소개했다. 그 목표에 도달했다면 이제 다음 단계로 나아갈 준비가 된 것이다. 이

번에는 생각을 통제하는 훈련을 해보자. 가능하다면 같은 방, 같은 의자, 같은 자리를 계속 사용하는 것이 좋다. 물론 항상 같은 방을 쓰지 못할 수도 있다. 그럴 때는 주변에서 구할 수 있는 비슷한 조건을 최대한 활용하라. 신체 통제 훈련을 할 때처럼 이번에도 절대적인 정적을 유지하되, 생각은 억제하라. 아무 생각도 하지 말라. 걱정, 근심, 두려움에 관한 모든 생각을 통제할 수 있게 되면, 비로소 원하는 생각만을 마음속에 그릴 수 있을 것이다. 생각을 통제하는 법을 완벽히 익힐 때까지 이 훈련을 계속하라.

30 초기에는 이 훈련을 단 몇 분 지속하는 것도 쉽지 않을 것이다. 그러나 숙달되면 매우 보람 있는 훈련임을 느낄 것이다. 수많은 생각이 끊임없이 당신의 정신 영역에 침투하려 한다는 사실을 생생히 체험할 테니까.

31 3장에서는 더 심화된 훈련 방법을 소개할 예정이지만, 그전에 이번 장의 내용을 철저히 숙지하고 실천해야 한다.

◇◇◇ Q & A ◇◇◇

Q 정신 활동의 두 차원은 무엇인가?
A 의식과 잠재의식

Q 편안함과 완벽함은 어느 차원의 정신 활동에 영향을 받는가?

성공의 문을 여는 마스터키

A 의식적 사고에 덜 의존할수록 더 큰 편안함과 완벽함을 경험할 수 있다.

Q 잠재의식은 우리 삶에 어떤 가치를 제공하는가?

A 잠재의식의 가치는 무궁무진하다. 그것은 우리에게 인생의 방향을 제시하고, 위험을 경고하며, 생명 유지 과정을 조절하는 한편 기억의 저장소 역할도 한다.

Q 의식은 어떤 기능을 하는가? 예를 들어 설명해보라.

A 의식은 상황을 분석하고 판단하는 능력, 논리적 사고 능력을 가지며, 의지력의 원천으로 작용하여 잠재의식에 영향을 미친다.

Q 의식과 잠재의식은 어떻게 구분되는가?

A 의식은 현재의 능동적 사고 과정을 담당하는 반면, 잠재의식은 과거의 경험과 학습이 축적된 본능적 반응의 저장소이다.

Q 잠재의식에 인상을 남기려면 어떤 방법이 필요한가?

A 목표나 원하는 상태를 지속적으로 마음속에서 반복하고 시각화하는 것이 효과적이다.

Q 그 결과로 어떻게 되는가?

A 욕망이 앞으로 나아가려는 위대한 전체와 조화를 이룬다면, 그 결과를 만들어낼 힘이 작동할 것이다.

Q 이런 법칙이 작용한 결과는 어떻게 되는가?

A 우리의 외부 환경과 경험은 우리가 지속적으로 유지하는 내면
의 사고와 태도를 반영하여 형성된다.

Q 이 법칙의 명칭은 무엇인가?

A 끌어당김의 법칙이다.

Q 이 법칙을 간략히 정의해보라.

A 생각은 창조적인 에너지이며, 자동적으로 그 대상과 연관되어
그것을 현실화한다.

인과관계는 눈에 보이는 물질적 세계에서든,

보이지 않는 생각의 세계에서든 보편적으로

작용하는 절대적 법칙이다. 마음은 속옷에 해당하는 성격과

겉옷에 해당하는 환경, 둘 모두를 만들어내는 최고의 방직공이다.

제임스 앨런

3장

에너지를 끌어당기고
발산하라

⟨⟨⟨ *Insight* ⟩⟩⟩

우리는 우주적 의식과 조화를 이루며 행동할 수 있음을 이해했다. 이러한 행동과 상호작용은 인과관계의 법칙을 따른다. 즉, 우리의 사고는 원인이 되어 삶의 모든 현상을 결과로 만들어낸다. 그러므로 과거와 현재의 조건을 불평하는 버릇을 버려야 한다. 그 조건을 바꾸고 원하는 방향으로 이끄는 책임은 결국 자신에게 있기 때문이다. 이제는 정신적 자원을 구체화하는 데 힘을 집중해야 한다. 당신이 주도권을 잡아야 지속해서 실질적인 힘을 발휘할 수 있다.

자신 안에 잠재된 힘을 인식하고 목표를 향해 지속적으로 노력하면, 어떤 상황에서도 성공할 수 있다는 확신을 얻을 때까지 이 훈련을 계속해야 한다. 생각과 욕망을 행동, 사건, 조건으로 구체화하려 할 때, 마음의 힘은 늘 목적 지향적인 의지에 힘을 더할 것이다.

삶의 모든 행동과 기능은 처음에는 의식적 사고의 결과물이지만, 습관화되어 자동으로 이뤄지면 잠재의식의 영역으로 넘어간다. 그러나 효용성은 변하지 않는다. 의식이 새로운 과제에 집중할 수 있도록, 기존의 의식적 행동들은 자동화되어 잠재의식적 과정으로 전환되어야 한다. 새로운 행동들도 차례로 습관이 되고, 자동화되며, 무의식화되어 마음이 다시 이러한

성공의 문을 여는 마스터키

세부사항에서 벗어나 더 높은 활동으로 나아갈 수 있게 된다.

　이 비밀을 이해하면, 삶의 모든 상황에 대처할 수 있는 힘의 원천을 발견하게 될 것이다.

◈◈ *Highlights* ◈◈

여기서는 의식과 잠재의식이 작동하고 상호작용하는 데 두 종류의 신경계가 필요한 이유와 그 연결 방식이 설명된다. 에너지 분배에 관여하는 신체의 중심부에 대해서도 다룬다. 그 에너지는 어떻게 분배될까? 제대로 분배되면 기분이 좋아지고, 방해받거나 중단되면 불화, 부조화, 결핍, 제약 등이 생기는 이유는 무엇일까? 또한 물리쳐야 할 주적이 무엇이고 그것을 제거하는 방법도 제시된다. 우리 삶의 문제를 결정짓는 요인이 무엇이며, 그 문제들이 우리의 통제하에 있는 이유도 밝힌다. 한 열성적인 독자는 이 장에 대해 "이는 인류 역사상 가장 통찰력 있는 글 중 하나라고 생각한다. 이를 통해 우리의 성공을 좌우하는 '보이지 않는 힘'의 본질을 처음으로 깊이 이해할 수 있었다"라고 말했다.

Master Key System ————————————————————

01　　의식과 잠재의식의 협력은 두 가지 신경계 사이의 유기적 상호작용을 통해 이루어진다. 판사 토머스 트로워드는 이 상호작용이 매우 아름다운 방식으로 이루어진다고 말한다. "중추 신경계는

의식과 연관된 기관이고, 교감 신경계는 잠재의식과 연관된 기관이다. 중추 신경계는 우리가 오감을 통해 의식적 인식을 받아들이고 신체 움직임을 통제하는 통로다. 중추 신경계의 중심은 뇌에 있다."

02 교감 신경계의 핵심은 위 뒤편에 위치한 복강신경총이라는 신경절 집합체에 있다. 교감 신경계는 생명 유지와 관련된 신체 기능을 무의식적으로 지원하는 정신 활동의 통로이다.

03 두 신경계는 미주 신경vagus nerve으로 연결된다. 미주 신경은 자율 신경계의 일부로 대뇌에서 시작해서 목과 가슴을 거쳐 배 부분까지 내려오는 아주 긴 신경이다. 마치 나무의 줄기에서 가지가 뻗어 나오듯, 미주 신경도 가슴 부위를 지날 때 심장과 폐로 향하는 갈래들을 내보낸다. 그러다가 횡경막을 통과하며 미주 신경 줄기를 감싸고 있던 바깥층이 벗겨지면서, 그 속에 감춰져 있던 신경 섬유들이 드러나 교감 신경계의 신경들과 직접 만나 하나로 연결된다. 이로써 두 신경계를 잇는 연결고리가 형성되어 우리는 육체적으로 하나가 된다.

04 앞서 언급했듯 모든 생각을 받아들이는 뇌는 의식과 연관된 기관이다. 따라서 모든 생각은 우리의 추론 능력에 영향을 받는다. 객관적 마음이 어떤 생각을 사실로 받아들이면, 그 생각은 복강신경총, 즉 주관적 마음의 뇌로 전달되어 우리 육체의 일부가 되고 실체로 드러난다. 그 순간부터 그 생각은 더 이상 논쟁의 대상이 아니다. 잠재의식은 옳고 그름을 따지지 않고 행동에 옮길 뿐이다. 잠재

의식은 객관적 마음이 내린 결론을 최종적인 것으로 받아들인다.

05   비유하자면 복강신경총은 우리 몸의 태양이다. 우리 몸이 끊임없이 생성하는 에너지를 분배하는 중심이기 때문이다. 그것이 진정한 에너지이고, 그것이 진정한 태양이다. 그 에너지는 진정한 신경 세포를 통해 몸 구석구석에 분배된 후, 우리 몸을 둘러싼 대기 중으로 퍼져 나간다.

06   이렇게 발산되는 에너지가 강한 사람은 '자성'(磁性)을 띤다고 하고, 그런 사람은 개인적인 자기(磁氣)가 넘친다고 평가된다. 그런 사람은 탁월한 리더십을 발휘하고, 함께 있는 것만으로도 불안해하는 이들에게 평온을 가져다줄 수 있다.

07   복강신경총이 최적으로 기능하여 생명력과 에너지를 전신에 고르게 분배하고, 주변 사람들에게까지 영향을 미칠 때, 그 사람은 깊은 만족감을 경험하게 된다. 그 결과 그의 몸은 건강이 넘치고, 그와 접하는 사람들 모두가 상쾌하고 기분 좋은 느낌을 받는다.

08   이런 에너지 방출이 방해받거나 차단되면 기분이 언짢아진다. 신체 곳곳에 흐르는 생명력과 에너지가 정지되면 인간의 육체와 정신, 환경에 온갖 질병이 일어나기 때문이다.

09   우리 몸의 태양이 신체 전체에 활력을 충분히 공급할 만한 에너지를 발산하지 못하면 몸이 병든다. 또한 의식이 정상적인 사고

활동을 유지하려면 잠재의식으로부터 끊임없이 활력을 공급받아야 하는데 잠재의식마저 복강신경총으로부터 에너지를 제대로 받지 못하니 의식의 사고 기능이 점차 약화된다. 또한 잠재의식과 우주의 마음을 연결하는 고리가 끊어져 우리를 둘러싼 환경마저 병든다.

10 복강신경총은 개체와 전체, 유한과 무한, 잠재와 현실, 보편과 특수, 비가시적인 것과 가시적인 것이 만나는 접점이다. 그곳은 생명이 탄생하는 곳이며, 우리는 그곳에서 무한한 생명을 창조해낼 수 있다.

11 이 에너지의 중심은 모든 생명과 영적 존재와 연결되는 지점으로, 무한한 잠재력을 지닌다. 따라서 이 에너지 중심은 지시받은 것이면 무엇이든 실현할 수 있는데, 이것이 바로 의식의 힘이다. 반면 잠재의식은 의식이 제시한 계획과 아이디어를 실행에 옮길 수 있고, 또 그렇게 할 것이다.

12 그러므로 의식적 사고는 이 태양 중심의 주인이며, 신체 전체의 생명과 에너지는 이 태양 중심에서 비롯된다. 우리 마음속에 그리는 생각의 특성이 태양에서 방출되는 생각의 특성을 좌우하고, 의식이 품은 생각의 성격이 태양에서 나오는 생각의 성격을 결정한다. 또한 의식의 사고 유형이 태양의 사고 유형을 결정하고, 결국에는 우리가 삶에서 만나게 되는 경험의 유형도 결정할 것이다.

성공의 문을 여는 마스터키

13 그러므로 우리 내면의 빛을 밝게 비추는 것이 중요하다. 더 많은 에너지를 발산할수록 부정적 상황을 긍정적이고 유익한 환경으로 더욱 신속히 전환시킬 수 있다. 따라서 "어떻게 하면 그 빛을 환하게 비출 수 있을까? 어떻게 하면 에너지를 더 많이 방출할 수 있을까?"라는 핵심 질문이 남는다.

14 복강신경총은 긍정적 사고에 반응하여 확장되고, 부정적 사고에는 위축된다. 즐거운 생각에는 확장되고, 불쾌한 생각에는 수축된다. 용기, 힘, 확신, 희망에 찬 생각은 그에 상응하는 상태를 만들어내지만, 복강신경총의 가장 큰 적 중 하나인 두려움은 빛을 발하기 전에 반드시 제거해야 한다. 두려움은 완전히 뿌리 뽑혀 영원히 추방되어야 한다. 두려움은 태양을 가리는 구름이자 끝없는 어둠, 즉 우울함의 원인이기 때문이다.

15 이 개별적 악마의 속임수로 인해 우리는 과거, 현재, 미래를 두려워하고, 적뿐 아니라 친구까지도 두려워하며, 모든 것과 모든 사람을 두려워하게 된다. 두려움이 실제로 철저히 제거될 때 우리의 빛은 밝게 빛나고 구름은 걷힐 것이다. 그때 우리는 힘과 에너지, 생명의 원천을 발견하게 될 것이다.

16 우리가 무한한 힘과 하나라는 것을 깨닫고, 생각의 힘으로 모든 난관을 극복할 수 있다는 것을 실증한다면, 두려움은 사라질 것이다. 두려움이 사라지고 타고난 권리를 되찾게 되기 때문이다.

17　삶에서 맞닥뜨리는 경험은 삶에 대한 우리의 마음가짐에 따라 결정된다. 아무것도 기대하지 않으면 아무것도 얻지 못하지만, 많은 것을 요구하면 더 많은 것을 받게 된다. 우리가 단호하게 목소리를 내지 않을 때에만 세상은 가혹하다. 자신의 아이디어를 위한 공간을 만들어내지 못하는 사람들에게 세상의 비판은 쓰라리게 다가온다. 바로 이런 비난에 대한 두려움 때문에 수많은 아이디어가 빛을 보지 못한 채 사라진다.

18　하지만 자신에게 복강신경총이 있음을 아는 사람은 세상의 비난을 두려워하지 않는다. 오히려 용기와 자신감, 힘을 발산하느라 바쁘다. 성공을 기대하는 마음가짐으로 장애물을 산산조각 내고, 두려움이 앞길에 놓은 의심과 주저함의 골짜기를 뛰어넘는다.

19　우리에게 건강, 활력, 조화를 의식적으로 창출하는 능력이 있음을 안다면 두려움이 설 자리가 없음을 자연스럽게 이해하게 된다. 우리가 무한한 힘을 지닌 존재와 함께하고 있는 것이나 다름없기 때문이다.

20　어떤 지식이든 실제 적용을 통해서만 진정한 이해와 깨달음에 도달할 수 있다. 즉, 우리는 행함으로써 배운다. 즉, 운동선수가 연습을 통해 더욱 강해지듯이 우리는 행함으로써 배운다.

21　다음에 설명할 개념은 매우 중요하므로, 다양한 관점에서 접근하여 그 의미를 명확히 전달하고자 한다. 종교적 성향이 있다면,

당신의 빛을 밝게 비출 수 있다고 말하고 싶다. 자연과학을 좋아한다면, 복강신경총을 깨울 수 있다고 말하고 싶다. 엄밀한 과학적 해석을 선호한다면, 잠재의식에 깊은 인상을 남길 수 있다고 말하고 싶다.

22   그 인상이 궁극적으로 어떤 결과를 낳는지는 이미 앞에서 다뤘다. 지금 우리가 주목할 것은 구체적인 방법이다. 앞서 언급했듯이 잠재의식은 영적이고 창조적이며, 의식적인 마음의 의지에 순응한다. 원하는 대상에 마음을 집중해보라. 바로 그 집중하는 행위 자체가 잠재의식에 인상을 남기는 과정이다.

23   집중이 유일한 방법은 아니지만, 단순하면서도 효과적이고 가장 직접적이어서 최상의 결과를 얻을 수 있는 방법이다. 또한 많은 이들이 기적이라 여길 만큼 놀라운 결과를 만들어내기도 한다.

24   모든 위대한 발명가, 은행가, 정치인은 집중을 통해 욕망, 믿음, 확신이라는 미묘하고 보이지 않는 힘을 객관적 세계에서 감지할 수 있는 구체적 사실로 바꿨다.

25   잠재의식은 우주적 마음의 일부이다. 우주적 의식은 창조의 근본 원리로, 그 일부인 개인의 의식도 전체와 동일한 본질과 특성을 공유한다. 즉, 우주 마음의 창조력에는 한계가 없다. 이 창조력은 선례에 제약받지 않으며, 그 근본 원리에 따라 전례 없는 새로운 형태를 만들어낼 수 있다.

26 앞서 언급했듯이 잠재의식은 의식의 의지에 순응한다. 다시 말해, 우주적 마음의 무한한 창조적 힘이 우리 의식의 통제하에 있다는 뜻이다.

27 이 원리를 실제 훈련에 적용할 때, 원하는 결과를 얻는 구체적인 방법을 잠재의식에 상세히 설명할 필요는 없다. 유한한 것이 무한한 것에 영향을 줄 수는 없기 때문이다. 당신이 원하는 것을 말하면 그뿐이지, 어떻게 얻을지 계획할 필요는 없다.

28 당신은 미분화된 것이 분화되는 통로이며, 이 분화는 개별화를 통해 이루어진다.* 당신이 원하는 결과를 만들어내는 원인을 작동시키려면 이 사실을 인식하는 것만으로 충분하다. 우주적인 것이라도 개인을 통해서만 작용할 수 있고, 개인 역시 우주 마음을 통해서만 행동할 수 있기 때문이다. 결국 그들은 하나이다.

29 이번 훈련에서는 한 걸음 더 나아가보자. 절대적 정적을 유지하며 생각을 최대한 억제할 뿐 아니라, 긴장을 풀고 근육을 정상 상태로 유지하라. 그러면 불안감에서 오는 압박감이 해소되고, 육체

◇◇◇◇◇◇

* 우주의 무한한 잠재력이 개인을 통해 구체적인 현실로 실현된다는 의미이다. 어떤 사람이 자신의 마음과 행동을 부로 집중하면 우주의 무한한 잠재력 중에서 부가 현실로 구현된다. 이처럼 개인은 무한한 것을 유한하게, 미분화된 것을 분화된 것으로 전환하는 통로인 셈이다.

적 피로감을 자주 유발하는 긴장감에서 벗어날 수 있다.

30　의식적이고 자발적인 훈련을 통해 신체의 완전한 이완 상태를 달성할 수 있다. 이 훈련은 피가 뇌에서 몸의 각 부위로, 또 역으로 막힘없이 순환하도록 해주기 때문에 무척 중요하다.

31　긴장은 정신적 불안과 비정상적 정신 활동으로 이어지고, 걱정, 근심, 두려움, 불안 등을 유발한다. 따라서 정신이 최대한 자유롭게 기능하려면 이완이 절대적으로 필요하다.

32　이 훈련을 철저히 실행하면서, 자신과 세계가 조화롭게 일체화되어 완전한 평온과 안정을 느낄 때까지 신체의 모든 근육과 신경을 이완시키겠다고 마음속으로 다짐하라.

33　이 상태에서 복강신경총이 최적으로 작동하기 시작하면, 그 놀라운 효과를 직접 경험하게 될 것이다.

자연의 무한함은 곧 자연의 시들지 않는 젊음을 의미한다.
따라서 어떤 사람이 품은 희망의 크기로 그의 지혜가 평가된다.

랄프 왈도 에머슨

Q 의식적 사고 과정을 담당하는 주요 신경계는 무엇인가?

A 중추 신경계

Q 잠재의식적 기능을 주로 담당하는 신경계는 무엇인가?

A 교감 신경계

Q 몸이 끊임없이 만들어내는 에너지를 분배하는 중심점은 어디인가?

A 복강(태양)신경총

Q 이 에너지 분배를 방해하거나 가로막는 요인은 무엇인가?

A 저항적이고 비판적이며 조화를 이루지 못하는 생각들. 특히 두려움이 주된 요인이다.

Q 에너지 분배가 그렇게 방해받으면 어떤 결과가 초래되는가?

A 인간을 괴롭히는 모든 질병이 여기에서 비롯된다.

Q 신체 내 에너지 흐름을 효과적으로 조절하고 관리하는 방법은 무엇인가?

A 의식적 사고를 통해 가능하다.

Q 어떻게 하면 두려움을 완전히 제거할 수 있을까?

A 진정한 힘의 근원을 이해하고 인식함으로써 가능하다.

Q 우리의 인생 경험을 형성하는 핵심 요인은 무엇인가?

A 우리의 지배적인 정신적 태도를 보면 알 수 있다.

Q 복강신경총의 기능을 최적화하기 위한 효과적인 방법은 무엇인가?

A 삶에서 구체적으로 실현하고자 하는 조건에 정신을 집중함으로써 가능하다.

Q 우주의 창조 원리는 무엇인가?

A 우주적 마음

마음은 그 자체로 미세한 형태의 정적 에너지로 여겨진다.

그 에너지에서 '생각'이라 불리는 활동이 비롯되며,

'생각'은 마음의 동적인 측면이다.

따라서 마음과 생각은 동일한 것의 양면이다.

워커

4장

에너지는
힘이다

≫≫ Insight ≪≪

이 장에서는 당신의 생각이나 행동 혹은 정서가, 왜 당신의 본질을 나타내는지를 보여줄 것이다. 사고는 에너지의 한 형태이며, 이 에너지는 곧 잠재적 힘이다. 세상이 결과에 집중하고 원인을 간과하는 이유는, 기존의 종교, 과학, 철학이 에너지의 본질보다는 그 표면적 현상에 주목해왔기 때문이다. 이런 이유에서 종교에는 신과 악마가 있고, 과학에는 양과 음이 있으며, 철학에는 선한 것과 악한 것이 존재한다.

『성공의 문을 여는 마스터키』는 이러한 관점을 전환하여 근본 원인에 초점을 맞춘다. 독자들로부터 받은 편지에서는 놀라운 공통점이 발견된다. 성공한 사람들이 건강과 조화와 풍요 등 안녕과 행복에 필요한 것을 확보할 수 있었던 이유는 그 '원인'을 찾아냈기 때문이었다.

삶은 겉으로 표현되는 것이다. 그렇다면 자신을 조화롭고 건설적으로 표현하는 것이 우리의 과제가 된다. 슬픔과 고통, 불행과 질병, 가난은 불가피한 것이 아니다. 따라서 우리는 그런 상황을 지속해서 지워나가야 한다. 그리고 그런 상황을 지워가는 과정은 온갖 유형의 한계를 넘어서는 것과 같다. 생각을 순화하고 강화한 사람은 병원균을 염려할 필요가 없다. 풍요의 법칙을 깨달은 사람은 곧장 공급의 원천을 향해 달려갈 수 있다. 이렇게 되면, 선장이 배를 조종하고, 기관사가 기차를 운전하는 것만큼이나 숙명과 운명 및 행운도 쉽게 통제된다.

⊰⊱ *Highlights* ⊰⊱

이 장에서는 이른바 '당신'이라 칭하는 것을 통제하는 방법을 다룬다. '당신'은 몸이 아니다. 몸은 '에고'(ego, 대상과 구별되는 인식 및 행위의 주체—옮긴이)가 본연의 목적을 수행하기 위해 사용하는 물리적 도구에 불과하다. 당신은 마음도 아니다. 마음은 에고가 생각하고 추론하고 계획을 세우는 데 사용하는 또 다른 도구일 뿐이다. 예를 들어, 당신이 "나는 간다"라고 말하면, 그것은 몸에게 어디로 가라고 지시하는 것이다. 또한 "나는 생각한다"라고 말하면, 마음에게 무엇을 생각하라고 명령하는 것이다. '나'(I)의 진정한 속성을 깨닫는 순간, 당신은 자신이 누구이고 어떤 사람이며, 무엇을 원하고 그것을 어떻게 얻을 수 있는지를 알게 된다. 그 때문에 당신은 다른 어떤 것도 줄 수 없는 힘을 내면에서 느낄 수 있게 된다.

Master Key System ────────────────────

01   당신의 '나'(I)는 물리적인 몸이 아니다. 몸은 '나'가 본연의 목적을 달성하기 위해 사용하는 물리적 도구일 뿐이다. '나'는 마음도 아니다. 마음은 '나'가 생각하고 추론하며 계획을 세우는 데 활용하

는 또 다른 도구에 불과하기 때문이다.

02   '나'는 몸과 마음을 통제하고 지배하는 존재이며, 이들의 행
동과 방향을 결정하는 주체이다. '나'의 진정한 속성을 깨닫는 순간,
당신은 이전에는 전혀 알지 못했던 내면의 힘을 느낄 수 있게 될 것
이다.

03   당신의 성격은 수많은 개별적인 특징과 특성, 습관과 자질로
구성된다. 이 요소들은 당신이 과거에 생각하던 방식의 결과이지
만, 실제 '나'와는 전혀 관계가 없다.

04   당신이 "나는 생각한다"라고 말할 때, 그것은 '나'가 마음에게
무엇을 생각하라고 지시하는 것이다. 반면에 "나는 간다"라고 말하
면, '나'가 몸에게 어디로 가라고 명령하는 것이다. '나'의 진정한 속
성은 영적인 것이다. 그러므로 우리가 자신의 진정한 속성을 깨닫
는 순간, '나'는 남녀를 불문하고 우리에게 주어지는 진정한 힘의
원천이 된다.

05   '나'에게 주어진 가장 크고 경이로운 힘은 생각하는 힘이다.
하지만 건설적이고 올바른 방식으로 생각하는 법을 아는 사람은 극
소수에 불과하다. 그 때문에 대부분은 평범한 성과에 그치고 만다.
많은 이들이 이기적인 목적에서 생각을 집중하는데, 이는 유아기를
벗어나지 못한 미성숙한 마음의 필연적 결과이다. 그러나 마음이
성숙해지면 모든 이기적인 생각이 패배의 궁극적 원인이라는 사실

성공의 문을 여는 마스터키

을 깨닫게 된다.

06 훈련받고 성숙해진 마음은 모든 거래가 그 거래와 관련된 모든 당사자에게 이익이 되어야 한다는 원칙을 이해한다. 또한 다른 사람의 약점이나 무지, 간절함을 이용해 이익을 취하려는 시도가 반드시 자신에게 해롭게 작용한다는 것도 잘 알고 있다.

07 그 이유는 개인이 우주적 마음의 일부분이기 때문이다. 부분은 다른 어떤 부분도 척질 수 없다. 오히려 각 부분의 안녕은 전체의 이익을 우선시할 때 비로소 가능해진다.

08 이 원리를 이해하고 실천하는 이들은 삶의 여러 측면에서 현저한 이점을 경험한다. 그들은 스스로 지치거나 나가떨어지지 않는다. 그들은 산만한 사고를 효과적으로 제어하고, 어떤 과제에도 최적의 집중력을 발휘할 수 있다. 자신에게 아무런 도움이 되지 않는 일에 시간이나 돈을 낭비하지 않는다.

09 만약 당신이 지금 이렇게 해내지 못한다면, 그것은 지금까지 필요한 노력을 기울이지 않았기 때문이다. 결과는 투입한 노력에 정확히 비례한다. 의지력 강화와 성취 능력 향상을 위한 가장 효과적인 자기 암시는 "나는 내가 원하는 모든 것을 성취할 수 있다"라는 확신이다.

10 이 말을 반복할 때마다 '나'가 누구이고 어떤 사람인지를 되

새기며, 진정한 자아의 본성을 철저히 파악하려 노력하라. 그렇게 하면 당신은 무적이 될 것이다. 단 하나의 조건은 목표와 목적이 건설적이어야 한다는 것, 즉 우주의 창조 원리와 부합해야 한다는 점이다.

11   이러한 확언으로부터 효과를 얻게 되면, 그것이 당신의 일부가 되고 습관으로 자리 잡을 때까지 밤낮으로 꾸준히 사용해야 한다.

12   그렇게 하지 않을 바에는 차라리 시작하지 않는 편이 낫다. 현대 심리학에 따르면, 우리가 어떤 일을 시작하고서 완벽하게 마무리 짓지 않거나, 결심을 하고 지키지 않으면 실패 습관, 즉 절대적이고 수치스러운 실패의 습관이 몸에 배이게 된다. 요컨대 무언가를 끝까지 해낼 각오가 서지 않았다면 시작하지 마라. 일단 시작했다면 하늘이 무너져도 끝까지 해내야 한다. 어떤 일을 하기로 결심했다면 흔들림 없이 실천하라. 어떤 경우에도 중단하지 마라. 당신 안의 '나'가 결정했다면 그 문제는 이미 해결된 것이나 다름없다. 주사위는 던져졌고, 더 이상 논의할 여지가 없다.

13   당신이 통제할 수 있는 작은 일부터 시작하여 노력을 점차 늘려가고, 어떤 상황에서도 '나'를 억누르지 않은 채 이 교훈을 실천한다면, 결국에는 자신을 통제할 수 있다는 사실을 깨닫게 될 것이다. 안타깝게도 지금까지의 경험에 비추어볼 때, 많은 사람이 자신을 통제하기보다 왕국 다스리기가 더 쉽다는 것을 알게 된 듯하다.

14 하지만 일단 자신을 통제하는 방법을 터득하게 되면, 외부 세계를 지배하는 '내면세계'를 발견하게 될 것이다. 그때 당신은 모든 것을 끌어당기는 매력적인 사람으로 거듭날 것이다. 그러면 당신이 눈에 띄게 애쓰지 않아도 사람과 사물이 당신의 소망에 화답하게 될 것이다.

15 '나'가 내면세계를 통제하고, 그 '나'가 흔히 신이라 불리는 우주 에너지_{Universal Energy} 혹은 우주 영혼_{Universal Soul}인 '무한한 나'의 일부이거나 '무한한 나'와 하나라는 사실을 명심한다면, 앞서 언급한 개념들이 더 이상 비현실적으로 느껴지지 않을 것이다.

16 위의 내용은 어떤 견해를 입증하거나 확립하려는 의도로 제시된 주장이나 이론이 아니라, 최고의 종교적 신념뿐만 아니라 최고의 과학적 사상까지도 진실로 인정한 것이다.

17 철학자 허버트 스펜서는 "우리를 둘러싼 모든 미스터리 가운데, 우리가 만물의 근원인 무한하고 영원한 에너지와 함께하고 있다는 것만큼 확실한 것은 없다"라고 말했다.

18 신학자 라이먼 애벗은 뱅고어 신학교 졸업생들을 대상으로 한 연설에서 "우리는 하느님이 외부에서 우리에게 영향을 미치는 것이 아니라, 우리 '안'에 존재한다고 생각하고 있다"라고 말했다.

19 과학은 영원한 에너지의 탐구에 일정 부분 기여하지만, 그 존

재를 확인하는 수준에 머물러 있다. 반면 종교는 그 에너지에 내재된 힘을 발견했을 뿐만 아니라, 그것이 우리 내면 어디에 있는지까지 언급한다. 이러한 발견 자체가 새로운 것은 아니다. 성경은 "너희는 너희가 하나님의 성전인 것과 하나님의 성령이 너희 안에 계시는 것을 알지 못하느냐"(고린도전서 3:16, 개역개정)라고 분명하고 확실하게 말하고 있다. 따라서 내면세계의 놀라운 창조적 힘이 지닌 비밀이 바로 여기에 있다.

20　힘, 즉 통제력의 비밀 또한 여기에 있다. 극복한다는 것이 모든 욕망을 포기한다는 의미는 아니다. 극기와 금욕은 성공이 아니다. 얻지 않으면 줄 수도 없다. 강하지 않으면 도울 수 없다. 무한한 존재는 파산자가 아니다. 무한한 힘의 대리인인 우리도 파산자일 수는 없다. 진정으로 다른 사람에게 도움이 되고 싶다면, 힘, 그것도 더 큰 힘을 가져야 한다. 하지만 힘을 얻으려면 먼저 주어야 한다. 다시 말해, 다른 이들에게 도움을 주어야 한다.

21　더 많이 줄수록 더 많이 얻게 된다. 우리는 우주의 마음이 외적으로 활동하는 통로가 되어야 한다. 우주의 마음은 끊임없이 외부로 표현되고, 주변에 도움을 주고자 노력한다. 우주의 마음은 가장 확실하고 유익하게 활동할 수 있으며, 특히 인류에게 가장 크게 기여할 수 있는 통로를 찾으려 애쓴다.

22　만약 당신이 개인적인 계획과 목표에 사로잡혀 분투한다면, 우주의 마음이 당신을 통해 표현될 수 없다. 그러므로 육체의 감각

을 고요히 가라앉히고 영감을 구하면서, 내면에 정신 활동을 집중하라. 당신과 전능자가 하나라는 것을 의식적으로 상상해보라. "잔잔한 물이 깊이 흐른다"라는 말처럼, 힘의 편재성을 통해 당신이 영적으로 다가갈 수 있는 무수한 기회들을 생각해보라.

23 이런 영적 연결의 도움을 받아 외적으로 표현될 수 있는 상황과 조건 및 사건을 마음에 그려보라. 모든 사물의 본질과 영혼은 영적이고, 영혼은 존재하는 모든 것의 생명이기에 영적인 것이 실재라는 사실을 깨달아야 한다. 영혼이 사라지면 생명도 사라지고 소멸한다. 영혼이 없으면, 생명도 더는 존재할 수 없다.

24 이런 정신 활동들은 모두 내면세계, 즉 원인의 세계와 연관된다. 당신에게 닥치는 조건과 상황은 이러한 정신 활동의 결과이다. 그러므로 당신은 창조자가 된다. 당신이 고상하고 고결하며, 원대하고 장려한 이상을 품을수록 정신 활동은 더욱 중요해진다. 정신 활동이 중요하다고 말하는 이유가 여기에 있다.

25 과도한 육체적 활동, 그것이 일이든 여가든, 정신을 무감각하고 무기력한 상태로 만들 수 있다. 그 결과, 의식의 활동으로 이어지는 중요한 일을 하는 것이 불가능해진다. 따라서 수시로 '고요함'의 시간을 가져야 한다. 진정한 힘은 내적 평온에서 비롯된다. 고요할 때 우리는 평온해질 수 있고, 평온할 때 사색할 수 있다. 결국 사색이 모든 성취의 비결이다.

26　생각은 일종의 움직임으로, 빛이나 전기와 마찬가지로 진동 법칙을 따른다. 사랑의 법칙을 통해, 감정들이 생각에 활력을 불어 넣는다. 성장의 법칙에 따라 생각은 형태와 표현을 갖게 된다. 생각은 영적인 '나'의 산물이다. 그러므로 생각은 본질적으로 신성하고 영적이며 창조적인 특성을 지닌다.

27　따라서 힘과 풍요 같은 긍정적 목표를 현실화하려면, 생각에 감정을 결합시켜 구체적 형태를 부여해야 한다. 어떻게 하면 생각이 형태를 띠게 할 수 있을까? 이는 중요하고 핵심적인 질문이다. 이 목표에 도달하려면, 믿음과 용기와 감정을 어떤 방식으로 계발해 나가야 할까?

28　그 비결은 연습과 훈련에 있다. 정신력을 키우는 방법은 체력을 기르는 방법과 동일하다. 연습과 훈련이 해답이다. 우리가 무언가를 생각하려 할 때 처음에는 어려울 수 있다. 하지만 같은 것을 다시 생각할 때는 조금 더 수월해진다. 이렇게 반복해서 생각하면, 그렇게 생각하는 것이 정신적 습관이 되고, 결국에는 자동으로 그렇게 생각하지 않을 수 없게 된다. 이 지경에 이르면, 우리가 생각하는 바를 긍정하며 어떤 의구심도 더는 갖지 않고, 그렇게 생각하는 것이 옳다고 확신하게 된다.

29　3장에서 나는 독자들에게 몸의 긴장을 풀라고 요구했다. 이번에는 정신적 긴장을 해소하는 방법에 초점을 맞출 것이다. 앞 장에서 제시한 훈련법을 지침에 따라 매일 15~20분씩 충실히 수행했다

면, 언제든 손쉽게 몸의 긴장을 풀 수 있을 것이다. 의식적으로 신속하고 완벽하게 몸의 긴장을 풀지 못하는 사람은 자신의 주인이라 할 수 없다. 자유를 얻지 못했기 때문이다. 그는 여전히 조건의 노예일 뿐이다. 이제 나는 당신이 이 단계를 완벽하게 해내고, 다음 단계, 즉 정신적 해방을 얻기 위한 단계를 시작할 준비가 되었다고 가정하겠다.

30   이번에는 당신이 평소에 취하는 자세로 몸의 긴장을 완전히 해소한 뒤에, 증오와 분노, 걱정과 시기, 질투와 슬픔 등 온갖 종류의 걱정거리와 실망감 등 모든 부정적인 조건을 머릿속에서 홀홀 털어버려라.

31   이런 조건들을 '털어내기' 어렵다고 말할 사람도 있겠지만, 누구나 할 수 있는 일이다. 당신도 그렇게 하겠다고 마음속으로 결심하면, 즉 자발적으로 끈기 있게 시도하면 얼마든지 해낼 수 있다.

32   이 과정에서 어려움을 겪는다면 대개 논리적 판단보다 감정적 반응에 지배되기 때문이다. 하지만 지적 판단에 기반한 의지가 궁극적으로 승리를 거둔다. 당신도 처음에는 성공하지 못할 수 있다. 그러나 다른 경우와 마찬가지로 이 경우에도 훈련이 완벽을 만든다. 부정적이고 파괴적인 생각을 일축하고 제거해서 결국에는 완전히 말살하는 데 반드시 성공해야 한다. 부정적인 생각은 상상할 수 있는 모든 부조화적 조건으로 끊임없이 발전하는 씨앗이기 때문이다.

Q   생각이란 무엇인가?

A   생각은 영적인 에너지이다.

Q   생각은 어떻게 전달되는가?

A   진동의 법칙으로

Q   생각에 활력을 불어넣는 방법은 무엇인가?

A   사랑의 법칙

Q   생각은 어떻게 형태를 띠는가?

A   성장의 법칙에 따라 생각도 마음속에서 자라나 현실 세계에 구체적인 형태로 발현된다.

Q   생각에 내재한 창조적인 힘의 비밀은 무엇인가?

A   생각은 영혼의 활동이라는 사실이다.

Q   성공으로 이어지는 믿음과 용기와 열정을 개발하려면 어떻게 해야 하는가?

A   우리의 영적인 속성을 인정해야 한다.

Q   힘의 비밀은 무엇인가?

A   주변에 도움이 되겠다는 의지가 힘의 근원이다.

Q   그 이유는 무엇인가?

A   우리가 받는 것도 따지고 보면 우리가 주는 것이기 때문이다.

Q   고요함은 무엇인가?

A   몸의 평정 상태이다.

Q   고요함의 가치는 무엇인가?

A   자기 통제, 즉 자기 숙달을 위한 첫걸음이다

머릿속에서 품는 생각의 특성이
외부 세계의 현상과 관련되어 있다는 것은 부정할 수 없는 사실이다.
이것은 예외 없는 법칙으로, 생각과 그 대상 간의 연관성을
밝히는 이 법칙 때문에, 사람들은 옛날부터 신의 섭리를 믿어왔다.

헬렌 윌먼스

5장

생각은
창조적이다

이 장을 꼼꼼히 공부하고 나면, 상상할 수 있는 모든 대상이나 현상 혹은 힘은 마음이 움직인 결과라는 것을 깨닫게 된다. 마음의 움직임이 곧 생각이며, 이 생각들이 현실을 창조하는 힘을 지닌다. 지금, 사람들은 과거에는 전혀 생각하지 않았던 방식으로 사고하고 있다. 그러므로 지금은 창조의 시대이며, 세상은 그렇게 생각하는 사람들에게 엄청난 보상을 제공하고 있다.

물질 자체는 무기력하고 수동적이다. 그러나 마음은 물리적인 힘을 발휘하는 발전적 에너지이다. 마음은 물질에 형태를 부여하고, 물질을 지배하는 힘을 가진다. 우리가 보는 모든 물질적 형태는 오랜 시간 동안 축적된 생각들의 구체화된 표현이다. 하지만 생각이 즉각적으로 현실을 변화시키는 마법 같은 힘을 갖진 않는다. 생각은 자연의 법칙에 따라 작용하며, 자연에 잠재된 힘을 깨우고 에너지를 풀어내는 역할을 한다. 이는 생각이 당신의 행동과 행위로 나타나고, 이러한 행동이 당신의 친구와 지인에게 영향을 미쳐, 결국 주변 환경 전체에 영향을 끼치는 과정을 따르기 때문이다.

당신이 생각의 출발점이 되면, 창조적 사고의 힘으로 궁극적으로 원하는 현실을 스스로 만들어낼 수 있다.

Highlights

이 장에서는 잠재의식의 지속적인 영향력을 설명하고, 우리가 어떻게 잠재의식을 수동적으로 받아들이는 대신 능동적으로 조절할 수 있는지 그 방법을 제시한다. 목적지에 도달하고 위험과 곤경을 피하는 통찰력을 얻는 방법도 다룬다. "말이 육신이 되는"(생각이 현실이 되는) 과정과 우리 자신을 끊임없이 창조하고 재창조하는 방법을 설명한다.

우리 각자가 마음속에 짓는 '정신의 집'의 중요성을 강조한다. 이 '정신의 집'은 모든 재료가 구비된 공간으로, 그 안에 들어가는 가구가 매우 중요하다. 자신의 아이디어를 실현하고자 할 때, 이 '정신의 집'을 청소하는 방법과 그 이유를 설명한다.

건강, 조화 그리고 번영을 이루기 위한 조건들을 제시하는데, 우리에게 자기 한계, 고정관념 그리고 무력감을 버릴 것을 요구할 뿐, 특별한 희생을 강요하지 않는다. 즉, 무한한 자원을 수확하는 데 필요한 노력만을 요구한다.

Master Key System ───────────────────

01   우리 정신 활동의 90퍼센트 이상이 잠재의식에 기반한다. 그러므로 잠재의식이란 정신의 힘을 제대로 활용하지 못하는 사람은 매우 좁은 한계 내에서 살 수밖에 없다.

02   잠재의식을 다루는 방법을 알면, 우리에게 닥치는 그 어떤 문

제도 해결할 수 있다. 잠재의식은 잠시도 쉬지 않고 작동한다. 유일한 문제라면, "우리가 잠재의식의 활동을 수동적으로 받아들일 것인가, 아니면 활동 방향을 의식적으로 조절할 수 있을까?"이다. 다르게 표현하면, "목적지에 도달하고, 위험과 곤경을 피하는 통찰력을 우리는 가질 수 있을까, 아니면 그저 잠재의식이 이끄는 대로 덧없이 움직일 수밖에 없을까?"의 문제다.

03   앞서 보았듯이, 우리 몸 구석구석에 스며든 마음은 우리가 가진 목표나 마음속의 지배적인 생각에 따라 언제든지 영향을 받을 수 있고, 그에 따라 방향이 달라질 수 있다.

04   몸 구석구석에 스며든 마음은 일반적으로 유전의 결과이고, 유전은 과거 세대의 모든 환경이 즉각적으로 반응하며 끊임없이 움직이는 생명에 남긴 결과물이다. 이런 인과관계를 이해해야, 바람직하지 않은 형질이 나타날 때 우리의 권한을 적극 행사할 수 있다.

05   우리는 타고난 장점을 의식적으로 극대화할 수 있으며, 단점은 개선하거나 극복할 수 있다.

06   거듭 강조하지만, 우리 몸 구석구석에 스며든 마음은 유전적 성향의 결과일 뿐만 아니라, 가정과 기업 및 사회 환경의 결과물이기도 하다. 우리는 삶의 환경에서 수많은 인상과 편견, 관점과 생각을 받아들이기 때문이다. 그중에는 다른 사람들의 의견과 제안과 주장도 많지만, 자신의 생각에서 비롯된 것도 적지 않다. 문제는 그

대부분이 철저한 검증이나 꼼꼼한 분석 없이 수용된다는 점이다.

07   어떤 의견이 그럴듯하게 들리면, 의식이 그것을 받아들여 잠재의식에 전달한다. 잠재의식에서 이 의견은 교감 신경계를 통해 몸 구석구석에 퍼지고, 우리 몸의 일부가 된다. 그리하여 성경에서 말하듯이 "말씀이 육신이" 된다.

08   이런 식으로 우리는 끊임없이 자신을 창조하고 재창조한다. 오늘의 우리는 과거에 떠올린 생각의 결과물이다. 따라서 미래의 우리는 현재 우리가 생각하는 바의 결과일 수밖에 없다. 끌어당김의 법칙이 우리에게 제공하는 것은 우리가 원하거나 다른 이가 소유한 것이 아니다. 그것은 우리가 의식적으로든 무의식적으로든 사고 과정을 통해 스스로 만들어낸 것, 즉 '우리 자신의 것'일 뿐이다. 안타깝게도 많은 사람이 그것을 무의식적으로 만들어내고 있다.

09   우리가 자신을 위한 보금자리를 짓는다면, 설계부터 엄청난 공을 들이고, 세부 사항을 꼼꼼히 연구할 것이며, 자재를 일일이 점검해 최상의 것만 고를 것이다. 하지만 '정신의 집'_{Mental Home}을 지을 때도 이 정도로 정성을 쏟는가? 정신의 집은 물리적인 집보다 훨씬 더 중요하다. 우리 삶에 끼어들 수 있는 모든 것이 '정신의 집'을 구성하는 자재의 특성에 따라 결정되기 때문이다.

10   그렇다면 그 자재의 특성은 무엇일까? 앞서 보았듯이, 그 자재는 우리가 오랜 시간 동안 축적해 온 잠재의식 속 경험과 인상들

로 이루어져 있다. 만약 그 인상들이 두려움과 불안, 걱정과 근심에 속하고, 또 의존적이고 부정적이며 불확실한 것이라면, 오늘 우리가 그것들을 재료 삼아 직조해내는 결과물 역시 똑같이 부정적일 것이다. 그 결과물은 어떤 가치도 없이 곰팡이가 피고 썩어가며, 우리에게 더 큰 곤경과 근심, 불안을 안겨줄 것이다. 우리는 겉으로 보기 좋게 하려고 끝없이 수선하고 땜질하느라 분주할 것이다.

11   하지만 우리가 용맹무쌍한 생각만을 비축하고, 낙관적이고 긍정적으로 사고하며 부정적 생각을 쓰레기더미에 즉각 던져버리고 어떤 관계도 맺지 않는다면, 요컨대 부정적인 생각과의 연관성을 끊고 이를 거부한다면 무슨 일이 일어날까? 그럴 경우 우리 정신을 형성하는 재료가 최상의 것이므로, 우리는 원하는 최상의 결과를 직조해낼 수 있다. 우리가 원하는 색상을 사용할 수도 있다. 그렇게 만들어낸 자재는 튼튼하고 견고해서 색이 바래지 않을 것이다. 그때 우리는 미래에 대한 어떤 두려움이나 걱정도 없을 것이고, 감추고 땜질할 결함도 없을 것이다.

12   이런 사고 과정은 심리학적으로 입증된 사실이며, 증명되지 않은 이론이나 추측은 아니다. 여기에는 비밀스러운 것이 없다. 너무나 명백해서 누구나 쉽게 이해할 수 있다. 우리는 정신의 집을 깨끗이 청소하기만 하면 된다. 매일 청소하고 항상 깨끗하게 유지하면 된다. 우리가 어떤 분야에서든 진정한 진보를 이루려면, 정신과 육체, 도덕성에서 항상 청결을 유지하는 것이 절대적으로 필요하다.

13 정신의 집을 청소하는 과정이 끝나면, 우리는 이상과 목표를 실현하기에 더욱 적합한 정신 상태를 갖추게 될 것이다.

14 상속자를 기다리는 멋진 유산이 있다. 풍성한 농작물, 콸콸 흐르는 물과 울창한 숲이 지평선 너머까지 펼쳐진 광활한 영지와 같다. 널찍하고 쾌적한 저택도 있다. 희귀한 그림들, 책들로 빼곡한 서재, 화려한 벽걸이 장식, 안락하고 호화로운 가구가 잘 갖춰진 저택이다. 상속자가 되어 이 유산을 주장하고 소유하게 되면, 이를 적극적으로 활용해야 한다. 방치해서는 안 된다. 상속권을 물려받는 조건이 바로 사용하는 것이기 때문이다. 상속받은 재산을 활용하는 것이 상속의 조건이며, 이를 방치하게 되면 소유권을 잃어버릴 수 있다.

15 마음과 영혼의 영역, 즉 실질적인 힘의 영역에서 그 유산은 바로 당신의 것이다. 당신이 상속자이다! 당신은 상속권을 주장할 수 있고, 그 유산을 소유하고 활용할 수 있다. 상황을 지배하는 능력은 이 유산을 활용함으로써 얻을 수 있는 여러 열매 중 하나다. 건강과 조화, 번영은 그 대차대조표에서 자산에 해당한다. 이 힘은 당신에게 평안과 안정을 제공하지만, 무한한 자원을 탐구하고 수확하기 위해 필요한 노력을 요구한다. 그 힘은 당신에게 한계와 속박, 나약함을 버리라고 요구할 뿐 어떤 희생도 요구하지 않는다. 당신에게 영광을 더하고, 당신의 손에 권위를 쥐여 주는 힘이다.

16 이 유산을 얻기 위해서는 세 단계가 필요하다. 첫째는 그 유

산을 진정으로 갈망하는 단계, 둘째는 그 유산에 대한 권리를 강력히 주장하는 단계, 셋째는 그 유산을 차지하는 단계이다.

17   누구나 인정하듯이, 이 세 단계는 부담스러운 조건이 아니다.

18   유전은 이제 널리 알려진 개념이다. 찰스 다윈, 토머스 헉슬리, 에른스트 헤켈 등 생물학자들은 유전이 점진적 창조의 법칙을 따른다는 방대한 증거를 제시했다. 유전은 인간에게 직립 자세, 운동 능력, 소화 기능, 혈액 순환 시스템, 신경 체계의 특성, 근육의 힘과 뼈대의 구조 등 신체적 기능을 점진적으로 발전시켜 왔다. 그러나 마음의 유전에 대해서는 더욱 놀라운 사실들이 발견되고 있다. 인간의 유전에는 신체적 현상뿐만 아니라 마음도 포함된다.

19   하지만 생물학자들이 아직 이해하지 못한 유전이 있다. 이는 현재의 과학적 연구 방법으로는 해명하기 어려운 부분이다. 그들이 눈앞에 보이지만 전혀 설명할 수 없어 절망감에 두 손을 흔드는 바로 그 지점에서 이 신성한 유전이 가장 뚜렷하게 발견된다.

20   모든 창조의 근원은 자비로운 힘이다. 이 힘은 신성한 원천을 울리며 발현되어 모든 피조물에게 퍼져나간다. 생명의 기원은 바로 그 힘에 있으며, 생물학자가 생명을 창조한 것이 아니다. 아니, 그럴 수도 없다. 그 자애로운 힘은 접근하기조차 어려운 최고의 힘들 중에서도 단연 으뜸이다. 인간의 유전은 그 힘에 비할 바가 못 된다.

21　이 무한한 생명Infinite Life은 당신을 통해 흐르고 있다. 즉, 당신 자신이 바로 이 무한한 생명의 일부인 것이다. 이 무한한 생명에 이르는 출입문들은 당신의 의식을 구성하는 여러 측면에 불과하다. 그 문을 계속 열어두는 것이 무한한 힘의 비결이다. 그렇다면 무한한 힘을 얻기 위해 도전해볼 가치가 충분하지 않은가?

22　모든 생명과 힘의 근원이 우리 내면에 있다는 것은 이제 명백한 진실이다. 인간과 상황, 사건은 필요성과 기회를 암시할 수 있지만, 그 필요성에 응답하는 통찰력과 체력, 능력은 내면에서 찾아야 한다.

23　허상을 경계하라. 무한한 근원, 즉 우주의 마음에서 직접 흘러나오는 에너지를 바탕으로 당신의 의식을 견고히 세워라. 당신은 그 우주의 마음을 닮은 존재이다.

24　이 유산을 획득하면 당신은 완전히 새로운 사람으로 거듭날 것이다. 이전에는 상상조차 할 수 없었던 내면의 힘을 깨닫게 될 것이다. 그 이후로는 다시는 소심하거나 나약해지지 않고, 두려움에 떨며 우유부단한 모습도 보이지 않을 것이다. 전능자와 불가분의 관계에 있기 때문이다. 그의 내면에서 무언가가 솟구쳐 오른다. 그리하여 그때까지 전혀 의식하지 못했던 엄청난 잠재력이 내면에 있음을 갑자기 깨닫게 된다.

25　이 힘의 원천은 내면에 있지만, 우리가 먼저 그 힘을 활용하지

않으면 더 큰 힘을 얻을 수 없다. 사용하는 것이 상속권을 물려받는 조건이다. 우리 각자는 전능한 힘이 형태를 갖추어 발현되는 통로에 불과하다. 우리가 나누어 주지 않으면, 통로가 막혀 우리도 더는 받을 수 없게 된다. 이 법칙은 모든 차원의 존재와 땀 흘리는 모든 분야, 삶의 모든 계층에 적용된다. 더 많이 줄수록 더 많이 받는다. 강해지고 싶은 운동선수는 현재의 체력을 최대한 발휘하며 더 많이 내주어야 더 많은 것을 얻는다. 돈을 벌고 싶은 자본가는 현재 보유한 자금을 활용해야 한다. 현재 지닌 것을 이용해야만 더 많은 것을 얻을 수 있기 때문이다.

26 현재 가진 상품을 적극적으로 판매하지 않는 상인은 곧 새로운 상품을 들여올 기회도 잃게 된다. 효율적으로 경영하지 못한 사업가는 고객을 곧 잃게 되고, 좋은 성과를 내지 못한 변호사는 의뢰인을 잃을 것이다. 어떤 분야에서든 마찬가지이다. 현재 보유한 힘을 어떻게 활용하느냐에 따라, 힘의 지속 여부가 결정된다. 이는 땀 흘리는 모든 분야와 삶에서 겪는 모든 현상에 적용되는 법칙이며, 인간 세계에 알려진 모든 힘의 원천, 즉 영적인 힘에도 예외 없이 적용된다. 우리에게서 영혼이 사라진다면 무엇이 남을까? 아무것도 남지 않는다.

27 영혼이 존재의 핵심이라면, 이를 깨닫고 받아들일 때 비로소 우리의 육체, 정신, 영혼에 잠재된 진정한 힘을 발휘할 수 있다.

28 우리가 무언가를 소유하게 되는 것은 모두 축적하려는 마음

가짐, 즉 돈에 대한 긍정적인 생각의 결과라고 할 수 있다. 이런 마음가짐은 마치 마법의 지팡이처럼 작용해서, 우리가 새로운 아이디어를 떠올리고 그것을 실행에 옮길 수 있도록 돕는다. 우리는 목표를 이루고 성취하는 만족감 못지않게 그 아이디어를 실행하는 과정에서도 즐거움을 느낄 수 있다.

29 이제 조용한 방을 찾아가, 같은 자리에 앉아 같은 자세를 취하라. 즐거운 기억을 떠올리게 하는 장소를 마음속으로 선택하라. 그곳의 모습을 머릿속으로 완벽하게 그려보라. 건물과 주변 환경, 나무들, 친구와 지인 등 모든 것을 하나씩 자세히 떠올려보라. 처음에는 태양 아래의 모든 것을 생각하다가, 정작 당신이 집중하려는 이상적인 것은 떠올리지 못할 수도 있다. 그렇다고 실망할 것은 없다. 끝까지 포기하지 않으면 결국 성공할 것이다. 이 훈련을 매일 꾸준히 실천할 때, 비로소 인내의 결실을 맺을 수 있다.

관계와 인연의 끈은 특별한 곳에만 있는 것이 아니라
언제 어디서나 존재한다.

랄프 왈도 에머슨

Q   우리의 정신 활동에서 잠재의식이 차지하는 비중은 얼마나 되는가?

A   90퍼센트 이상

Q   이렇게 방대한 잠재의식의 능력을 우리는 충분히 활용하고 있는가?

A   안타깝게도 그렇지 못하다.

Q   그 이유가 무엇인가?

A   대부분은 잠재의식이 의식적으로 통제할 수 있는 영역이라는
     사실을 모르기 때문이다.

Q   우리의 의식적 성향은 어디에서 비롯되는가?

A   유전을 통해 형성된다. 즉, 이는 과거 세대들의 경험과 환경이
     축적된 결과물이다.

Q   끌어당김의 법칙을 통해 우리는 무엇을 얻게 되는가?

A   우리 '고유의 것'을 얻게 된다.

Q   '우리 고유의 것'이란 정확히 무엇을 의미하는가?

A   우리가 타고난 것이며, 의식적이든 무의식적이든 과거의 사고
     과정을 통해 우리 스스로 만들어낸 것이다.

Q   우리의 '정신의 집'은 어떤 재료로 지어지는가?

A   우리가 마음에 품는 생각들로 짓는다.

Q   무한한 힘의 비밀은 무엇인가?

A   전능자가 어디에나 존재한다는 사실을 인식하고 받아들이는 데 있다.

Q   무한한 힘은 어디에서 기원하는가?

A   모든 생명, 모든 힘의 기원은 내면에 있다.

Q   지속해서 그 힘을 유지하는 것은 무엇에 달려 있는가?

A   우리가 이미 소유한 힘을 얼마나 잘 활용하느냐에 달려 있다.

우리 삶을 결정하는 열쇠는 생각이다.

완고하고 반항적인 사람조차도 자신만의 방향타를 따른다.

그 방향타는 삶에서 겪는 모든 사건을 분류하는 기준이 된다.

그를 개조하려면, 기존의 자기 기준을 압도하고 뒤엎는

새로운 기준을 제시해야 한다.

랄프 왈도 에머슨

6장

생각과 행동
그리고 결과

이 장을 깊이 있게 학습하면, 인류가 발견한 가장 놀라운 메커니즘을 온전히 파악할 수 있다. 우리는 그 메커니즘을 활용하여 건강과 활력, 성공과 번영 등 우리가 원하는 어떤 조건도 만들어낼 수 있다. 필요가 요구를 불러일으키고, 요구가 행동으로 이어지며, 행동이 결과를 가져온다. 진화는 오늘을 발판으로 내일을 끊임없이 만들어가는 과정이다. 우주가 그렇듯이, 개인도 끊임없이 역량과 규모를 키워가며 점차 발전한다.

타인의 권리를 침해하는 행위는 우리를 도덕적으로 타락시키고, 삶의 중요한 결정 순간마다 혼란을 겪게 만든다. 이는 성공이 "최대 다수의 최대 행복"과 같은 높은 도덕적 이상에 달려 있음을 잘 보여준다. 열망과 욕구, 조화로운 관계가 꾸준히 유지되면 좋은 결과를 얻을 수 있다.

가장 큰 장애물은 고정관념이다. 보편적 진리와 조화를 이루려면 내적 균형과 조화가 필수다. 정보를 얻으려면, 수신기가 송신기에 정확히 맞춰져야 한다. 생각은 마음의 산물이고, 마음은 창조적이다. 우주의 마음은 우리 관념에 맞추기 위해 자체의 작동 방식을 바꾸지 않는다. 오히려 우리가 우주의 마음과 조화를 이루어야 한다는 의미이다. 그 경지에 이르면 받을 자격이 있는 것도 요구할 수 있고, 그 방법도 분명해질 것이다.

이 장은 모든 원자의 생명 원리인 우주적 마음이 지닌 무한한 가능성과 그것이 어떻게 다양한 형태로 구현되는지 설명한다. 여기서는 지금까지 만들어진 것 중 가장 놀라운 메커니즘을 소개하고, 그 메커니즘이 최종 결과에 결정적인 영향을 미치는 이유를 밝힌다. 또한 우리가 원하는 결과를 안정적으로 얻기 위해서는 그 메커니즘에 익숙해져야 하는 이유도 함께 설명한다.

그 메커니즘과 연결된 힘에는 한계가 없다. 그래서 우리가 그 메커니즘을 잘 이해하고, 적절하게 활용하는 방법을 터득하면, 우리가 원하는 어떤 결과라도 만들어낼 수 있다.

이번 장의 내용을 제대로 이해하면 당신은 모든 힘의 근원이 어디에 있는지 알게 된다. 그러면 용기를 내어 계획을 세우고 두려움 없이 그것을 실행에 옮길 수 있다. 그런 삶의 방식을 선택하면, 가장 강하고 가장 좋으며 가장 바람직한 것을 만날 수 있다.

Master Key System ————————————————————

01 우주의 마음은 너무나 경이로워, 그 안에 담긴 공리적인 힘과 가능성 그리고 무한히 창조적인 영향력을 완전히 이해하기 어렵다.

02 앞서 보았듯이, 우주의 마음은 지성적 특성과 물질적 특성을 동시에 지니고 있다. 그렇다면 우주의 마음이 어떻게 형태로 구분

될 수 있을까? 우리가 원하는 결과를 얻으려면 어떻게 해야 할까?

03 전기 전문가에게 전기의 작용을 물으면, "전기는 에너지의 흐름이며, 그 효과는 사용된 장치나 시스템에 따라 달라진다"라고 설명할 것이다. 메커니즘의 종류에 따라, 전기는 열, 빛, 동력, 음악 등 다양한 형태로 변환될 수 있다. 결국, 전기라는 강력한 에너지는 그 활용 방법에 따라 다양한 형태의 놀라운 힘을 발휘한다.

04 생각은 어떤 결과를 만들어낼 수 있을까? 바람이 움직이는 공기라면, 생각은 활동하는 마음의 표현이다. 따라서 그 결과도 관련된 메커니즘에 따라 전적으로 달라진다.

05 이것이 바로 정신력의 핵심 비밀이다. 우리가 어떤 사고 체계를 가지고 있느냐에 따라 우리의 정신력이 결정된다.

06 그렇다면 이 메커니즘의 실체는 무엇일까? 우리는 에디슨, 벨, 마르코니*와 같은 위대한 발명가들이 만든 혁신적인 기술들에 대해 어느 정도 알고 있다. 이 메커니즘 덕분에 장소와 공간, 시간은 비유적 표현에 불과한 것이 되었다. 하지만 당신에게 주어진, 보편적이고 편재하는 잠재적 힘을 변환시키는 메커니즘이 에디슨보

◇◇◇◇◇◇

* Guglielmo Marconi, 1874-1937, 이탈리아의 발명가이자 전기 기술자로, 무선 전신의 개척자로 유명하다.

다 더 위대한 발명가에 의해 발명되었다는 것을 생각해본 적이 있는가?

07 우리는 농기구의 작동 원리에 익숙하고, 자동차의 메커니즘을 이해하려고 노력한다. 그러나 우리 대부분은 세상에서 가장 위대한 메커니즘, 즉 인간의 뇌에 대해서는 아무것도 알지 못해도 그냥 지나친다.

08 인간 두뇌라는 놀라운 메커니즘을 자세히 살펴보자. 이를 통해 우리의 뇌가 만들어내는 다양한 결과들을 더 깊이 있게 이해할 수 있을 것이다.

09 우선, 우리가 물질적 존재로 살아가고 활동하는 광활한 정신의 영역이 존재한다. 그 세계는 전능하고 전지하며 어디에나 존재한다. 이 정신 영역은 우리의 의도와 신념의 강도에 따라 우리의 욕구에 반응한다. 물론 그 목적은 우리의 존재 법칙에 부합해야 한다. 다시 말해 건설적이고 창조적인 목적이어야 한다. 한편 그 믿음은 우리의 목적을 구체적으로 실현할 때까지 끈기 있게 버틸 수 있을 만큼 확고해야 한다. "네 믿은 대로 될지어다"라는 성경 구절은 현대 과학이 입증하고 있는 진리이다.

10 외부 세계에 최종적으로 나타나는 현상은 개인(나)과 우주(보편)의 작용과 반작용의 결과다. 그 상호작용이 바로 우리가 '사고'(思考)라고 부르는 과정이며, 대뇌는 그 사고 과정 전체가 이루어

지는 기관이다. 이 모든 것이 얼마나 놀라운지 생각해보라! 우리가 음악과 꽃, 문학과 미술을 사랑하고 고대와 현대의 천재들에게 영감을 받는 이유는 무엇일까? 우리는 아름다운 것에 반응하지만, 그 아름다움을 인식하려면 그것이 먼저 우리 뇌에 각인되어야 한다.

11 자연의 모든 아름다움과 원리는 우리 뇌를 통해 이해되고 표현된다. 뇌는 필요에 따라 지속적으로 발달하는 유연한 기관으로, 마치 태아의 세계와 같다. 이것이 과학적으로 증명된 사실이자 놀라운 자연법칙 중 하나라는 점을 이해한다면, 이런 경이로운 결과가 만들어지는 메커니즘을 파악하기도 훨씬 쉬워질 것이다.

12 우리의 신경계는 복잡한 전기 회로와 유사한 방식으로 작동한다. 이 생체 회로에서 신경 세포들은 에너지를 생성하는 배터리 역할을, 백질은 정보를 전달하는 절연 전선 역할을 한다. 모든 충동이나 욕구는 이 통로를 통해 메커니즘 전체로 전달된다.

13 척수는 뇌와 메시지를 주고받는 중요한 운동 및 감각 통로이다. 정맥과 동맥을 통해 혈액이 공급되면서, 에너지와 활력을 끊임없이 생성한다. 이런 물리적인 몸 전체를 떠받치는 완벽하게 배열된 구조가 있고, 여기에 섬세하고 아름다운 피부가 멋진 망토처럼 인간이라는 메커니즘 전체를 감싼다.

14 이 메커니즘은 '살아 있는 신의 성전'이며, '나'라는 개개인에게 통제권이 부여된다. 따라서 내 통제하에 있는 메커니즘을 얼마

나 잘 이해하느냐에 따라 결과가 좌우된다.

15　우리의 모든 생각은 뇌세포를 자극한다. 초기에는 이 자극에 대한 반응이 즉각적으로 나타나지 않을 수 있다. 그러나 생각이 충분히 정리되고 집중되면, 그 물질은 결국 굴복하고 완벽하게 표현된다.

16　이처럼 우리의 마음은 신체 전체에 영향을 미치며, 바람직하지 않은 결과를 막아낼 수 있다.

17　정신세계를 지배하는 법칙들을 완전히 이해하고 파악하면 분별력이 향상되고, 사실을 분석하고 평가하는 능력도 발전하여 사업 거래에서 큰 가치를 지니게 된다.

18　외적인 요소에 집착하지 않고 내면에 집중하는 사람은 자연스럽게 강한 내적 힘을 갖게 된다. 그 힘이 궁극적으로 삶을 결정하며, 가장 좋고 강력하며 바람직한 것으로 그를 충만하게 한다.

19　주의력과 집중력은 정신 능력을 계발하는 데 가장 핵심적이고 필수적인 요소다. 적절한 방향으로 주의를 기울이면, 주의력의 힘을 모르는 사람에게는 믿기 어려울 정도로 놀라운 잠재력을 발휘한다. 주의력 함양은 성공한 남녀에게서 예외 없이 발견되는 두드러진 특징이며, 개인적으로 획득할 수 있는 가장 높은 수준의 성취이기도 하다.

20　주의력의 힘은 태양 광선을 모으는 볼록 렌즈와 비교하면 더 쉽게 이해할 수 있다. 렌즈를 이리저리 움직이며 광선을 여러 곳으로 분산시키는 동안에는 특별한 힘을 발휘하지 못한다. 하지만 렌즈를 완전히 고정시키고 광선을 한 지점에 오랫동안 집중시키면, 그 효과는 즉시 나타나게 된다.

21　생각의 힘도 마찬가지이다. 생각이 여러 방향으로 분산되면 그 에너지가 낭비되어 의미 있는 결과를 얻기 어렵다. 하지만 주의를 집중해 일정 시간 동안 하나의 목적에 생각의 힘을 모으면, 어떤 것도 불가능하지 않게 된다.

22　그래서 어떤 이는 주의와 집중이 복잡한 상황을 풀어내는 매우 간단한 해법이라고 말할지도 모른다. 맞다! 당신도 시도해보라. 특정한 목표나 목적에 생각을 집중해본 적이 없어도 괜찮다. 무엇이든 하나의 대상을 정해, 특별한 목적을 갖고 그 대상에 10분 동안 주의력을 집중해보라. 처음에는 쉽지 않을 것이다. 마음이 수없이 방황하여 원래의 목적으로 몇 번이나 되돌아가야 할 것이다. 그럴 때마다 효과는 사라지고, 10분 후에는 손에 잡히는 성과가 전혀 없을 것이다. 생각을 그 목적에 꾸준히 집중하지 못했기 때문이다.

23　하지만 주의 집중을 통해 우리는 앞길에 놓인 그 어떤 장애물도 결국에는 극복해낼 수 있다. 이 놀라운 능력을 습득하는 유일한 방법은 반복된 연습과 훈련뿐이다. "연습이 완벽을 만든다"라는 속담이 때로는 진리가 되기도 한다.

24   주의력을 기르는 방법은 이렇다. 사진 한 장을 들고, 그동안 훈련할 때 사용하던 방으로 가서 똑같은 자리에 앉아 똑같은 자세를 취하라. 10분 넘게 그 사진을 자세히 관찰하라. 눈빛, 이목구비 모양, 옷차림, 머리 모양 등에 주목하라. 사진에 담긴 모든 세세한 부분을 주의 깊게 살펴보라. 그런 다음 사진을 덮고 눈을 감은 채 사진을 머릿속으로 그려보라. 세세한 부분까지 완벽하게 재현할 수 있다면, 축하받을 일이다. 그렇지 못하다면, 완벽히 해낼 때까지 이 과정을 반복하라.

25   비유하자면, 이 단계는 경작지를 준비하는 단계일 뿐이다. 씨앗을 뿌리는 단계는 7장에서 다룬다.

26   이러한 연습과 훈련을 통해, 궁극적으로 우리는 기분과 마음가짐, 의식을 통제할 수 있게 된다.

27   위대한 리더들은 군중으로부터 자주 물러나 홀로 계획을 세우고, 생각을 집중하며 올바른 정신 자세를 갖추는 데 더 많은 시간을 투자한다.

28   성공한 사업가들을 관찰해보면, 다른 성공한 사업가들과 교류하는 것이 유익하다는 사실이 명백히 드러난다.

29   하나의 혁신적인 아이디어가 수억 달러의 가치를 창출할 수 있다. 새로운 것에 열려 있고, 창의적인 생각을 환영하며, 성공을 향

한 마음이 확고한 이들에게 이런 아이디어가 찾아온다.

30 우리는 우주의 마음과 조화를 이루는 법을 배우려 한다. 모든 것을 하나로 융합하는 방법을 배우려 한다. 또한 사고의 기본 방식과 원리를 배우려 한다. 이러한 이해의 변화가 실제 삶의 조건을 개선하고 더 나은 결과를 만들어내고 있다.

31 정신적, 영적 측면의 발전에 따라, 상황과 환경이 달라진다. 지식이 늘어나면 성장이 뒤따르고, 열망이 깊어지면 행동으로 이어진다. 인식의 확장은 새로운 기회를 마련한다. 항상 영적인 것이 먼저이고, 그다음에 무한하고 한계 없는 성취 가능성이 열린다.

32 각 개인은 우주의 마음이 구체화되어 표현되는 독특한 통로이다. 이러한 관점에서, 우리 각자의 잠재력은 무한하다고 볼 수 있다.

33 생각은 '힘의 정수'Spirit of Power*를 받아들여 그 영향을 우리의

◇◇◇◇◇◇

* 여기서 '힘의 정수'로 옮긴 Spirit of Power는 문맥상 우주의 근본적인 창조적 에너지를 의미하는 표현이다. 현대적 관점에서 이는 우리 내면의 잠재력, 우주의 무한한 가능성 또는 집단 무의식에 존재하는 지혜와 힘을 뜻한다고 볼 수 있다. 과학적으로 증명된 개념이라기보다는 철학적, 영적 차원의 아이디어로, 우리가 접근하고 활용할 수 있는 무한한 창조적 에너지의 원천을 비유적으로 표현했다. 현대 맥락에서는 개인의 잠재의식이나 우주의 근본 에너지와의 연결을 통해 얻을 수 있는 창의성, 영감 혹은 직관적 지혜로 이해할 수 있다.

성공의 문을 여는 마스터키

잠재의식에 각인시키고, 이를 일상적인 의식 차원으로 끌어올리는 과정이다. 이 책에서 소개하는 기본 원칙들을 꾸준히 실천함으로써 우리는 그 결과를 이끌어낼 수 있으며, 이는 우주의 진리로 가득 찬 보물창고를 여는 마스터키가 된다.

34 　현재 우리가 겪는 주요 문제들, 특히 육체적 질병과 정신적 불안은 자연의 원리를 제대로 이해하지 못하고 위반한 결과로 볼 수 있다. 이는 자연법칙에 대한 지식이 부분적으로만 이해되어 왔기 때문이다. 하지만 오랜 시간 동안 쌓인 어둠의 그림자가 점차 걷히면서, 불완전한 정보로 인한 많은 불행도 사라지고 있다.

건설적인 행동과 올바른 사고의 힘을
깨달은 사람들은 공통된 결론에 도달한다.
그것은 우리가 스스로를 변화시키고, 개선하며,
재창조할 수 있다는 것이다. 더 나아가 우리는
주변 환경을 통제하고 자신의 운명을 주도할 수 있다.

크리스천 D. 라슨

Q   전기 에너지는 어떤 다양한 형태로 변환될 수 있는가?

A   열, 빛, 운동 에너지, 음향 등 다양한 형태가 있다.

Q   전기가 이처럼 다양한 결과로 나타나는 이유는 무엇인가?

A   전기는 연결된 메커니즘에 따라 다른 결과물을 만들어낸다.

Q   개인이 우주의 마음에 가한 작용과 반작용의 결과는 무엇인가?

A   우리가 일상에서 경험하는 구체적인 상황과 환경으로 나타
    난다.

Q   이러한 삶의 조건들을 어떻게 변화시킬 수 있는가?

A   우주의 마음이 현실화되는 과정에서 작용하는 핵심 메커니즘
    을 이해하고 조정함으로써 가능하다.

Q   그 메커니즘이 무엇인가?

A   대뇌

Q   뇌의 작동 방식을 어떻게 변화시킬 수 있는가?

A   사고 과정을 의식적으로 조절함으로써 가능하다. 우리의 생각
    패턴에 따라 뇌는 새로운 신경 연결을 형성하고, 이는 우리의
    사고와 조화를 이루는 우주의 마음과 상호작용한다.

Q   집중력에는 어떤 가치가 있는가?

A   개인이 달성할 수 있는 가장 높은 수준의 성과를 가능케 하며, 성공한 사람들에게서 공통적으로 발견되는 핵심적인 능력이다.

Q   집중력을 키우려면 어떻게 해야 하는가?

A   이 책에서 제시하는 훈련법을 꾸준히 성실하게 실천해야 한다.

Q   집중력을 키우는 것이 왜 중요한가?

A   집중을 통해 우리는 생각을 통제할 수 있기 때문이다. 생각은 원인이고, 조건은 결과이다. 따라서 원인을 통제할 수 있다면 결과도 당연히 통제할 수 있다.

Q   객관적인 세계에서 조건을 변화시켜 결과를 다양화하려면 어떻게 해야 할까?

A   건설적인 사고의 기본 방식을 배우면 된다.

무엇보다 너 자신에게 진실하라.

그리하면 낮이 지나고 밤이 오는 것처럼,

타인에게도 거짓되지 않을 것이다.

윌리엄 셰익스피어, 『햄릿』

7장

이상화와 시각화, 그리고 실현

인류의 시작부터, 우리는 보이지 않는 힘의 존재를 믿어왔으며, 이 힘이 모든 것을 창조하고 끊임없이 변화시킨다고 생각해왔다. 우리는 그 힘을 인격화하여 하느님이라고 부르거나, 만물에 스며든 본질 혹은 영혼이라 생각하기도 한다. 어떻게 생각하든 결과는 같다.

개인적 차원에서 볼 때, 객관적이고 물리적으로 인식할 수 있는 것들은 인간의 감각을 통해 경험되는 것들이다. 객관적인 것은 몸과 뇌, 신경으로 이루어지는 반면, 주관적인 것은 영적이고 눈에 보이지 않으며 비인격적이다.

인간은 의식을 가진 존재로서 자아를 인식한다. 반면, 비인격적인 것들은 고유의 의식 없이 존재하며, 이를 우리는 잠재의식의 영역이라고 부른다. 의식을 가진 인간은 의지력과 선택의 자유를 갖고 있어, 문제에 직면했을 때 다양한 해결책을 비교 분석하고 최선의 방법을 선택할 수 있다. 비인격적인 것, 즉 영적인 것은 모든 힘의 근원이자 기원과 하나이거나 그 일부이기에 그런 선택이 허용되지 않지만, 무한한 자원을 마음껏 활용할 수 있다. 따라서 인간의 마음으로는 도저히 상상할 수 없는 방식으로 결과를 만들어낼 수 있다. 온갖 한계와 착각에도 불구하고 자신의 의지를 따르는 것은 당신만의 고유한 권리이다.

그러나 잠재의식의 힘을 끌어내면, 당신에게는 무한한 가능성의 세계가 열린다. 당신이 잠재의식을 제대로 이해하고 인식하며 인정하면, 그 경이로운 힘이 일찍부터 당신의 통제 아래 있었다는 것을 과학적으로 알게 된다. 그 전능한 힘을 의식적으로 활용하는 한 가지 방법을 여기에서 개략적으로 소개한다.

◈◈ *Highlights* ◈◈

이 장에서는 미래를 형성하는 틀이나 모형을 만드는 방법을 소개한다. 미래를 원대하고 아름답게 만들어가는 방법이 무엇일까? 각자의 미래를 만들어갈 때 비용이나 재료에 제약을 받지 않으며, 우리 자신 외에는 그 누구도 우리에게 제약을 가할 수 없다. 그 모형을 만들기 위해서는 많은 일을 해내야 하지만, 그 일을 할 사람은 오직 당신뿐이다. 그러면서도 당신이 무엇을 어떻게 해야 하는지를 알려줄 것이다.

또한 성실하고 끈기 있게 실행할 때 목적과 생각에 정확히 부합하는 조건을 만들어내는 방법과 계획도 함께 제시한다. 당신이 맡은 역할을 충실히 수행할 때, 당신을 도우려고 달려올 수많은 충실한 조력자들에 대해서도 언급한다.

겉으로는 개인적인 이상을 실현하기 위해 성실히 노력하는 듯한 사람들이 실패하는 이유는 무엇일까? 때로는 해야 할 것을 아는 것만큼 하지 말아야 할 것을 아는 것도 중요하기 때문이다.

01　시각화_{visualization}는 마음속에 구체적인 이미지를 그리는 과정이다. 이 이미지는 우리가 만들어갈 미래의 청사진이 된다.

02　당신의 미래를 생생하고 긍정적으로 상상해보라. 두려움을 떨쳐내고, 대담하게 큰 꿈을 꾸어라. 당신 자신 외에는 그 누구도 당신에게 제약을 가할 수 없다는 점을 명심하라. 비용과 재료에서도 제약을 받지 않는다. 무한한 세계를 공급원으로 삼아, 당신의 멋진 미래를 그려보라. 아름다운 미래가 현실로 드러나려면 먼저 머릿속에 그려져야 한다.

03　마음속 이미지를 선명하고 구체적으로 만들어라. 이 이미지를 굳건히 유지하면, 그것이 점진적으로 현실로 다가올 것이다. 그렇게 당신은 "당신이 꿈꾸던 사람"이 될 수 있다.

04　시각화의 효과는 심리학적으로 입증되었다. 그러나 이에 대한 지식만으로는 부족하다. 정신적 이미지를 형성하고 실현하려면 실천적 노력과 고된 정신 노동이 필요하다. 하지만 경험상 극소수만이 자발적으로 이런 노력을 기울인다.

05　첫 번째 단계는 이상화_{idealization}이다. 이는 마치 건축 설계도와 같아서, 전체 과정에서 가장 중요한 기초 단계라고 할 수 있다. 이상화는 견고해야 하고, 지속 가능해야 한다. 건축가는 대형 건물

을 설계할 때 모든 선과 세부 사항을 미리 그려둔다. 공학자는 깊은 협곡을 가로지르는 다리를 놓을 때 수많은 부품의 강도(强度) 요건을 먼저 점검한다.

06 건축가나 엔지니어가 프로젝트를 시작하기 전 완성된 모습을 상상하듯이, 당신도 목표를 달성하기 전에 먼저 그 결과를 마음속에 그려야 한다. 농부가 씨앗을 심기 전에 예상 수확량을 계산하는 것처럼, 당신도 행동에 앞서 결과를 예측해야 한다. 이것이 바로 이상화 과정이다. 결과에 대한 확신이 서지 않는다면, 그림이 머릿속에서 선명해질 때까지 매일 의자에 앉아보라. 그림은 점진적으로 펼쳐질 것이다. 처음에는 전체적인 형상이 흐릿하겠지만, 점차 형태를 갖추고 윤곽과 세부 사항도 뚜렷해질 것이며, 궁극적으로 현실 세계에서 구현할 계획도 수립할 수 있게 된다. 그때 당신은 미래가 어떻게 전개될지 알 수 있을 것이다.

07 다음 단계는 시각화이다. 전체적인 그림이 구체화되면서 세부적인 요소들이 명확해지기 시작한다. 세부 사항이 분명해질수록, 이를 실현할 구체적인 방법과 자원도 함께 드러나게 된다. 이렇게 하나에서 다른 하나로 이어지면서, 생각이 행동으로 전환되고, 행동을 통해 체계적인 방법론이 개발된다. 방법론을 실천하면서 친구를 사귀고, 그 친구들과 함께 새로운 환경을 조성하며, 마침내 세 번째 단계인 구체화materialization가 완성된다.

08 우리 대부분이 이제 인정하듯, 우주는 먼저 생각으로 존재했

고 그 후에야 물질적 실체로 나타났다. 우리가 우주를 창조한 위대한 건축가의 방식을 따른다면, 우주가 구체적인 형태를 갖춘 것처럼 우리의 생각 역시 형태를 갖추게 됨을 알 수 있다. 이러한 마음의 작용은 우리 모두의 안에서 동일하게 이루어진다. 종류와 특성에는 차이가 없고, 다만 정도의 차이만 있을 뿐이다.

09 건축가는 자신이 지으려는 건물의 모습을 시각화한다. 원하는 건물의 이미지를 머릿속에 그리는 것이다. 이 생각은 언제든 변경할 수 있는 틀이 되어, 그 틀에 따라 높은 건물이나 낮은 건물, 아름다운 건물이나 평범한 건물이 최종적으로 만들어진다. 그가 마음속에 시각화한 건물이 종이 위에서 형태를 갖추고, 필요한 자재가 사용되면 건물이 완성된다.

10 발명가도 같은 방식으로 자신의 아이디어를 먼저 시각화한다. 예를 들어, 니콜라 테슬라는 뛰어난 지능을 지녔고, 역사상 가장 위대한 발명가 중 한 명으로 경이로운 세상을 만드는 데 크게 기여했다. 그는 발명을 실제로 구현하기 전에 항상 먼저 머릿속으로 발명품을 시각화하는 과정을 거쳤다. 테슬라는 서두르지 않고 먼저 아이디어를 마음속에 떠올린 뒤, 하나의 그림으로 간직하고 생각만으로 재구성하며 개선해 나갔다. 테슬라는 잡지 『전기 실험자』에 기고한 글에서 이렇게 썼다. "이런 식으로 나는 어떤 아이디어를 떠올린 뒤, 아무것도 만지지 않고 신속하고 완벽하게 다듬어 나갈 수 있다. 내가 생각해낼 수 있는 모든 개선 사항을 그 발명품에 완벽히 적용하여 결함이 보이지 않을 때, 비로소 내 두뇌의 산물을 현실화

한다. 그렇게 만들어낸 장치는 내가 생각한 대로 어김없이 작동한다. 지난 20년 동안 단 한 번의 예외도 없었다."

11   이러한 원칙을 꾸준히 실천하면 '믿음'Faith, 정확히는 "바라는 것들에 대한 확신이요, 보이지 않는 것들의 증거"라는 믿음이 자란다. 이때 인내와 용기로 이어지는 확신도 커지고, 목적과 관련된 생각 외에는 모든 생각을 배제할 수 있게 하는 집중력도 향상된다.

12   생각이 형태로 나타난다는 것은 불변의 법칙이지만, 오직 우주의 마음으로 사고하는 방법을 아는 사람만이 스승의 자리에 서서 권위 있게 말할 수 있다.

13   명확성과 정확성은 머릿속에서 이미지를 반복해서 그릴 때만 얻을 수 있다. 시각화를 거듭할수록 이미지는 이전 단계보다 더욱 선명하고 정확해진다. 외부로 표현되는 것 역시 이미지의 명확성과 정확성에 비례한다. 따라서 정신세계, 즉 내면세계에서도 이미지를 확실하고 빈틈없이 구축해야 한다. 그래야만 외부 세계에서 그 이미지가 선명하게 구현될 수 있다. 하지만 적절한 재료가 없다면 정신세계에서도 유용한 것을 만들어낼 수 없다. 재료가 준비되어야 원하는 것을 만들 수 있다. 그 재료가 완벽한지 여러 차례 점검하라. 조잡한 실로는 훌륭한 옷감을 짤 수 없는 법이다.

14   그 재료는 수백만 개의 묵묵히 일하는 정신 노동자에 의해 만들어지고, 당신이 마음에 품은 이미지의 형태로 빚어진다.

15   생각해보라! 당신의 머릿속에는 가령 500만 개가 넘는 정신 노동자가 끊임없이 활동하며 당신의 명령을 기다리고 있다. 뇌세포라고 불리는 일꾼들이다. 게다가 이와 비슷한 수의 예비 세포들도 있는데, 조금이라도 필요하면 바로 움직일 준비가 되어 있다. 따라서 우리의 생각하는 힘은 거의 무한하다고 볼 수 있다. 이는 당신이 원하는 환경을 만들어내는 데 필요한 재료를 만들어내는 힘도 사실상 무한하다는 뜻이다.

16   이러한 수백만의 정신 노동자 외에도, 신체에는 수십억 개의 정신 노동자가 있다. 이들 각각은 주어진 메시지나 암시를 이해하고 행동할 수 있는 충분한 지능을 갖추고 있다. 이 세포들은 모두 신체를 만들고 재생하는 데 바쁘지만, 이에 더해 그들은 완벽한 발전에 필요한 물질을 자신들에게 끌어올 수 있는 심리적 활동 능력도 갖추고 있다.

17   모든 생명체가 자신의 성장에 필요한 요소들을 흡수하는 원리를 우리 몸의 세포들도 동일하게 따른다. 떡갈나무, 장미, 백합 모두 자신을 완벽하게 표현하기 위해 특정한 재료를 필요로 한다. 그것들은 끌어당김의 법칙을 통해 조용히 그 재료를 확보한다. 끌어당김의 법칙은 우리가 완벽한 경지에 이르는 데 필요한 것을 가장 확실하게 얻을 수 있는 방법이다.

18   당신의 목표를 명확하고 생생한 정신적 이미지로 그려라. 이 이미지를 가능한 한 완벽하게 구체화하라. 그 이미지를 확고히 마

음속에 간직하고, 현실화할 방법과 수단을 모색해보라. 수요가 있으면 공급이 뒤따르기 마련이다. 시각화가 완료되면, 당신은 적절한 때에 적절한 방법으로 적절한 행동을 하게 된다. 간절한 소망Earnest Desire은 확신에 찬 기대Confident Expectation로 발전하고, 그런 기대감은 확고한 요구Firm Demand로 강화된다. 이 셋은 반드시 성취Attainment로 이어진다. 간절한 소망은 감정이고, 확신에 찬 기대는 생각이며, 확고한 요구는 의지이기 때문이다. 앞서 언급했듯, 감정은 생각에 활력을 주고, 성장의 법칙에 따라 생각이 외부로 표출될 때까지 생각을 견고히 붙드는 것은 의지이다.

19 우리 내면에 이토록 강력한 힘이 존재한다는 사실이 경이롭지 않은가? 이는 우리가 이전에는 상상조차 하지 못했던 놀라운 잠재력이다. 우리가 그런 힘과 능력을 항상 '외부'에서 찾도록 배웠다는 것도 이상하지 않은가? 우리는 그 힘을 찾기 위해 사방을 둘러보라고 배웠지만, 정작 '내면'은 간과했다. 그 때문에 그 힘이 우리 삶에 나타날 때마다 초자연적인 현상이라는 말을 귀에 딱지가 앉도록 들었다.

20 많은 사람이 그 경이로운 힘의 비밀을 알아낸 뒤에 건강과 권능 및 여러 조건을 만들어내려고 성실하고 진지하게 노력을 기울이지만 번번이 실패하는 듯하다. 그들은 끌어당김의 법칙을 제대로 작동시키지 못하는 듯하다. 그렇게 어려움을 겪는 이유는 거의 모든 경우에 그들이 외적인 것에 연연하기 때문이다. 그들은 돈과 권력, 건강과 풍요를 원한다. 그러나 그것들은 결과일 뿐, 원인을 찾아

내야만 얻을 수 있다. 안타깝게도 그들은 이 진실을 깨닫지 못한 까닭에 어려움을 겪는 것이다.

21   외적 현상에 얽매이지 않고 내면의 진리를 추구하는 사람은 궁극적인 지혜를 얻게 되며, 이를 통해 모든 힘의 근원을 발견하게 된다. 이러한 내적 지혜는 단순한 추상적 개념이 아니라, 실제로 우리의 외부 현실을 변화시킬 수 있는 생각과 목적으로 구체화된다. 따라서 이 진실은 고결한 목표와 용기 있는 행동으로 표현되어야 한다.

22   당신의 이상을 마음속에 선명히 그려라. 현재의 외적 상황에 집착하지 말고, 내면의 세계를 풍요롭고 아름답게 가꾸는 데 집중하라. 그럼 당신이 내면에서 그린 조건들이 외부 세계에 투영되어 드러날 것이다. 그때 당신에게 이상을 실현할 힘이 있음을 깨닫게 될 것이고, 그 이상이 현실 세계에 구현될 것이다.

23   예를 들어, 빚에 시달리는 사람을 생각해보자. 이 사람은 자신의 부채 상황에 계속해서 집착하며, 모든 에너지를 그 문제에 쏟게 된다. 생각이 원인이 되어, 그는 자신을 더욱 빚의 굴레에 묶이게 하고, 결과적으로 더 많은 빚을 지게 되는 상황을 만들어낸다. 그가 끌어당김의 법칙을 자신에게 적용함으로써, 손실이 더 큰 손실을 불러오는 결과를 피할 수 없게 된 것이다.

24   그렇다면 바람직한 접근 방식은 무엇일까? 피하고 싶은 상황

에 집중하는 대신, 당신이 진정으로 원하는 것에 모든 주의를 기울여야 한다. 풍요로움을 상상하고, 풍요의 법칙을 활성화할 이상적인 방법과 계획을 마음속에 그려보라. 풍요의 법칙이 만들어내는 상황을 시각화하라. 시각화는 그러한 상황을 현실로 만들기 위한 첫 단계이다.

25 만약 어떤 법칙이 결핍과 두려움에 사로잡힌 사람들에게 빈곤과 제약을 가져다준다면, 같은 법칙은 용기와 힘을 생각하는 사람들에게 풍요와 번영을 선사할 것이다.

26 많은 사람이 지속적으로 긍정적인 사고를 유지하는 데 어려움을 겪는다. 우리는 종종 과도한 불안과 두려움 그리고 고통에 사로잡히곤 한다. 우리는 무언가를 하고, 도움을 주고 싶어 한다. 마치 씨를 방금 뿌리고는 15분마다 밭에 나가 흙을 뒤집으며 씨가 자라는지 확인하려는 어린아이와 같다. 물론 그런 상황에서는 씨가 결코 싹트지 못할 것이다. 하지만 많은 사람이 정신적인 세계에서 이렇게 행동하는 것이 분명하다.

27 우리는 씨를 뿌린 후에는 건드리지 말고 가만히 내버려두어야 한다. 그렇다고 해서 가만히 앉아 아무것도 하지 말라는 뜻은 아니다. 오히려 이전보다 더 나은 일을 더 많이 해내야 한다. 새로운 기회가 끊임없이 제공되고, 새로운 문이 계속 열릴 것이기 때문이다. 따라서 열린 마음으로, 때가 오면 언제라도 행동할 준비를 갖추고 있어야 한다.

28 사고력은 지식을 얻는 가장 강력한 도구다. 집중력을 발휘하면 어떠한 문제도 해결할 수 있으며, 인간의 이해력으로 해결할 수 없는 문제는 없다. 그러나 사고력을 자신의 의도대로 활용하려면 지속적인 연습과 훈련이 필수적이다.

29 비유하자면, 생각은 당신의 인생이라는 거대한 바퀴를 움직이는 증기를 만들어내는 불이다.

30 이제 자신에게 중요한 질문을 던져보고, 그 답변을 진솔하게 탐색해보라. 당신의 내면에서 강력한 자아의 존재를 느끼는가? 그 자아를 분명히 내세우는가, 아니면 다수의 의견에 따르는가? 다수는 대체로 끌려가기만 할 뿐, 앞장서서 끌어가지는 않는다는 것을 기억하라. 예를 들어, 증기기관이나 역직기와 같은 혁신과 발전이 등장할 때마다 대중은 대체로 이러한 진보에 저항했다.

31 이번 연습에서는 친구의 모습을 마음속에 그려보자. 마지막 만남의 장면, 주변 환경, 공간의 구성 그리고 나눈 대화의 내용을 세세히 회상해보라. 이제 그 시간을 현재로 가져와보자. 마음속에 친구의 얼굴을 그리며, 그와 눈을 맞추고 공통의 관심사에 대해 대화를 나눠보라. 그의 표정 변화를 관찰하고, 웃는지도 살펴보라. 이것을 성공적으로 할 수 있다면, 상상력이 뛰어난 수준에 도달했고, 큰 발전을 이루고 있다는 증거다. 다음 번에는 모험담을 말해주며 그의 관심사를 자극해보자. 그가 흥미로워하며 눈이 반짝이는 것을 볼 수 있다면, 당신은 상상력을 훌륭하게 활용하고 있는 것이다.

성공의 문을 여는 마스터키

$$\diamondsuit\!\!\!\diamondsuit\!\!\!\diamondsuit \quad Q \& A \quad \diamondsuit\!\!\!\diamondsuit\!\!\!\diamondsuit$$

Q 시각화란 무엇인가?

A 마음속에 구체적인 이미지를 형성하는 과정

Q 이러한 사고 방식의 효과는 무엇인가?

A 특정한 이미지나 목표를 지속적으로 마음에 품으면, 그것을 점진적이지만 확실하게 현실로 끌어당길 수 있다. 이를 통해 우리는 꿈꾸는 미래를 실현할 수 있다.

Q 이상화란 무엇인가?

A 궁극적으로 객관적 세계에서 구체화되는 이상적인 계획을 시각화하는 과정을 뜻한다.

Q 왜 명확성과 정확성이 중요한가?

A '인식'이 '감정'을 만들고, '감정'이 '현실'을 창조하기 때문이다. 먼저 마음속에서 분명히 볼 때 강한 감정이 생기며, 이를 통해 무한한 실현 가능성이 열린다.

Q 명확함과 정확함은 어떻게 얻어지는가?

A 동일한 행동을 반복할 때마다 이미지가 전 단계보다 더 정확해진다.

Q 정신적 이미지를 구축하는 데 필요한 재료는 어떻게 확보되는가?

A 뇌세포라 일컫는 수백만 개의 정신 노동자를 통해

Q 당신의 이상을 객관적 세계에서 구체화하는 데 필요한 조건은 어떻게 얻어지는가?
A 끌어당김의 법칙을 통해. 이는 모든 조건과 상황을 만들어내는 자연법칙이다.

Q 끌어당김의 법칙을 작동하는 데 필요한 세 단계는 무엇인가?
A 간절한 소망, 확신에 찬 기대, 확고한 요구.

Q 많은 사람이 끌어당김의 법칙을 작동시키는 데 실패하는 이유는 무엇인가?
A 손실과 질병, 재앙에 생각을 집중하기 때문이다. 끌어당김의 법칙 자체는 완벽하게 작동하지만, 그들이 두려워하는 것을 스스로 만들어내는 것이다.

Q 대안은 무엇인가?
A 당신이 자신의 삶에서 경험하고 싶은 이상적인 모습에 집중하라.

인간의 본질은 마음에 있다.

우리는 끊임없이 생각을 통해

기쁨과 슬픔의 세계를 창조한다.

사람은 은밀히 생각하고, 그 생각이 현실로 나타난다.

환경은 생각의 거울에 불과하다.

제임스 앨런

8장

상상의 힘

우리는 무엇이든 자유롭게 생각할 수 있지만 생각의 결과는 불변의 법칙에 지배받는다! 이런 사실이 놀랍지 않은가? 우리 삶이 변덕이나 변화에 좌우되지 않는다는 게 경이롭지 않은가? 우리 삶을 지배하는 법칙이 있다. 그 법을 따르면 우리는 원하는 결과를 정확히 얻을 수 있다. 삶에서 그렇게 얻은 안전성은 우리에게 기회가 된다.

이 법칙으로 인해 우주는 조화로운 질서를 유지한다. 그 법칙이 없다면, 우주Universe는 코스모스(Cosmos, 질서와 조화를 이룬 체계로서의 우주)가 아니라 카오스(Chaos, 혼돈)가 될 것이다. 따라서 바로 여기에 선과 악의 기원에 대한 비밀이 숨어 있다. 달리 말해, 선과 악이 과거에도 존재했고 앞으로도 사라지지 않을 것이란 비밀이다.

더 자세히 말하면, 우리의 생각이 행동을 결정한다. 긍정적이고 조화로운 사고는 좋은 결과를 만들어낸다. 반대로 생각이 파괴적이고 부조화하면 그 결과는 유해할 수밖에 없다. 따라서 하나의 법칙, 하나의 원칙, 하나의 원인만이 있을 뿐이다. 요컨대 힘의 근원은 하나뿐이다. 선과 악은 우리 행동의 결과, 즉 우리가 그 법칙을 준수했는지 여부를 가리키기 위해 만들어진 단어일 뿐이다.

이 법칙의 중요성은 랄프 왈도 에머슨과 토머스 칼라일의 대조적인 삶을 통해 뚜렷이 드러난다. 에머슨은 선한 이들과 어울리며 그들을 사랑했고, 그의 인생에는 평화와 조화의 아름다운 선율이 흐르는 듯했다. 반면 칼라일은 악한 이들을 혐오했고, 그의 삶은 끊이지 않는 불화와 부조화의 연속이었다.

이제 두 위대한 영혼이 같은 이상을 향해 열정을 쏟아붓는 모습을 상상해보자. 건설적인 사고를 지닌 이는 자연의 섭리와 조화를 이루며 그 이상을 향해 나아갈 것이다. 하지만 파괴적인 마음을 품은 이는 스스로 온갖 불화의 씨앗을 뿌리고 그로 인해 고통받게 될 것이다.

따라서 우리는 그 어떤 것도 혐오해서는 안 된다는 진리를 깨달아야 한다. 심지어 '나쁜 것'조차도 미워해선 안 되는 것이다. 혐오 그 자체가 이미 파괴적인 감정이기 때문이다. 만약 당신이 파괴적인 생각의 늪에 빠진다면, 그 생각은 마치 거센 바람과 같아서 이내 삶이라는 밭에 휘몰아치는 폭풍우를 몰고 올 것이다.

✺ Highlights ✺

이 장에서는 우주의 창조 원리가 다루어진다. 우주가 무엇이고, 어떻게 형태를 취하며 외부로 표출되는지도 언급된다. 우주의 창조 원리는 모든 존재의 근간을 이루는 원리이기에 불변의 법칙에 필연적으로 지배받는다. 개개인의 성격과 건강, 환경이 어떻게 형성되고, 바람직한 조건과 상황이 어떤 방식으로 조성될 수 있는지도 이 장에서 설명된다. 우리 미래를 만들어갈 재료가 어떻게, 어떤 이유로, 언제 확보되는지도 함께 다뤄진다.

상상이라는 중대한 영역과 관련된 능력을 완벽히 확보하는 데 필요한 방법과 훈련법이 소개된다. 이 영역은 누구나 개인적으로 시도할 수 있다는 점에서 중요하다.

우리는 현재의 행동으로 미래를 창조하고 있다. 미래가 도래했을 때는 이미 결과가 정해져 있어, 그때 가서 바꾸려고 하면 늦다. 하지만 지금이라면 우리는 미래를 지배하고 통제하며 원하는 모습으로 만들어갈 수 있다. 그 방법이 여기에 제시된다.

Master Key System ─────────────────────────────

01 생각은 생명력을 지닌다. 이는 우주의 창조 원리로, 다른 생각들과 상호작용하며 새로운 아이디어를 탄생시킨다.

02 생명의 본질은 지속적인 성장에 있다. 따라서 모든 근본적인 원리는 이러한 성장을 촉진해야 한다. 생각 역시 이런 이유로 형체를 갖추고, 성장의 법칙에 따라 내면에서 싹튼 뒤 외부 세계로 그 모습을 드러낸다.

03 우리에게는 생각의 자유가 주어져 있지만, 그 생각이 낳는 결과는 불변의 법칙에 의해 지배된다. 어떤 사고방식이든 일정 기간 지속되면, 필연적으로 우리의 성품과 건강 그리고 주변 환경에 지대한 영향을 미치게 된다. 그러므로 부정적인 결과를 초래하는 사

고방식을 건설적인 습관으로 전환할 수 있는 방법을 모색하는 것이 무엇보다 중요하다.

04 굳어진 사고방식을 바꾸는 것은 쉽지 않다. 정신적 습관을 조절하는 것은 도전적이지만, 불가능한 일은 아니다. 부정적인 사고를 긍정적인 것으로 바꾸는 노력을 즉시 시작하라. 또한, 모든 생각을 신중히 검토하는 습관을 들여라. 만약 어떤 생각이 자신뿐만 아니라 그 생각의 영향권에 있는 모든 이들에게 이로운 것이라면, 그것을 소중히 간직하고 지켜나가라. 그런 생각은 무한한 가치를 지니고 있으며, 우주와의 조화를 이루기 때문이다. 그 생각은 성장과 발전을 거듭하여 백배의 열매를 맺을 수도 있다. 언론인 조지 매슈 애덤스의 말을 되새겨보는 것도 좋겠다. "문을 굳게 닫고, 명확한 목표도 없이 어슬렁거리는 모든 요소를 당신의 마음과 일터 그리고 삶에서 멀리 떼어놓는 법을 배워야 한다."

05 만약 부정적이고 파괴적인 사고로 인해 주변과 불화를 겪고 있다면, 긍정적이고 건설적인 사고방식을 계발해야 한다.

06 이러한 관점에서 상상력은 강력한 도구가 된다. 상상력을 키우면 우리의 미래 이상을 구체화하고 발전시키는 데 큰 도움이 된다.

07 상상이란 마음이 우리의 미래를 위해 직조할 옷감의 재료를 수집하는 작업이다.

08 상상은 우리를 혁신적인 아이디어와 경험의 세계로 안내하는 길잡이 역할을 한다.

09 상상은 발명가와 탐험가들이 기존의 한계를 초월하고 새로운 가능성을 창출하는 데 활용해온 핵심 능력이다. 과거가 "그것은 불가능하다"라고 말할 때, 경험은 "해냈다"라고 대답한다.

10 상상은 추상적인 감각을 구체적이고 이상적인 형태로 변환시키는 능력이다.

11 상상은 건설적인 행동에 선행되어야 할 건설적인 사고이다.

12 건축업자가 건축물을 세우기 전에 반드시 건축가의 설계도가 필요하다. 이 설계도는 건축가의 창의적인 상상력을 통해 탄생한다.

13 기업인이 수많은 작은 회사를 조직적으로 결합하여 수천 명의 직원을 관리하고 수백만 달러의 자본을 운용하는 거대 기업을 일궈내려면, 먼저 그 기업의 전체적인 구조와 운영 방식을 마음속에 그려볼 수 있어야 한다. 물질세계의 모든 것은 도예가의 손안에 있는 점토와 같다. 대가의 마음속에서 모든 사물이 창조되듯, 행동에 앞서 상상이 필요하다. 상상력을 기르려면 훈련이 필요하다. 훈련은 육체의 근육뿐만 아니라 정신의 근육을 키우는 데에도 필수적이다. 정신의 근육 역시 영양분을 공급받아야 성장할 수 있다.

14   상상을 공상과 혼동해서는 안 된다. 공상은 현실과 동떨어진 백일몽과 같아서 많은 이들이 쉽게 빠져들지만, 정신력을 낭비하는 짓으로 자칫 정신적 재앙을 초래할 수 있다.

15   창조적 상상은 상당한 정신적 노력을 요구하며, 많은 이들이 가장 어려운 정신 활동으로 여긴다. 그러나 이러한 노력은 막대한 보상으로 이어진다. 위대한 사상가들과 발명가들이 삶에서 거둔 놀라운 성취는 모두 건설적인 상상에서 비롯되었기 때문이다.

16   마음이 모든 창조의 근원이며, 이 마음이 무소부재하고 전능하다는 사실을 깨달은 사람은 진정한 깨달음의 길에 한 걸음 더 다가선 것이다. 또한 우리가 오직 생각의 힘을 통해서만 그 전능한 마음과 조화를 이룰 수 있음을 깨달은 사람 역시 마찬가지이다.

17   다음 단계는 그 힘이 흘러드는 위치에 자신을 두는 것이다. 그 힘은 어디에나 존재하므로 당연히 우리 내면에도 자리한다. 더욱이 모든 힘의 근원이 내면에 있다는 것은 이미 잘 알려진 사실이므로, 그 힘 역시 우리 내면에 존재함이 분명하다. 그러나 그 힘은 개발되고 확장되며 함양되어야 한다. 이를 위해서는 적극적으로 수용하는 자세가 전제되어야 한다. 체력과 근력을 기르듯이, 이런 수용적인 태도 역시 훈련을 통해 습득된다.

18   끌어당김의 법칙은 우리의 습관과 성격 그리고 지배적인 정신 상태에 정확히 상응하는 조건과 환경, 경험을 예외 없이 우리 삶

에 가져다준다. 교회에 있을 때나 좋은 책을 읽을 때 가끔 떠오르는 생각이 아니라, 평소의 주된 정신 상태가 중요한 것이다.

19   만약 우리가 하루에 10시간씩 나약하고 해로우며 부정적인 생각에 사로잡혀 있으면서, 강력하고 긍정적이며 창조적인 생각은 겨우 10분밖에 하지 않는다면, 과연 아름답고 건강하며 조화로운 삶의 조건들이 우리에게 주어질 것이라고 기대할 수 있겠는가?

20   진정한 힘은 내면에서 비롯된다. 우리 모두의 내면에는 그 힘이 내재해 있으며, 누구나 그 힘을 사용할 수 있다. 그러나 그 힘을 가시적인 세계로 끌어내 실제로 활용하기 위해서는, 먼저 그 힘의 존재를 인식하고 그것이 자신의 것임을 확신하는 과정이 필요하다. 다시 말해, 우리가 그 힘과 하나가 될 때까지 의식적으로 그 힘을 사용하는 연습을 해야 한다.

21   많은 이들이 풍요로운 삶을 바란다고 말한다. 그리고 실제로 풍요로운 삶을 살아가는 사람도 적지 않다. 운동을 열심히 하여 근육을 키우고, 과학적인 호흡법을 익히며, 적절한 식단 관리와 함께 매일 적정량의 물을 마시고, 찬 공기를 피하면 풍요로운 삶을 살 수 있다고 여기는 이들이 많다. 하지만 결론적으로 말하자면, 이러한 방법들은 풍요로운 삶과는 무관하다. 오히려 진리를 깨닫고, 우리가 생명의 근원과 하나라는 사실을 인식할 때, 우리는 맑은 눈과 가벼운 걸음, 청춘의 활력을 되찾게 된다. 그 순간 우리는 모든 힘의 원천을 마침내 발견하게 될 것이다.

22   모든 오류는 무지의 결과일 뿐이다. 지식의 축적과 그로부터 얻어지는 힘이 성장과 진화를 이끈다. 인식되고 검증된 지식은 힘이 된다. 그 힘은 영적인 힘이고, 그 영적인 힘은 만물의 중심에 있는 힘이며 우주의 영혼이다.

23   지식은 사고력의 산물이다. 따라서 생각은 우리 의식의 진화가 싹트는 씨앗이다. 만약 우리가 생각과 이상을 향한 전진을 멈춘다면, 생명력은 곧바로 쇠퇴하기 시작할 것이고, 그 와해의 과정이 우리의 표정에도 서서히 드러나게 될 것이다.

24   성공한 사람들은 자신의 이상을 꾸준히 추구하고 유지하는 것을 최우선 과제로 삼는다. 따라서 그들은 목표로 삼은 이상을 실현하기 위해 필요한 다음 단계를 항상 마음에 두고 있다. 생각은 그들이 목표 달성을 위해 사용하는 재료이며, 상상은 그들의 정신적 작업 공간이다. 마음은 성공적인 사업을 일구는 데 필요한 인력과 환경을 확보하는 원동력이 되고, 상상은 모든 위대한 것들이 탄생하는 그릇이 된다.

25   당신이 꾸준히 이상을 추구해왔다면, 계획을 실행에 옮길 적절한 시기를 자연스럽게 감지할 수 있을 것이다. 그 결과는 당신이 이상을 얼마나 성실히 지켜왔는지에 정확히 비례할 것이다. 이렇게 꾸준히 이상을 품고 지켜나가야만, 그 이상을 실현하는 데 필요한 조건들을 미리 설정하고 끌어당길 수 있게 된다.

26　이렇게 우리는 영적 힘과 권능으로 옷을 짜 입히듯 우리의 존재 전체를 감싸게 된다. 상상력을 통해 우리는 마법과 같은 삶을 살아가며, 온갖 해로운 것들로부터 보호받을 수 있다. 그리하여 우리 자신에게 풍요롭고 조화로운 조건들을 끌어들이는 긍정의 힘으로 작용할 수도 있다.

27　상상력은 우리의 의식에 깊이 영향을 미치며, 삶의 동력이 되기도 하지만 동시에 사회적 불안의 근원이 되기도 한다.

28　앞 장에서 우리는 마음속에 정신적 이미지를 그려보는 연습을 통해, 그 이미지를 보이지 않는 세계에서 가시적인 세계로 끌어오는 방법을 배웠다. 이번에는 어떤 대상을 선택하여 그 기원까지 거슬러 올라가 보며, 그것이 실제로 무엇으로 이루어져 있는지 분석해보기 바란다. 이런 연습을 반복하다 보면 상상력과 통찰력, 지각력 그리고 총명함이 한층 향상될 것이다. 이러한 능력은 피상적인 다수의 관찰이 아닌, 표면 아래를 꿰뚫어보는 예리하고 분석적인 관찰을 통해 얻을 수 있다.

29　우리 눈에 보이는 것들이 단지 결과에 지나지 않는다는 사실을 아는 사람은 매우 드물다. 그런 결과를 낳게 한 근본 원인을 알아내는 사람은 더더욱 찾아보기 힘들다.

30　이제 다시 한번 같은 자세로 전함(戰艦)을 마음에 그려보자. 으스스한 괴물 같은 모습으로 수면 위에 떠 있고, 주변에는 다른 생

명체의 기척이 전혀 없다. 사방이 고요하기만 하다. 전함 대부분은 물속 깊이 잠겨 있다. 전함의 크기와 무게는 20층 건물이나 내셔널 갤러리 못지않다. 경보가 울리면 수백 명의 선원이 즉각 정해진 임무에 투입되고, 각 부서를 이끄는 유능하고 노련한 장교들은 이미 이 놀라운 메커니즘을 책임질 만한 능력을 입증해 보였다.

전함은 아무것도 감지하지 못하는 냉혹한 강철 덩어리처럼 보이지만, 사실은 사방 수 킬로미터 내의 모든 것을 주시하는 눈을 가지고 있어 그 감시망을 벗어날 수 있는 것은 아무것도 없다. 또한 전함은 겉으로는 조용하고 순종적이며 무해해 보이지만, 먼 곳에 있는 적에게 수천 킬로그램의 강철 발사체를 언제든 내뿜을 수 있다.

우리는 별다른 노력 없이도 이 정도, 아니 그 이상을 상상할 수 있다. 그러나 이 전함은 어떻게 지금의 위치에 이르게 되었을까? 무엇보다 왜 전함이 존재하게 된 것일까? 세심한 관찰자라면 이 모든 것이 궁금할 것이다.

3/ 제철소의 거대한 강철 생산 라인을 상상해보자. 그곳에서 수천 명의 근로자들이 강판을 만들어내는 모습이 보인다. 시간을 더 거슬러 올라가면 광산에서 채굴된 철광석이 보인다. 철광석은 수레나 트럭에 실려 운반된다. 녹여지고 적절히 가공된다.

더 멀리 거슬러 가면, 전함을 설계하는 기술자들이 보인다. 상상의 날개를 한층 더 펼쳐, 전함 건조가 계획된 이유까지 살펴보자. 이 시점에서 전함은 아직 무형의 존재일 뿐이다. 실체는 없고, 설계자의 머릿속에만 존재하는 단순한 개념이다. 그렇다면 전함 건조 명령은 어디에서 왔을까? 아마도 국방부 장관이나 해군 장관이었을 것이다. 어쩌면 전쟁이 일어나기 훨씬 전에 이미 계획되었고, 의회에서 건조 예산을 배정하는 법안을 통과시켰을 것이 분명하다. 물론 반대 의견도 있었을 테고, 법안의 찬반을 놓고 치열한 논쟁이 벌어졌을 수도 있다. 그런데 이 의원들은 누구를 대표하는가? 그들은 바로 당신과 나를 대변한다. 즉, 이 일련의 사고는 전함에서 시작해서 결국 우리 자신에게로 되돌아온다.

여기서 언급된 모든 것뿐만 아니라 우리가 미처 생각하지 못한 수많은 것을 상상하게 하는 것도 결국은 우리 자신의 생각인 것이다. 내친김에 더 깊이 생각해보면, 전함이라는 거대한 강철 덩어리가 가라앉지 않고 물 위에 뜰 수 있게 하는 원리를 누군가 발견하지 않았더라면 전함은 존재할 수 없었을 것이라는, 가장 중요한 사실에까지 이르게 된다.

32　그 핵심 원리는 "물체가 물에 뜨기 위해서는 그 물체의 무게가 같은 부피의 물의 무게보다 가벼워야 한다"라는 것이다. 이 원리가 발견된 이후로, 바다에서 이루어지는 모든 종류의 항해와 무역, 전쟁에 혁명적인 변화가 일어났고, 전함의 존재 또한 가능해졌다.

33　상상력을 기르는 연습과 훈련은 매우 중요하다. 표면 아래를 꿰뚫어보는 훈련을 하다 보면, 모든 것이 새롭게 다가온다. 사소해 보이던 것들이 의미를 갖게 되고, 지루하게 느껴지던 것들이 흥미진진해진다. 중요치 않게 여겨졌던 것들이 사실은 가장 중요한 것임을 깨닫게 된다.

❈ Q & A ❈

Q   상상이란 무엇인가?

A   상상은 건설적인 사고의 한 형태로, 우리를 새로운 생각과 경험으로 짜인 세계로 인도하는 빛과 같다. 그것은 모든 발명가와 발견자가 과거의 한계를 뛰어넘어 미래의 새로운 지평을 열어젖히는 데 사용해 온 강력한 도구이다. 상상은 우리의 잠재력을 끌어내고 혁신을 촉진하는 원동력이다.

Q   상상의 결과는 무엇인가?

A   상상력을 키우면, 우리의 미래로 이어지는 이상을 발전시키는 데 큰 도움이 된다.

Q   어떻게 해야 상상력을 키울 수 있을까?

A   연습과 훈련을 통해 길러진다. 정신의 근육 역시 영양분을 공급받아야만 성장할 수 있다.

Q   상상은 백일몽과 어떻게 다른가?

A   백일몽은 정신력을 낭비하는 행위에 불과하지만, 상상은 건설적인 행동에 선행되어야 할 건설적인 사고의 한 형태이다.

Q   실수란 무엇인가?

A   실수는 무지에서 비롯된 결과이다.

Q   지식이란 무엇인가?

A   지식은 사고력의 산물이다.

Q   성공한 사람들이 목표 달성을 위해 사용하는 원동력은 무엇인가?

A   마음은 그들이 계획을 실현하는 데 필요한 인력과 환경을 확
     보하는 추진력이 된다.

Q   그런 결과를 미리 결정짓는 것은 무엇인가?

A   이상을 꾸준히 품고 지켜나가는 마음가짐이 이상을 실현하는
     데 필요한 조건들을 끌어당긴다.

Q   예리한 분석적 관찰이 가져오는 결과는 무엇인가?

A   상상력과 통찰력, 지각력 그리고 총명함이 한층 향상된다.

Q   이러한 자질들은 무엇으로 이어지는가?

A   풍요로움과 조화로움으로 이어진다.

현재에 충실하라!

오늘이야말로 진정한 삶이요, 삶의 정수라.

그 짧은 순간 속에 당신이라는 존재의 진실과 본질,

성장의 축복, 영광으로 가득 찬 행동,

찬란한 아름다움이 모두 담겨 있노라.

어제는 이미 지나간 꿈에 불과하고 내일은 아직 오지 않은 환상일 뿐.

그러나 오늘을 충실히 살아간다면

어제는 행복한 꿈이 되고 내일은 희망찬 앞날이 된다.

그러므로 오늘을 잘 살펴라

칼리다사, 인도의 시인

9장

건강과
부와 사랑

이 장에서는 우리가 희망하는 삶의 조건을 스스로 만들어내는 방법과 도구를 소개한다.

현재의 조건을 변화시키고 싶다면, 먼저 우리 자신부터 변해야 한다. 우리의 소망과 꿈은 때로 좌절을 겪지만, 마치 봄에 새싹이 돋아나듯 내면 깊숙이 자리한 생각은 결국 현실로 나타날 길을 찾는다.

만약 당신이 현재 상황을 개선하고 싶다면, 어떤 방법으로 이를 실현할 수 있을까? 답은 간단하다. 성장의 법칙을 따르면 된다. 물질세계에서와 마찬가지로, 생각이라는 보이지 않는 영역에서도 인과관계는 절대적이며 예외가 없다.

당신이 바라는 상황을 구체적으로 마음속에 그리고, 그것이 이미 실현되었다고 굳게 믿으며 자기 확언을 반복하라. 이렇게 함으로써 강력한 자기 긍정의 효과를 기대할 수 있다. 이런 자기 확언을 끊임없이 반복하다 보면, 그 생각이 자신의 일부가 된다. 이렇게 해서 우리는 실제로 변화해 간다. 이런 식으로 우리는 자신을 원하는 모습으로 만들어갈 수 있다.

성격은 우연히 주어지는 것이 아니라 지속적인 노력의 결과물이다. 만약 당신이 소심하고 우유부단하며 타인의 시선을 지나치게 의식하는 성격이거나, 두려움과 위험에 쉽게 불안해하고 걱정에 휩싸이는 성향이라면 "두 개가 동시에 한 장소에 있을 수 없다"라는 격언을 기억하기 바란다. 정신적이고 영적인 영역에서도 마찬가지다. 따라서 그 해결책은 간단하다. 두려움과 결핍, 제약에 사로잡힌 생각을 용기와 힘, 독립심과 자신감으로 가득 찬 생각으로 대체하면 된다.

이렇게 생각을 바꾸는 가장 쉽고 자연스러운 방법은 자신에게 꼭 맞는 긍정적인 확언을 찾아내는 것이다. 빛이 어둠을 몰아내듯, 긍정적인 생각은 부정적인 생각을 확실하게 지워버린다. 그 결과 또한 매우 효과적일 것이다.

행동은 생각이 만개한 꽃이며, 조건은 행동이 낳은 열매이다. 그렇다면 현재의 자신을 만들어내거나 허물어뜨리고, 그로 인한 기쁨과 고통을 스스로 초래하는 도구들이 언제나 우리 안에 있었던 셈이다.

⟨⟨⟨ *Highlights* ⟩⟩⟩

이 장에서는 모든 성공적인 거래 관계, 즉 사회적 조건의 근간을 이루는 기본 원칙과 불변의 법칙 그리고 필수 조건을 다룬다. 우리 자신을 매력적인 존재로 바꾸어 다른 이들을 따라오게 하는 방법, 그리고 온갖 형태로 나타나는 불화와 부조화의 그림자를 걷어낼 수 있는 법칙에 대해서도 언급한다. 요컨대 모든 문제를 해결하는 비결을 소개한다. 단세 가지만 갖추어도 우리 모두는 완전한 행복과 성장을 누릴 수 있다. 그 세 가지가 무엇이며, 어떻게 하면 습득할 수 있을까?

01 우리가 외부 세계에서 추구할 수 있는 핵심 요소는 세 가지이며, 이들은 모두 우리의 내면에서도 찾을 수 있다. 이 세 가지를 찾아내는 비결은 놀랍도록 간단하다. 각자에게 내재한 전능한 힘에 적절한 '애착 메커니즘*'을 적용하기만 하면 된다.

02 우리 모두가 열망하는 세 가지 요소, 즉 자아실현과 완성을 위해 필수적인 것들은 건강$_{Health}$과 부$_{Wealth}$ 그리고 사랑$_{Love}$이다. 모두가 인정하듯이, 건강은 절대적으로 중요하다. 몸이 고통에 시달리면 누구도 행복할 수 없기 때문이다. 부의 필수성에 대해서는 모두가 쉽게 동의하지는 않을 것이다. 그러나 충분한 물질적 공급이 필요하다는 데는 대부분이 수긍할 것이다. 다만, 어떤 이에게 충분하다고 여겨지는 것이 다른 이에게는 턱없이 부족한 것으로 느껴질 수 있다. 자연은 충분할 뿐만 아니라 넘치도록 풍성하게 제공하기

◇◇◇◇◇◇

* 애착 메커니즘(mechanism of attachment)은 우리의 내면적 열망이나 목표를 현실 세계와 연결시키는 정신적 과정을 의미한다. 이는 우리의 생각과 의도를 실제 결과로 전환하는 심리적 도구나 방법을 뜻한다. 예를 들어, 시각화, 긍정적 확언, 집중된 사고 등이 이러한 애착 메커니즘의 예시다. 이 개념은 우리의 내적 세계(생각, 믿음, 의도)와 외적 세계(현실, 경험, 결과) 사이의 연결 고리로 작용하며, 우리가 원하는 것을 실현하는 데 필요한 정신적 프로세스를 의미한다. 즉, 애착 메커니즘은 우리의 생각과 의도를 현실 세계의 구체적인 경험이나 결과에 '부착' 또는 '연결'하는 '연결 고리'라고 이해하면 쉬울 것이다.

에, 결핍과 한계는 인간이 만들어낸 인위적인 분배 방식에서 비롯되는 제약일 뿐이다.

03 여기서 사랑은 행복을 위한 세 번째 조건으로 언급된다. 물론, 사랑이 첫 번째이자 가장 중요한 필수 조건이라고 주장하는 사람들도 적지 않다. 어떻든 건강과 부, 사랑, 이 세 가지를 모두 갖춘 사람은 행복의 잔에 더 채울 것이 없다는 사실을 깨닫게 된다.

04 이제 우주의 본질이 건강과 물질, 그리고 사랑이라는 것이 확인되었다. 우리는 애착 메커니즘을 통해 이 무한한 공급원과 의식적으로 연결될 수 있다. 그 애착 메커니즘은 바로 우리의 사고방식에 있다. 따라서 올바르게 생각하는 것이 '지극히 높으신 분의 비밀스러운 공간'에 들어가는 지름길이다.

05 그렇다면 우리는 어떻게 생각해야 할까? 이 질문에 대한 답을 알게 되면, '원하는 것'에 우리를 정확히 이어주는 애착 메커니즘을 발견하게 될 것이다. 이렇게 말하면, 그 메커니즘이 매우 단순해 보일 수 있다. 그러나 계속해서 읽어 내려가다 보면, 그 메커니즘이 사실상 '마스터키'와 같다는 것을 깨닫게 된다. 원한다면 '알라딘의 램프'라고 불러도 무방하다. 어쨌든 그 애착 메커니즘이 행복, 즉 안녕의 기초이자 필수 조건이며, 절대적인 법칙이라는 사실 또한 알게 될 것이다.

06 올바르고 정확하게 생각하기 위해서는 '진실'을 알아야 한다.

진실은 모든 거래 관계, 즉 사회적 관계의 기반이 되는 원칙이다. 진실은 모든 올바른 행동의 전제 조건이기도 하다. 진실을 알고 있다는 확신이 주는 만족감은 그 무엇과도 비교할 수 없다. 의혹과 갈등, 위험이 만연한 세계에서 진실만이 유일하게 든든한 토대가 되어준다.

07 진실을 안다는 것은 무한하고 전능한 힘과 조화를 이룬다는 의미이기도 하다. 다시 말해, 진실을 안다는 것은 저항할 수 없을 만큼 매혹적인 힘, 온갖 형태의 불화와 부조화, 의혹과 오류를 완전히 제거해버리는 힘에 당신을 연결한다는 뜻이다. 요컨대 "진실은 강하기 때문에 결국 승리한다."

08 지극히 보잘것없는 사람일지라도 어떤 행동이 진실에 기반을 두고 있다는 것을 안다면, 그 행동의 결과를 쉽게 예측할 수 있다. 반면, 아무리 하늘을 찌를 듯한 지적 능력과 날카로운 통찰력을 지닌 사람이라 할지라도, 거짓임을 분명히 알면서도 그런 전제하에 희망을 품는다면 길을 잃고 헤매고, 어떠한 결과도 기대할 수 없을 것이다.

09 무지에서 비롯되었든 고의적인 것이든, 진실과 조화를 이루지 못하는 행동은 결국 불화를 초래하며, 그 정도와 성격에 비례하여 손실을 입게 된다.

10 그렇다면 어떻게 진실을 깨달아 우리를 무한한 힘에 연결해

주는 애착 메커니즘과 관계를 맺을 수 있을까?

//   진실이 우주의 마음을 떠받치는 중대한 원칙이고 어디에나 존재한다는 사실을 깨달으면, 우리는 관련된 애착 메커니즘을 정확하게 찾아낼 수 있다. 예컨대 건강이 필요하다면, 당신 안의 '나'가 영적이고 모든 영혼이 하나로 연결되어 있으며, 부분이 있는 곳에는 어김없이 전체가 있어야 한다는 사실을 깨달을 때 건강을 위한 조건이 형성된다. 몸속의 모든 세포가 당신의 눈에 진실을 선명하게 비춰줄 것이기 때문이다. 당신이 질병을 보면 세포들이 질병을 드러내고, 완벽한 건강을 보면 세포들이 완벽한 건강을 보여줄 것이다. "나는 건강하고 완벽하며 강하고 튼튼하고 강인하며 다정하고 화목하며 행복하다"라는 자기 긍정의 주문(呪文)은 조화로운 상태를 만들어낸다. 그런 자기 긍정이 진실과 정확히 부합하기 때문이다. 진실이 드러나는 순간 모든 형태의 오류와 불화는 필연적으로 자취를 감춘다.

12   앞서 언급했듯이 '나'는 영적인 존재이므로, 필연적으로 항상 완벽할 수밖에 없다. 그러므로 "나는 건강하고 완벽하며 강하고 튼튼하고 강인하며 다정하고 화목하며 행복하다"라는 자기 긍정의 선언은 과학적 기준에서 한 치의 어긋남도 없다.

13   생각은 영적인 활동이고, 영혼은 창조적이다. 따라서 이런 생각을 마음에 품은 결과는 생각과 조화를 이루는 환경을 조성하기 마련이다.

14 부가 필요하다면, 먼저 당신 안의 '나'와 하나가 된 우주의 마음이 모든 것의 본질이며 어디에나 존재한다는 사실을 깨달아야 한다. 이는 당신이 끌어당김의 법칙을 작동시키는 데 도움을 줄 것이다. 이 법칙은 당신을 성공으로 이끄는 힘들과 공명하게 하고, 당신의 자기 긍정 선언의 성격과 목적에 직접 비례하는 힘과 풍요의 환경을 조성할 것이다.

15 시각화는 당신에게 필요한 애착 메커니즘이다. 시각화는 단순히 보는 행위seeing와는 근본적으로 다른 과정이다. 보기는 물리적이므로 객관적 세계, 즉 외부 세계와 연관되지만, 시각화는 상상력의 산물이므로 주관적 세계, 즉 내면세계의 결과물이다. 따라서 시각화는 생동감을 띠고 점차 성장해 나간다. 시각화된 것은 형태로 구현된다. 시각화라는 메커니즘 자체는 완벽하다. 시각화는 "모든 것을 훌륭하게 만드시는" 창조주에 의해 설계되었지만, 시각화를 활용하는 사람이 미숙하거나 비효율적인 경우가 많다. 하지만 그런 결함은 연습과 결심으로 충분히 극복할 수 있다.

16 사랑을 원한다면, 먼저 사랑을 베풀어야 한다는 진리를 이해해야 한다. 더 많이 베풀수록 더 많이 받게 된다. 사랑을 줄 수 있는 유일한 방법은 자신이 자석이 될 때까지 사랑으로 가득 채우는 것이다. 그 방법에 대해서는 다른 장에서 이미 설명했다.

17 일상의 작은 일들에 영적 진리를 적용하는 방법을 익힌 사람은 삶의 모든 문제를 해결할 수 있는 열쇠를 쥐고 있는 것과 같다.

위대한 아이디어, 위대한 사건, 위대한 자연물, 위대한 인물들에 가까이 다가갈수록 사람은 항상 활기를 얻고 더 사려 깊어진다. 사람들은 링컨에게 다가설 때 산을 오를 때처럼 가슴속에서 무언가 벅차오르는 느낌을 받았다고 전한다. 진실의 힘을 포함해 영원불변한 것을 마침내 깨달았다는 확신이 들 때 이런 느낌이 가장 강렬하게 밀려온다.

18 이러한 원리들을 직접 실천해본 사람들의 경험담은 우리에게 큰 영감과 동기를 줄 수 있다. 오늘 나는 앤드루스라는 사람에게서 이런 편지를 받았다.

"안녕하십니까, 저는 『노틸러스』 잡지 3월호에 제 경험담을 기고했습니다. 제 글을 선생님의 의도에 맞게 자유롭게 인용하거나 발췌하셔도 좋습니다. 감사합니다.

프레더릭 앤드루스
오드펠로스 빌딩
인디애나폴리스, 인디애나 주

19 내가 열세 살이었을 때였습니다. T.W. 마시 박사가 나의 어머니에게 말했습니다. "희망이 없습니다, 앤드루스 부인. 저도 똑같이 어린 아들을 잃었습니다. 아드님을 위해 제가 할 수 있는 모든 것을 다했습니다. 이런 사례를 깊이 연구하기도 했고요. 제가 아는 한 아드님이 건강을 회복할 가능

성은 없습니다."

20 어머니가 마시 박사를 바라보며 물었습니다. "박사님, 저 아이가 선생님의 자녀라면 어떻게 하실 건가요?" 마시 박사가 대답했습니다. "싸우겠지요. 숨이 붙어 있는 한 끝까지 싸울 겁니다."

21 그래서 길고 지루한 싸움이 시작되었고, 많은 우여곡절이 있었습니다. 의사들은 치료 가능성이 없다는 것을 알았지만, 그럼에도 우리 모자에게 용기를 북돋우며 격려를 아끼지 않았습니다.

22 그러나 마침내 우리는 승리를 거두었습니다. 나는 손과 무릎이 뒤틀리고 구부러진 장애를 이겨내고, 곧은 체격을 지닌 건장하고 튼튼한 남자로 다시 태어났습니다.

23 내가 어떻게 승리를 거두었는지, 그 성공의 비결이 궁금하시겠지요. 최대한 간결하고 신속하게 설명하겠습니다.

24 나는 혼자 자기 긍정의 주문을 만들었습니다. 거기에 내게 가장 필요한 자질들을 모두 담아냈고 틈날 때마다 되뇌었습니다. "나는 건강하고 완벽하며 강하고 튼튼하고 강인하며 다정하고 화목하며 행복하다." 밤에 잠자리에 들기 직전, 그리고 아침에 잠에서 깨어날 때마다 그 주문을 외웠습니다.

25 이 긍정의 문장을 나 자신을 위해 사용했을 뿐만 아니라, 도움이 필요해 보이는 다른 이들을 위해서도 마음속으로 되뇌었습니다. 내가 강조하고 싶은 것은, 당신이 무엇을 원하든 다른 사람을 위해서도 그렇게 확언해주라는 것입니다. 그러면 둘 다 혜택을 받게 됩니다. 우리는 뿌린 대로 거둡니다. 사랑과 건강에 대한 생각을 널리 전하면 물 위에 던진 빵처럼 우리에게 돌아옵니다.* 반면에 두려움과 걱정, 질투와 분노, 증오 등의 생각을 퍼뜨리면 그 결과가 우리 삶에 그대로 반영됩니다.

26 예전에는 인체가 7년 주기로 완전히 새로워진다고 여겼습니다. 그러나 요즘에는 사람이 11개월마다 완전히 다시 만들어진다고 주장하는 과학자가 적지 않습니다. 이 주장이 맞다면 우리는 실질적으로 생후 11개월밖에 되지 않았습니다. 우리가 매년 같은 결함을 우리 몸에 반복해서 만들어낸다면 그 잘못은 오로지 우리의 책임입니다.

27 사람은 자신의 생각으로 빚어진 집합체입니다. 따라서

◇◇◇◇◇◇

* 성경 전도서 11장 1절에는 "너는 네 떡을 물 위에 던져라 여러 날 후에 도로 찾으리라"라는 구절이 있다. 이 구절의 원래 의미는 너그러운 마음으로 자선을 베풀고 선행을 실천하면 결국에는 자신에게 축복으로 돌아온다는 뜻으로 주로 쓰이지만, 현대에 와서는 '당신이 내보내는 에너지가 결국 당신에게 돌아온다'와 비슷한 의미로 자주 사용된다.

"어떻게 하면 좋은 생각만을 즐기고, 부정적인 생각을 떨쳐 낼 수 있을까?"라는 의문이 생깁니다. 처음에는 누구도 사악한 생각이 밀려드는 걸 막을 수 없지만 그런 생각을 품지 않을 수는 있습니다. 그렇게 하는 유일한 방법은 부정적인 생각을 잊어버리는 것입니다. 말하자면, 그런 생각을 다른 것으로 대체하는 것입니다. 예컨대 미리 만들어놓은 자기 긍정적 선언으로 대체하는 것입니다.

28 분노와 질투, 두려움과 걱정의 생각이 슬며시 기어들 때 그 선언문을 읽기 시작하면 됩니다. 어둠과 싸울 때는 빛이 필요하고, 추위와 맞설 때는 온기가 필요하듯 악에는 선으로 맞서 싸워야 합니다. 나 자신이 경험했듯 부정적인 생각으로는 어떤 도움도 얻지 못했습니다. 좋은 것을 긍정하면 나쁜 것은 사라질 것입니다.
프레더릭 앤드루스."

29 당신에게 필요한 것이 있다면, 이 자기 긍정의 주문을 활용해 보는 것이 좋다. 이 주문은 이미 완벽해서, 더 나은 방향으로 수정할 필요가 없다. 그대로 사용하는 것만으로도 충분한 효과를 발휘한다. 이 주문을 조용히 되뇌며 당신의 잠재의식 깊은 곳까지 스며들게 해라. 충분히 익숙해지면, 자동차나 전차, 사무실이나 집 등 어디에서든 이 주문을 활용할 수 있게 된다. 이렇게 시간과 장소에 구애받지 않고 사용할 수 있다는 점이 영적인 방법의 장점이다. 영혼은 언제 어디서나 우리와 함께하며, 항상 우리를 도울 준비가 되어

있다. 우리가 영혼의 무한한 힘을 올바르게 인식하고, 그 유익한 영향을 적극적으로 받아들이려 노력한다면, 그것으로 충분하다.

30   우리가 힘과 용기, 친절과 공감 등을 끊임없이 마음에 품고 있다면, 그에 상응하는 환경이 우리 주변에 자연스럽게 형성될 것이다. 반대로 악의적이고 비판적이며, 시기하고 파괴적인 생각에 사로잡혀 있다면, 그런 부정적인 에너지가 투영된 상황들이 우리 삶에 나타나게 될 것이다.

31   우리의 생각은 씨앗이며, 우리가 경험하는 현실은 그 씨앗이 자라난 열매이다. 바로 이 지점에서 선과 악이 탄생하는 것이다. 생각에는 창조적인 힘이 있어서, 생각의 대상과 자동으로 연결되고 상호작용한다. 이 과정에는 질서 있는 우주의 법칙, 끌어당김의 법칙, 인과응보의 법칙이 작용한다. 우리가 이 법칙을 깨닫고 적용하는 순간, 시작과 끝이 동시에 결정되는 것이다. 예로부터 사람들이 기도의 힘을 믿어 온 이유도 바로 이 법칙 때문이라고 할 수 있다. 이 진리를 더없이 간결하고 명확하게 표현한 말씀이 바로 "네 믿은 대로 될지어다"라는 성경 구절이다.

32   이제 마음의 눈으로 한 식물을 그려보자. 상상의 영역에서 현실로, 당신이 가장 좋아하는 꽃을 생생하게 떠올려보라. 우선 작은 씨앗을 떠올리고, 그것에 물을 주고 정성껏 돌보는 모습을 상상해보라. 따사로운 아침 햇살이 비치는 곳으로 화분을 옮기고, 싹이 트는 과정을 지켜봐라. 어느새 그 새싹은 생명력 넘치는 존재가 되어,

성장에 필요한 것들을 찾아 나선다. 씨앗이 땅속 깊이 뿌리내리며 주변으로 가느다란 뿌리를 뻗어 나가는 모습을 관찰해보라. 그 뿌리는 끊임없이 분열하는 살아있는 세포들로 이루어져 있어, 순식간에 수백만 개의 세포로 불어난다. 놀랍게도 각각의 세포는 지적인 존재여서, 무엇이 부족한지, 그것을 어떻게 얻을 수 있는지 안다. 이제 시선을 위로 돌려, 줄기가 위를 향해 뻗어 나가는 것을 바라보라. 줄기는 땅 위로 모습을 드러내고, 가지를 치며 점점 형체를 갖춰 간다. 가지마다 완벽한 대칭을 이루며 자라난다. 마침내 잎사귀가 돋아나기 시작하고, 이내 작은 줄기들이 생겨나 그 끝에 꽃봉오리를 맺는다. 꽃봉오리가 펼쳐지기 시작하면 당신이 좋아하는 꽃이 모습을 드러낸다. 온 감각을 모아 꽃에 집중하면, 그 향기마저 느낄 수 있을 것이다. 당신이 시각화한 아름다운 창조물이 산들바람에 살짝 흔들릴 때 꽃향기가 당신의 코끝까지 자극하게 된다.

33 이처럼 선명하고 완벽하게 시각화할 수 있게 되면, 우리는 사물의 영혼과도 교감할 수 있게 된다. 그것은 당신에게 매우 실제적인 것이 된다. 당신은 점차 집중하는 방법을 터득하게 될 것이다. 건강, 사랑하는 꽃, 이상, 복잡한 사업 제안, 그 외 삶의 다양한 문제 등 당신이 무엇에 집중하든 그 과정은 모두 같다.

34 결론적으로 모든 성공은 마음속에 목표를 분명히 그리고, 한결같이 집중하는 데서 비롯된다.

생각은 곧 삶을 뜻한다. 생각하지 않는 사람은 엄밀히 말해서
살아있는 게 아니기 때문이다. 생각이 사람을 만든다.

에이머스 브론스 올컷

Q   진정한 행복을 얻기 위한 핵심 요소는 무엇인가?
A   정의롭고 선한 행동의 실천

Q   올바른 행동에 앞서는 선행 조건은 무엇인가?
A   올바른 생각

Q   모든 거래 관계, 즉 사회적 관계의 기초가 되는 조건은 무엇인가?
A   진실을 아는 것

Q   진실을 깨닫게 되면 어떤 이점이 있는가?
A   진실에 기반한 행동은 그 결과를 정확히 예측할 수 있게 해
    준다.

Q   잘못된 전제에 기반한 행동의 결과는 어떠할까?
A   그로부터 어떤 결과가 뒤따를지는 전혀 예측할 수 없다.

Q   어떻게 해야 진실을 알 수 있을까?

A   진실이 우주의 마음을 떠받치는 중대한 원칙이고 어디에나 존
    재한다는 걸 깨달아야 한다.

Q   진실의 속성은 무엇인가?

A   진실은 영적이다.

Q   모든 문제를 해결하는 비결은 무엇인가?

A   영적인 진실을 적용하는 것

Q   영적인 방법의 장점은 무엇인가?

A   언제 어디에서나 사용할 수 있다는 것

Q   필요한 조건은 무엇인가?

A   영적인 힘의 전능함을 올바르게 인식하고, 영혼의 유익한 영
    향을 받으려 적극적으로 애써야 한다.

결국 생각이 세계를 지배한다.

충동과 열정이 더 강력한 때가 있지만, 그것은 금세 사그라든다.

그에 반해 마음은 지속적으로 작용하여 충동과 열정을 제어하고,

감정의 소용돌이가 잦아들 때

제 역할을 다할 준비를 갖춘다.

제임스 맥코시

10장

원인과 결과

❖❖❖ *Insight* ❖❖❖

여기에서 다루는 내용을 완벽하게 이해하면, 명확한 원인 없이는 어떤 일도 일어나지 않는다는 사실을 깨닫게 된다. 이를 통해 정확한 지식을 기반으로 계획을 수립하고, 원인을 효과적으로 다룸으로써 모든 상황을 제어할 수 있는 능력을 갖추게 된다. 또한 성공을 거두었을 때, 그 성공의 이유도 정확히 파악할 수 있다.

보통 사람들은 원인과 결과의 관계를 분명히 인식하지 못하기 때문에 감정이나 기분에 휘둘린다. 그들은 종종 자신의 행동을 합리화하기 위해 사후적으로 이유를 만들어낸다. 가령 사업에 실패하면 운이 나빴다고 변명한다. 음악을 싫어하면 음악이 돈 낭비라는 궁색한 핑계를 댄다. 가난한 사무직 노동자라면, 영업직이었다면 성공할 수 있었을 거라고 말한다. 친구가 없으면 자신의 개성이 너무 뚜렷해서 사람들이 자신을 제대로 이해하지 못한다고 변명한다.

그는 이런 문제의 근원을 끝까지 파고들지 않는다. 요컨대 그는 모든 결과에는 분명한 원인이 있다는 사실을 모른다. 그래서 변명과 핑계로 자신을 위로하려 한다. 달리 말하면, 자기 방어에만 급급하다.

반면, 모든 결과에는 분명한 원인이 있다는 사실을 이해한 사람은 객관

성공의 문을 여는 마스터키

적이고 논리적으로 상황을 분석한다. 결과에 연연하지 않고, 오직 절대적인 사실만을 중시한다. 진실이 어디로 인도하든 기꺼이 따를 뿐이다. 그는 문제의 본질을 끝까지 파고들며, 요구 사항을 완벽하고 공정하게 충족시킨다. 그 결과, 세상은 우정과 명예, 사랑과 인정이라는 형태로 그에게 마땅히 주어야 할 것들을 선사한다.

◈◈◈ Highlights ◈◈◈

이 장에서는 풍요의 법칙Law of Abundance을 다룬다. 자연은 우리 모두에게 풍성한 선물을 주었지만, 많은 사람이 그 혜택을 누리지 못하는 것처럼 보이는 이유를 설명한다. 우리 개개인과 자연의 넉넉한 공급을 연결하는 고리에 대해 언급하고, '우리 자신의 것'을 우리에게 가져다주는 끌어당김의 법칙도 설명한다. 우리의 삶과 경험 모두가 끌어당김의 법칙에 따른 결과라는 사실을 설명한다.

또한 우리의 존재를 구성하는 모든 것을 우리 삶으로 이끌어오는 방법과 그 이유에 대해서도 살펴본다. 풍요의 법칙과 조화를 이루는 방법은 물론, 그러한 조화로운 관계를 바탕으로 건강과 환경 그리고 재정 면에서 바람직한 조건을 만드는 방법도 제시한다. 또한 끌어당김의 법칙이 근본적이고 영원한 진리이므로, 결국 이 법칙에서 벗어날 수 없다는 사실도 증명한다. 꾸준한 성장을 원한다면, 끌어당김의 법칙에 대해 철저히 이해해야 한다.

01   풍요는 우주의 자연법칙 중 하나이다. 그 법칙의 증거는 어디에서나 선명하게 발견할 수 있다. 어디를 둘러봐도 자연은 넘치도록 풍성하지 않은가? 창조된 만물 속에서 인색함은 전혀 찾아볼 수 없다. 풍요로움이 어디에서나 넘쳐난다. 나무와 꽃, 초목과 동물들이 셀 수 없이 많다. 번식이란 원대한 설계에 따라 창조와 재창조의 과정이 끊임없이 이어진다. 이 모든 현상은 인간을 위해 자연이 마련해둔 풍요의 증거라 할 수 있다. 이 풍요가 모두를 위해 준비되었다는 사실은 자명하지만, 많은 이들이 그 풍요를 함께 누리지 못하고 있는 것도 사실이다. 그들이 모든 물질의 보편성을 깨닫지 못했고, 마음이 우리가 원하는 바를 이루어주는 능동적인 원리라는 사실도 제대로 이해하지 못했기 때문이다.

02   모든 부는 힘에서 비롯된다. 소유물은 힘을 부여할 때만 가치 있고, 사건은 힘에 영향을 미칠 때만 의미가 있다. 따라서 세상에 존재하는 모든 것은 어느 정도 힘의 형태와 크기를 대변한다.

03   전기, 화학적 친화력, 중력 등의 자연법칙이 보여주듯, 원인과 결과의 관계를 이해하면 우리는 자신감 있게 계획을 수립하고 과감히 실행할 수 있다. 이런 법칙들이 물리적 세계를 지배한다는 이유로 자연법칙이라 불린다. 그러나 모든 힘이 물리적인 것은 아니다. 정신의 힘, 즉 정신력이 있고, 도덕적 힘과 영적 힘도 있다.

04 영적인 힘은 더 높은 차원에 존재하므로 우월하다. 이 힘 덕분에, 우리는 자연계의 경이로운 힘을 이용해 수십만 명의 일을 대신하게 하는 법칙을 발견할 수 있었다. 또한 시공간의 장벽을 허물고, 심지어 중력의 법칙마저 극복하는 법칙을 발견할 수 있었던 것도 영적인 힘 덕분이었다.

설교자이자 생물학자인 헨리 드러먼드에 따르면, 이 법칙이 작동하려면 영적 접촉이 필요하다.

05 "물질 세계는 유기물과 무기물로 구분된다. 무기물 영역인 광물계는 생명체의 영역인 식물계, 동물계와 뚜렷이 구분되며, 이들 사이의 경계는 명확하게 구획되어 있다. 그 장벽을 뛰어넘는 것은 불가능하다. 물질 변화나 환경 변화로도 광물계 원자에 생명이라는 속성을 부여할 수 없다. 화학적 조작, 전기 등 에너지 형태의 변화나 어떤 방식의 진화로도 그럴 수 없다.

06 살아있는 생명체가 방향을 틀어 이 죽음의 세계로 들어와야만 죽은 원자들이 생명력을 얻을 수 있다. 생명체와의 이러한 접촉이 없다면, 광물계의 원자는 영원히 무기물의 영역에 갇혀 지낼 수밖에 없다. 토머스 헉슬리는 생물 발생설 Biogenesis, 즉 생물체는 이미 존재하는 생물체로부터만 발생할 수 있다는 학설이 모든 분야에서 승리를 거두었다고 말했다. 존 틴들 또한 '단언컨대 우리 시대의 생명체가 이전 시대의 생명체와 무관하게 출현했음을 보여주는 신뢰할 만한 증거

는 단 하나도 없다'라고 했다.

07 물리 법칙은 무기물 세계를 설명할 수 있고, 생물학은
유기물의 발달을 설명하지만, 두 세계가 만나는 지점에 대해
서는 과학도 침묵한다. 자연계와 영적 세계 사이에도 이와
유사한 통로가 있는데, 이 통로는 자연계 쪽에서 막혀 있다.
문은 닫혀 있고, 아무도 그 문을 열 수 없다. 유기적 구조를
변화시키거나, 정신 에너지와 도덕적 노력을 기울이는 등 어
떤 시도로도 인간은 영적 세계에 발을 들여놓을 수 없다."

08 그러나 식물이 광물계로 파고들어 접촉함으로써 생명의 신비
를 드러내 보여주는 것처럼, 우주의 마음 또한 인간의 마음에 내려
와 새롭고 이상하면서도 경이롭고 신비로운 속성을 우리에게 부여
한다. 남녀를 막론하고, 산업계, 경제계, 예술계에서 위대한 업적을
이룬 이들은 모두 이런 과정을 거쳤다.

09 생각은 무한과 유한, 우주와 개인을 이어주는 연결고리이다.
앞서 언급했듯, 유기체와 무기체 사이에는 넘을 수 없는 장벽이 있
다. 어떤 물질이 그 영역을 벗어나 다른 곳으로 뻗어나가려면, 그
물질에 생명이 스며들어야 한다. 씨앗이 광물계에 파고들어 싹을
틔우고 자라기 시작하면, 죽어있던 광물이 생기를 얻고, 보이지 않
는 수많은 손가락이 꿈틀거리며 그 생명체에 알맞은 환경을 조성하
기 시작한다. 이렇게 성장의 법칙이 작용하기 시작하면 그 과정은
계속되어, 마침내 백합이 바위 틈새로 고개를 내민다. "솔로몬의 모

든 영광으로도 입은 것이 이 꽃 하나만 같지 못하였다!"

10 우주의 마음은 만물이 창조된 본향으로 보이지 않는 물질이다. 그 생각이 뿌리를 내리면 성장의 법칙이 작용하기 시작하고, 우리는 조건과 환경이 단지 우리 생각의 객관적 형태일 뿐임을 발견한다.

11 이 법칙을 정리하자면, 생각은 역동적이고 활기찬 에너지로서 그 대상과 깊은 관계를 맺으며, 그 대상을 만물의 창조 근원인 보이지 않는 영역에서 눈에 보이는 현실 세계로 옮겨오는 힘을 지녔다는 것이다. 다시 말해, 이 법칙에 의해 모든 것이 가시적인 세계로 나타나게 된다. 따라서 우리에게 "지극히 높으신 분의 신비로운 경지"에 들어설 수 있게 해주고, 우리에게 "만물을 지배하는 권능"을 부여하는 마스터키가 바로 이 법칙이다. 이 법칙을 깨닫게 되면, 당신은 "하는 일마다 잘되고, 이 빛이 그대가 가는 길을 비추어 줄 것이다".

12 그럴 수밖에 없는 이유는 이렇다. 지금 우리가 알고 있듯, 우주의 영혼이 곧 우주의 정신Universal Spirit이라면, 우주는 그 정신이 자신을 위해 창조해낸 조건에 불과하다. 이러한 관점에서 볼 때, 우리 각자는 개별화된 영적 존재로서, 우리 자신의 성장에 필요한 조건들을 그와 똑같은 방식으로 만들어가고 있는 셈이다.

13 이러한 창조의 힘은 우리가 영혼이나 마음의 잠재력을 인식

하고 받아들이는 데 달려 있으며, 진화와 혼동되어서는 안 된다. 창조란 객관 세계에 존재하지 않던 것을 존재하게 하는 작업이고, 진화란 이미 존재하는 것 안에 내재한 잠재력이 펼쳐지는 과정이다.

14 이 원리를 통해 우리에게 열린 놀라운 가능성을 실현하기 위해서는, 위대한 스승의 말씀처럼 우리가 이 법칙의 작용에 직접적으로 개입할 수 없음을 인정해야 한다. "내가 하는 말은 내 뜻이 아니라, 내 안에 계신 아버지께서 하시는 일"*이라는 가르침을 기억해야 한다. 우리는 그 법칙의 발현을 도울 수 없으므로 그저 법칙에 충실할 따름이며, 모든 것의 근원인 마음에 결과를 맡기는 자세를 항상 유지해야 한다.

15 무한한 존재는 지성을 통해 특정한 목적이나 결과를 끊임없이 창출해낸다. 그런데 요즘은 인간이 그런 지성의 원천이 되어야 한다는 생각이 만연하다. 이는 현 시대의 심각한 오류라 할 수 있다. 그런 종류의 지성은 전혀 필요치 않다. 우주의 마음에 의지하여 표현에 필요한 수단과 방법을 찾는 것으로 충분하다. 하지만 우리에게도 해야 할 역할이 있다. 바로 선명하고 완벽한 이상을 마음속에 그리는 일이다.

◇◇◇◇◇◇

* 성경 요한복음 14장 10절의 구절로 정확한 본문은 다음과 같다(개역개정역). "내가 너희에게 이르는 말은 스스로 하는 것이 아니라 아버지께서 내 안에 계셔서 그의 일을 하시는 것이라."

16　우리는 전기를 지배하는 법칙들을 활용해 이 보이지 않는 힘을 우리의 이익과 편안함을 위해 수천 가지 방식으로 제어하고 사용할 수 있게 되었다. 전기 덕분에 메시지가 전 세계로 신속히 전파되고, 거대한 기계들이 전기의 명령에 따라 작동하며, 사실상 지구 전체가 밝게 빛나게 된 것은 사실이다. 그러나 의식적으로든 무지에서든 간에 전기 법칙을 어기고, 전류가 흐르지만 제대로 절연되지 않은 전선을 만진다면 바람직하지 않은, 때로는 비극적인 결과가 초래되는 것도 우리는 알고 있다. 보이지 않는 세계를 지배하는 법칙들에 대한 이해가 부족할 때도 이와 같은 일이 일어난다. 그로 인해 많은 이들이 오랫동안 고통받아 왔다.

17　인과 법칙은 극성의 원리에 기반하여 작동한다고 이해할 수 있다. 회로가 형성되어야 하지만, 우리가 인과 법칙을 따르지 않으면 회로는 완성되지 않는다. 그렇다면 인과 법칙이 무엇인지 모른 채 어떻게 그에 부합하는 행동을 할 수 있을까? 인과 법칙이 무엇인지 어떻게 알 수 있을까? 답은 간단하다. 학습하고, 세심히 관찰하는 것이다.

18　인과 법칙이 작용하는 예는 어디에서나 쉽게 발견할 수 있다. 자연계 전체가 성장의 법칙에 따라 조용히 자신을 표현하며 인과 법칙의 실재를 입증한다. 성장이 있는 곳에는 반드시 생명이 있고, 생명이 있는 곳에는 반드시 조화가 있어야 한다. 따라서 생명체는 자신을 가장 완전하게 표현하는 데 필요한 조건과 재료를 끊임없이 자신에게로 이끌어온다.

19 　당신의 생각이 자연의 창조 원리와 조화를 이룬다면 그것은 우주의 무한한 마음과 공명하게 된다. 그러므로 당신의 생각은 회로를 형성하며 당신에게로 돌아올 때 헛되이 오지 않는다. 하지만 우리는 때로 무한한 마음과 일치하지 않는 생각을 하기도 한다. 그럴 때는 극성이 형성되지 않아 회로가 완성되지 않는다. 그 결과는 무엇일까? 발전기가 전기를 생산하려 할 때 어떤 일이 벌어질까? 회로가 단절되고, 전기를 방출할 출구도 없어진다. 결국 발전기는 멈추고 만다.

20 　이는 당신에게도 동일하게 적용된다. 만약 당신의 사고가 우주의 마음과 조화를 이루지 못해 극성이 형성되지 않고 회로가 완성되지 않는다면, 당신은 고립된 존재, 즉 섬과 같은 상태에 놓이게 된다. 생각은 당신에게 들러붙어 괴롭힐 것이다. 그래서 당신은 걱정과 불안에 사로잡히고, 결국에는 병에 걸리거나 최악의 경우 목숨까지 잃을 수 있다. 이런 상황에서 의사는 당신의 증상을 정확히 진단하지 못한 채, 잘못된 생각에서 비롯되었지만 궁극적 원인은 하나인 다양한 질병에 그럴듯한 이름을 붙일지도 모른다.

21 　긍정적이고 건설적인 사고는 본질적으로 창조적 특성을 지닌다. 창조적인 생각은 조화로워야 한다. 이렇게 되면 파괴적이고 시기하는 생각은 자연스레 사라진다.

22 　지혜, 강인함, 용기와 같은 모든 긍정적 특성은 강력한 내적 힘에서 비롯된다. 앞서 살펴보았듯이, 모든 힘은 내면에서 비롯된

다. 이와 마찬가지로 결핍과 제약 등 부정적인 상황은 나약함의 결과물이다. 나약함은 단순히 힘의 부재일 뿐이다. 따라서 나약함에는 근원이 없다. 나약함은 실체가 없는 것이다. 그러므로 나약함을 극복하는 비결은 힘을 기르는 것이다. 나약함을 이겨내는 방법은 힘을 키우는 방법과 전혀 다르지 않다. 바로 연습과 훈련이다!

23   실천의 핵심은 당신이 습득한 지식을 실제 상황에 적용하는 것이다. 지식 그 자체는 스스로 적용되지 않는다. 당신이 적용 주체가 되어야 한다. 풍요로움은 하늘에서 갑자기 떨어지거나 당신의 무릎 위로 굴러오지 않는다. 끌어당김의 법칙을 의식 차원에서 깨닫고, 그 법칙을 명확하고 구체적인 목표에 적용하며 그 목표를 반드시 성취하겠다는 의지가 있을 때, 이른바 '전이의 법칙'law of transference에 따라 당신의 꿈이 현실로 구현될 수 있다. 당신이 사업을 하고 있다면, 기존의 정해진 경로를 통해서도 사업은 성장하고 번창하겠지만, 예기치 못한 새로운 유통 채널까지 열리게 될 것이다. 끌어당김의 법칙과 전이의 법칙을 최대로 작용하면, 당신이 찾고자 하는 것이 오히려 당신을 찾아오는 놀라운 결과를 경험하게 된다.

24   이번 연습을 위해, 평소 자주 앉는 장소에서 벽의 한 지점을 선택하고, 그 지점에서 시작하여 마음속으로 약 15센티미터 길이의 검은 수평선을 그려보라. 그리고 그 선이 벽에 실제로 그어진 것처럼 선명하게 보이도록 해보라. 다음으로 수평선 양 끝에서 두 개의 수직선을 그리고, 다시 그 두 수직선을 연결하는 수평선을 그려

보라. 그러면 마음속에 정사각형이 완성된다. 그 정사각형을 완벽하게 보이게 하려고 노력해보라. 이어서 정사각형을 둘러싸는 원을 그리고, 원의 중심에 점을 찍어라. 그 점을 당신 쪽으로 10센티미터 정도 잡아당기면, 바닥이 정사각형인 원뿔이 그려진다. 지금까지는 검은색으로 작업했다. 이제 흰색, 붉은색, 노란색으로 같은 과정을 반복해보라.

25 이 연습을 성실히 수행하면 집중력이 크게 향상되어, 당신은 마음에 품은 어떤 문제에도 집중할 수 있게 될 것이다.

어떤 목적이나 목표가 우리의 생각 속에 명확히 정립되면, 그 목표가
눈에 보이는 구체적인 형태로 실현되는 것은 시간문제일 뿐이다.
무언가가 실현되기 위해서는 항상 시각화가 선행되어야 한다.

릴리언 화이팅Lillian Whiting

⟨⟨⟨ Q & A ⟩⟩⟩

Q   진정한 부의 본질은 무엇인가?

A   부는 내적인 힘의 외적 표현이다.

Q   소유물이 진정한 가치를 갖는 시점은 언제인가?

A   그것이 우리에게 힘을 부여할 때 진정한 가치를 지닌다.

Q   인과관계를 이해하는 것의 실질적 이점은 무엇인가?

A   이를 통해 우리는 자신감 있게 계획을 수립하고 두려움 없이
    행동할 수 있게 된다.

Q   무기물 세계에서 생명은 어떻게 시작되는가?

A   살아있는 생명체가 들어와야만 가능하며, 다른 방법은 없다.

Q   유한 세계와 무한 세계를 연결하는 고리는 무엇인가?

A   생각이 그 연결 고리이다.

Q   그 이유가 무엇인가?

A   우주의 마음은 개별적인 존재를 통해서만 표현되기 때문이다.

Q   인과 법칙은 무엇에 기반을 두는가?

A   극성에 기반해 회로가 형성되어야 한다. 우주의 마음이 생명의
    전지에서 양극이면 개체는 음극이며, 생각은 회로를 만든다.

Q 많은 사람이 조화로운 조건을 만드는 데 실패하는 이유는 무엇일까?

A 인과 법칙의 본질을 제대로 이해하지 못해, 필요한 극성과 회로가 형성되지 않기 때문이다.

Q 해결책은 없는가?

A 끌어당김의 법칙을 의식 차원에서 깨닫고, 그 법칙을 명확하고 구체적인 목표에 의도적으로 적용해야 한다.

Q 그 결과는 어떻게 되는가?

A 생각은 그 대상과 상호작용하며, 그 대상을 외부 세계로 드러나게 한다. 생각은 영적인 존재의 창조물이고, 영혼은 우주의 창조 원리이기 때문이다.

생생한 생각에는 그 생각에 색을 입힐 수 있을 정도로
강력한 힘이 내재되어 있다. 그 생각이 현실 세계에 미치는 영향력은
그 사고의 깊이에 비례한다.

랄프 왈도 에머슨

11장

자연의
응답

우리의 삶은 법칙, 즉 결코 변하지 않는 실질적이고 불변하는 원리에 지배받는다. 이 법칙은 언제 어디서나 작용한다.

인간의 모든 행위를 지배하는 일정한 법칙이 존재한다. 그렇기에 거대 산업체를 운영하는 이들은 수만 명의 직원 중 얼마나 많은 비율이 주어진 조건에 어떻게 반응할지 정확히 예측할 수 있는 것이다.

그러나 모든 결과에는 원인이 있지만, 그 결과 자체가 또 다른 원인이 되어 새로운 결과를 낳고, 그 결과가 다시 원인이 된다는 사실을 잊어서는 안 된다. 따라서 끌어당김의 법칙을 적용하는 순간, 당신은 좋든 싫든 끝없이 이어질 수 있는 인과의 사슬을 풀어놓기 시작한 셈이라는 점을 명심하라.

우리는 종종 이런 말을 듣는다. "내 삶에 매우 괴로운 상황이 찾아왔는데, 이것이 내 생각의 결과일 리 없어. 그런 결과를 낳을 만한 생각을 한 적이 전혀 없거든." 하지만 정신의 영역에서는 유유상종의 법칙이 작용해 비슷한 것들이 서로를 끌어당긴다는 사실을 망각한 것이다. 가령 우리가 마음속에 품는 생각이 특정 유형의 우정이나 유대감을 불러오고, 그로 인해 형성된 조건과 환경이 결국 우리가 불평하는 상황을 초래할 수 있다는 점은 잊은 것이다.

이번 장에서는 우리가 무한히 작은 것뿐 아니라 무한히 큰 것도 결국 힘과 운동, 생명과 마음으로 이루어져 있음을 발견해 가는 과정을 설명한다. 우리는 자연의 복잡한 작용과 밀접한 관계를 맺게 되고, 거대한 자연의 조직에 익숙해지는 과정에 관해서도 함께 다룬다. 나아가 만물을 존재하게 하는 우주의 창조력을 활용하는 방법에 대해서도 간략히 설명한다. 우리가 삶에서 마주하는 모든 문제를 해결하는 데 이 경이로운 힘을 어떻게 적용하고 이용할 수 있는지도 제시한다.

Master Key System ─────────────────────────

01   귀납적 추론은 다양한 개별 사례를 객관적으로 관찰하고 분석하여 공통된 패턴이나 원리를 도출하는 과정이다.

02   귀납법은 다양한 사실들을 체계적으로 비교하고 분석하는 방식으로 이루어진다. 이러한 자연 연구 방법을 통해 법칙의 지배reign of law, 즉 인류의 발전에 한 획을 그은 '법의 시대'가 도래했다.

03   귀납법은 미신과 이성을 가르는 분기점이다. 귀납법을 통해 불확실하고 변덕스러운 요소들이 인간의 삶에서 제거되고, 그 자리를 법칙과 이성 그리고 확실성이 대신하게 되었다.

04   귀납법은 앞서 언급한 '문지기'와도 같은 역할을 한다.

05   귀납의 원리가 등장하면서, 감각에 익숙했던 세계가 혁명적으로 변모했다. 태양이 그 궤도에서 멈추고 평평해 보이던 지구가 둥근 공 모양으로 변한 뒤 태양 주위를 공전하기 시작했다. 불활성 물질이 활성 원소들로 분해되고,* 망원경과 현미경이 가리키는 곳마다 힘과 운동, 생명이 가득한 우주가 드러났다. 이때 우리는 그 중심에 자리한 정교한 조직이 어떤 가능한 방법으로 질서를 유지하고 회복하는지에 대해 의문을 품지 않을 수 없었다.

06   유사한 극(極)과 유사한 힘은 서로 밀어내고, 서로 섞이지 않는다. 이로 인해 별들이 충분한 간격을 두고 배열되는 것처럼 보인다. 사람과 힘도 마찬가지다. 상이한 장점을 지닌 사람들이 협력 관계를 맺듯, 반대되는 극은 서로를 끌어당긴다. 산(酸)과 기체처럼 공통점이 전혀 없는 요소들이 가장 먼저 서로에게 이끌리고, 잉여물과 수요 사이에서 전반적인 교환이 일어난다.

07   우리의 시각이 보색을 통해 균형을 찾듯이, 필요와 욕구 그리

◇◇◇◇◇◇

* 과거에는 물질을 불활성 물질(inactive matter)과 활성 물질(active matter)로 나누었다. 불활성 물질은 반응성이 없고 변화하지 않는 것으로 여겨졌지만, 과학이 발전하면서 이런 물질도 실제로는 반응성이 있는 활성 원소들로 이루어져 있다는 사실이 밝혀졌다. 예를 들어, 물은 예전에는 불활성 물질로 여겨졌지만 오늘날에는 물이 수소와 산소라는 활성 원소로 이루어져 있음을 알고 있다.

고 열망 또한 가장 넓은 의미에서 우리의 행동을 유발하고, 인도하며, 결정짓는다.

08 이러한 원리를 인식하고, 그에 부합하게 행동하는 것은 우리의 특권이다. 고생물학의 창시자인 조르주 퀴비에Georges Cuvier는 멸종한 동물의 이빨 하나만 보고도, 그 이빨이 제 기능을 발휘하는 데 필요한 몸을 정확히 계산해내어 그 동물의 전체적인 골격을 복원할 수 있었다.

09 천왕성의 운동에는 섭동(攝動)이 관찰되었다. 영국의 천문학자 존 쿠치 애덤스와 프랑스의 천문학자 위르벵 르베리에Urbain Le Verrier는 각자 태양계가 질서를 유지하기 위해서는 어딘가에 또 다른 행성이 존재해야 한다고 계산해냈다. 이렇게 해서 해왕성의 존재와 위치가 예측되었다.

10 멸종된 동물의 본능적 욕구와 퀴비에의 지적 열망, 자연이 부족한 부분을 메우려는 속성, 그리고 르베리에와 애덤스의 탐구심은 서로 닮아 있었고, 그 결과도 비슷했다. 다시 말해, 어떤 실체를 마음에 그릴 때 그것이 생겨나는 것이다. 따라서 명확하게 정의된 타당한 욕구로부터 자연이 복잡하게 작동하는 이유를 설명할 수 있다.

11 우리는 자연의 메시지를 정확히 해석하고, 과학의 새로운 발견을 바탕으로 우리의 인식 범위를 자연의 표면적 현상 너머로 확

장해왔다. 또한 지구를 움직이는 지렛대에 대해 더욱 심층적으로 이해하게 되었다. 그 결과, 외부 세계와 더 다양하고 친밀하며 깊이 있게 교감할수록, 우리의 욕구와 목적이 자연이라는 거대한 조직의 조화로운 작동과 밀접하게 연관되어 있음을 깨달았다. 이는 마치 시민의 삶과 자유, 행복이 정부의 존재와 긴밀히 연결되어 있는 것과 다르지 않다.

12 마치 개인의 이익이 국가의 군사력으로 보호되고, 수요가 보편적이고 지속적일수록 안정적 공급이 이루어지듯, 자연계에서도 우리는 더 높은 힘과 의식적으로 협력함으로써 하위 요소들의 방해로부터 자신을 지킬 수 있다. 예를 들어, 우리는 기계나 화학 물질이 지닌 고유의 특성을 이해하고 활용함으로써, 그것들과 인간 사이의 작업을 최적으로 분배하여 발명가와 사용자 모두에게 이로운 결과를 얻을 수 있다.

13 만약 플라톤이 사진가의 도움으로 태양이 창조해낸 장엄한 광경을 목격할 수 있었다면, 그리고 인간이 귀납적 추론을 통해 그려낸 수많은 유사한 이미지들을 볼 수 있었다면, 그는 자신의 스승 소크라테스의 지적 산파술을 떠올렸을 것이다. 그는 아마도 이런 광경을 상상했을 것이다. 인간의 육체노동과 기계의 작업이 자연의 힘과 조화롭게 어우러지고, 우리의 정신적 의지만으로 욕구가 충족되며, 수요가 공급을 창출하는 이상적인 세상 말이다.

14 이상적인 세계가 아직 멀리 있어 보일지라도, 귀납적 사고는

우리에게 그 방향으로 끊임없이 나아갈 것을 독려하며, 과거의 충실함에 대한 보상이자 더욱 분발하라는 격려로 여러 혜택을 제공해 왔다.

15 귀납법은 남은 여정 동안 우리의 역량을 집중하고 강화하는 데에도 도움을 주며, 마음을 가장 순수한 형태로 활용함으로써 개인적 문제뿐 아니라 보편적 문제에 대해서도 정확한 해결책을 제공한다.

16 이로부터 우리는 중요한 원리를 발견한다. 그것은 "우리가 추구하는 바를 이루려면, 그것이 이미 성취되었다고 믿어야 한다"라는 것이다. 이는 플라톤이 우리에게 남긴 지혜로, 만약 그가 그렇게 믿지 않았다면 생각이 어떻게 실현되는지 발견하지 못했을 것이다.

17 이 개념은 스웨덴의 신학자 에마누엘 스베덴보리에 의해 한층 더 세련되게 다듬어졌다. 마가복음에서도 "무엇이든지 기도하고 구하는 것은 받은 줄로 믿으라 그리하면 너희에게 그대로 되리라"(11:24)라고 말하고 있다. 이 구절에서 시제 차이가 특히 주목할 만하다.*

◇◇◇◇◇◇

* "[이미] 받은 줄로 믿으라"라는 표현은 미래에 일어날 일을 마치 이미 일어난 것처럼 과거 시제로 표현하고 있다.

18   우리는 목표의 실현을 이미 이루어진 것으로 믿음으로써 그 목표가 실제로 달성된다는 원리를 인식한 최초의 세대이다. 이 가르침은 우리가 바라는 바를 기정사실로 우주의 주관적 마음에 각인시킴으로써 생각의 창조력을 활용하는 방법을 보여주는 간결한 지침이 아닐 수 없다.

19   이렇게 함으로써 우리는 절대적인 차원에서 생각하고 있는 것이다. 모든 조건이나 한계에 대한 고려를 없애고, 하나의 씨앗을 심는 것이다. 이 씨앗을 그대로 두면 결국에는 눈에 보이는 결실로 자라날 것이다.

20   종합하면, 귀납적 추론은 다양한 구체적 사례들을 객관적으로 관찰하고 분석하여 보편적 원리를 찾아내는 과정이다. 지구상의 모든 문명국 국민도 어떤 결과가 발생하는 과정을 충분히 이해하지 못한 채, 여러 이유를 대며 습관적으로 신비로운 일이라고 말하곤 한다. 우리에게 이성이 부여된 이유는 아마도 이러한 결과들을 낳는 법칙을 발견하라는 뜻일 것이다.

21   다른 이들은 애써 노력해야 얻을 수 있는 것을 모두 갖춘 행운아들에게서 주로 이런 사고방식을 볼 수 있다. 그들은 언제나 바르게 행동하고, 꼼꼼하게 처신하며, 모든 것을 쉽게 배우고, 시작한 일을 재빠르고 훌륭하게 완수하며, 자신과 항상 조화를 이루며 살아가기에 양심의 가책을 받아본 적이 없어 자신의 행위를 깊이 반성하거나, 땀 흘려 고생해본 적이 없는 이들이다.[*]

22   즉, 이러한 사고방식의 효과는 일종의 신의 은총과 같다. 하지만 아직 소수만이 그 진정한 가치를 이해하고 인정하고 있다. 적절한 조건 속에 있는 사람들에게만 허락된 이 놀라운 힘을 인식하고, 우리가 삶에서 직면하는 모든 문제를 해결하는 데 그 힘을 이용할 수 있다는 사실은 그 무엇보다 중요하다.

23   진리의 본질은 현대 과학의 용어로 설명하든 사도 시대의 언어로 표현하든 변하지 않는다. 진리의 완전성 그 자체는 다양한 형태로 나타날 수 있다는 점을 깨닫지 못하는 우유부단한 영혼들이 적지 않다. 하지만 인간이 고안해낸 어떤 공식으로 진리의 모든 측면을 완벽히 담아낼 수 있을까?

24   일부는 새로운 해석이나 관점의 변화를 진리에서 벗어난 것으로 여기지만, 사실은 그 반대다. 이러한 현상들은 오히려 진실이 시대와 상황에 맞게 새롭게 해석되고 더 많은 사람들에게 이해되고 있다는 것을 보여주는 증거이다.

25   진실은 다양한 방식으로 표현되며, 모든 세대와 국경을 넘어 전 인류에게 전달되어야 한다. 마가복음의 저자는 "구하는 것은 무엇이든지, 이미 받은 줄로 믿으라"라고 말했고, 바울은 "믿음은 보

◇◇◇◇◇◇

* 성공한 사람들의 사고방식과 행동 양식이 남들과는 다르게 보일 수 있지만, 그 이면에는 올바른 원칙과 가치관이 자리잡고 있음을 시사한다.

이지 않는 것들의 증거"라고 했다. 한편 현대 과학은 "끌어당김의
법칙은 생각이 그 대상과 연결되는 법칙"이라고 설명한다. 이 말들
을 깊이 분석해보면 본질적으로 다르지 않은 진리가 발견되며, 유
일한 차이는 표현 방식뿐이다.

26   우리는 현재 혁신적인 시대의 전환점에 있다. 성공의 핵심을
이해하고, 이전에 상상했던 그 어떤 것보다도 놀라운 새로운 사회
질서를 향한 문이 열리고 있다. 현대 과학과 신학의 대립, 비교 종
교학의 발전, 엄청난 파급력을 지닌 새로운 사회 운동 등은 새로운
질서로 가는 길을 열어주고 있을 뿐이다. 그 과정에서 일부 전통은
무너지고 사라질 수 있겠지만, 진정한 가치를 지닌 전통은 결코 사
라지지 않을 것이다.

27   새로운 믿음이 태어났다. 이 믿음은 새로운 표현 방식을 요구
하고 있다. 이 믿음은 힘에 대한 깊은 의식 속에서 형태를 갖추고
있으며, 이는 지금 우리 주변 어디에서나 볼 수 있는 영적 활동으로
나타나고 있다.

28   광물에서는 잠들어 있고, 식물에서는 숨 쉬며, 동물에서는 움
직이다가 인간에 이르러 최고의 발달 단계에 도달하는 정신, 바로
그것이 우주의 마음이다. 따라서 우리는 우리에게 주어진 지배권을
정확히 이해함으로써 존재being와 행위doing, 이론과 실천 사이의 간
극을 메워야 한다.

29 인류 역사상 가장 위대한 발견은 생각의 힘이다. 이 발견의 중요성이 대중의 인식 속에 자리 잡는 데는 시간이 걸렸지만, 이제는 그 중요성이 모든 연구 분야에서 입증되고 있다.

30 생각의 창조력은 어디에서 비롯될까? 생각의 창조력은 아이디어를 만들어내는 데 있으며, 아이디어는 자원 배분, 관찰, 발명, 발견, 분석 그리고 관리를 통해 물질과 에너지를 조합하고 응용함으로써 구체적이고 실질적인 형태로 구현된다. 생각이 지적인 창조력이기에 이러한 일이 가능하다.

31 생각이 깊은 내면을 탐구할 때, 다시 말해 자아라는 좁은 울타리를 뛰어넘어 진리에서 진리로 도약하며, 현재뿐 아니라 과거와 미래에도 존재하는, 모든 것이 하나로 어우러져 거대한 조화를 이루는 곳, 즉 영원한 빛이 가득한 영역에 이를 때 가장 숭고한 행위가 된다.

32 이러한 자기 성찰 과정에서 창조적 지성이라는 영감이 탄생한다. 영감이 자연계의 모든 요소와 힘, 자연법칙보다 우월하다는 사실은 부인할 수 없다. 영감은 그 모든 것을 이해하고 수정하며 관리하고 자신의 목적에 맞게 활용할 수 있으며, 궁극적으로는 그 모든 것을 소유하기 때문이다.

33 지혜는 이성의 각성에서 시작된다. 이성은 단순한 지식과 원리의 이해를 넘어, 우리에게 사물의 본질을 깨닫게 하는 도구이다.

따라서 지혜는 계몽된 이성이며, 이러한 지혜는 겸손으로 이어진다. 겸손이야말로 지혜의 핵심을 이루기 때문이다.

34 우리 모두 알다시피, 불가능해 보이는 일을 해낸 사람들, 평생의 꿈을 실현한 사람들, 자신은 물론 주변의 모든 것을 변화시킨 사람들이 있다. 가장 절실한 순간에 마치 손에 잡힐 듯한 마법의 힘을 발휘하는 그들의 모습에 우리는 경외감을 느꼈다. 이제 모든 것이 분명해졌다. 성공에 필요한 것은 명확한 기본 원칙과 그것을 적절히 적용하는 방법에 대한 이해뿐이다.

35 현재 우리에게 필요한 실천을 위해 "무엇이든지 기도하고 구하는 것은 받은 줄로 믿으라 그리하면 너희에게 그대로 되리라"라는 성경의 지혜에 주목할 필요가 있다. 여기에는 어떤 제한도 없다. '무엇이든'은 문자 그대로 모든 것을 의미한다. 우리에게 주어진 유일한 제약은 우리의 사고력, 상황에 자신을 동일시하는 능력, 어려움에 대처하는 능력, 그리고 믿음이 허상이 아니라 실체, 즉 "믿음은 바라는 것들의 실상이요 보이지 않는 것들의 증거"라는 사실을 기억하는 능력이다.

성공의 문을 여는 마스터키

❈ *Q & A* ❈

Q 귀납적 추론이란 무엇인가?

A 귀납적 추론은 다양한 개별 사례들을 객관적으로 관찰하고 분석하여 보편적 원리를 도출하는 체계적 과정이다.

Q 귀납법 연구 방법론이 이루어낸 성과는 무엇인가?

A 귀납법은 인류 발전 과정에서 새로운 전기를 마련한 법치reign of law의 발견으로 이어졌다.

Q 행동을 유도하고 결정하는 것은 무엇인가?

A 필요와 욕구, 열망이 광범위하게 행동을 이끌고 결정짓는다.

Q 모든 개인적인 문제를 조금의 실수도 없이 정확히 해결하는 방법은 무엇인가?

A 우리가 원하는 바가 이미 이루어졌다고 믿는 것이다. 그러면 성취가 자연스럽게 뒤따른다.

Q 어떤 위대한 스승들이 그렇게 가르쳤는가?

A 예수, 플라톤, 에마누엘 스베덴보리

Q 이러한 사고방식의 결과는 무엇인가?

A 우리는 절대적인 차원에서 생각하고 있다. 마치 하나의 씨앗을 심는 것과 같다. 이 씨앗을 그대로 두면 결국에는 눈에 보

11장 자연의 응답   **207**

이는 결실로 자라날 것이다.

Q　이런 가르침이 과학적으로 정확한 이유는 무엇인가?

A　자연의 법칙이기 때문이다.

Q　믿음이란 무엇인가?

A　"믿음은 바라는 것들의 실상이고, 보이지 않는 것들의 증거
이다."

Q　끌어당김의 법칙이란 무엇인가?

A　믿음이 외부로 표현될 때 적용되는 법칙이다.

Q　끌어당김의 법칙은 어떤 이유에서 중요한가?

A　끌어당김의 법칙을 통해 불확실하고 변덕스러운 요소들이 인
간 삶에서 제거되고, 법칙과 이성, 확실성이 그 자리를 대신하
기 때문이다.

죽음은 모든 물질적 존재가
새로운 형태로 변화하기 위한
자연의 순환 과정에 불과하다.

12장

끌어당김의
법칙

특정 아이디어에 깊이 몰입하면, 그와 연관된 사고들이 자연스럽게 떠오르고, 그 개념을 담은 표현의 다층적 의미를 파악하게 된다. 이를 통해 우리가 집중하는 중요한 지식이 내포한 완전한 의미를 쉽게 이해할 수 있다.

지식은 저절로 적용되지 않는다. 우리 각자가 주도적으로 적용해야 한다. 지식을 적용하는 것은 생각이라는 토양에 분명한 목적이라는 비료를 주는 것과 같다.

많은 이들이 무계획적으로 노력하며 시간과 에너지를 소모하지만, 명확한 목적을 가지고 집중적으로 시간과 사고를 투자하면 놀라운 성과를 거둘 수 있다. 이를 위해서는 정신의 힘을 특정 생각에 집중하고 다른 모든 생각을 제쳐두어야 한다. 카메라 렌즈를 통해 봤을 때, 피사체에 초점이 맞지 않으면 윤곽이 흐릿하고 불분명하다. 하지만 초점이 잘 맞춰지면 선명하고 또렷한 사진을 얻을 수 있다. 이 비유는 집중의 힘을 잘 보여준다. 우리가 마음속에 그리는 목표에 집중하지 못하면, 윤곽이 흐릿하고 조잡하며 모호하고 희미한 결과만 얻게 될 것이다. 우리가 최종적으로 얻는 결과는 머릿속에 그려본 이미지의 선명도에 비례한다.

여기서는 많은 사람이 공짜로 무언가를 얻을 수 있다는 잘못된 생각에
빠지게 하는 그럴듯한 거짓말에 대해 다룬다. 성공에는 지름길이 없다.
무언가를 얻기 위해서는 먼저 무언가를 주어야 한다. 돈이 아니라면 도
움이나 혜택과 같은 다른 형태로라도 대가를 치러야 한다. 예를 들어
시간과 생각을 투자해야 한다. 보상의 법칙Law of Compensation에는 "눈에
는 눈" 원칙이 적용된다. 마지막으로, 이러한 원칙들을 이해하고 적용
함으로써 우리가 자연의 무한한 자원에 접근할 수 있는 방법을 만들 수
있다고 설명한다. 이는 우리의 노력과 투자가 어떻게 우주의 풍요로움
에 접근하는 열쇠가 될 수 있는지를 보여준다.

Master Key System ——————————————————

01 생각의 창조적 힘을 과학적으로 이해한다면, 우리 삶에서 달
성할 수 없는 목표는 없다.

02 생각의 힘은 본래 모든 사람에게 공평하게 주어진다. 인간은
생각하기에 존재한다. 인간의 사고력은 무한하다. 따라서 인간의
창조력에는 한계가 없다.

03 우리 모두 알다시피, 생각은 지금 우리가 생각하는 것을 창조
하고, 그것을 우리에게 더욱 가까이 끌어당긴다. 그럼에도 우리는

종종 두려움과 불안, 낙담에서 벗어나기 어렵다고 느낀다. 그러한 부정적인 생각들 역시 강력해서, 우리가 원하는 것을 계속 밀어내기만 한다. 그 결과, 우리가 목표를 향해 한 걸음 내디딜 때마다 목표는 두 걸음 물러선다.

04 이런 후퇴를 막는 유일한 방법은 계속 전진하는 것이다. 끊임없는 주의와 노력이 성공의 필수 조건이다. 성공으로 가는 길에는 세 단계가 있으며, 각 단계는 절대적으로 중요하다. 첫째, 자신이 가진 힘을 알아야 한다. 둘째, 도전할 용기가 필요하다. 셋째, 반드시 해낼 수 있다는 믿음을 가져야 한다.

05 이 세 단계를 기반으로, 우리는 이상적인 비즈니스, 가정, 인간관계 그리고 생활 환경을 만들 수 있다. 재료나 비용에는 제한이 없다. 생각은 전능하므로, 필요한 것은 무엇이든 무한한 자원의 저장고에서 꺼내 쓸 수 있기 때문이다. 바꿔 말하면, 무한한 자원이 우리 손안에 있는 셈이다.

06 하지만 이러한 이상은 명확하고 구체적이며 일관성 있게 유지되어야 한다. 오늘 꿈꾸는 이상이 내일 바뀌고, 다음 날 또 달라진다면 당신의 힘은 분산되어 아무것도 이루지 못할 것이다. 그렇게 되면 당신이 얻는 결과물은 소중한 재료들을 낭비하고 무의미하게 뒤섞어놓은 잡동사니에 불과할 것이다.

07 불행히도 많은 사람이 이런 결과를 맞이하는데, 그 이유는 명

백하다. 조각가가 대리석 블록과 정으로 작업을 시작한 후 15분마다 마음을 바꾼다면 어떤 결과물이 나오겠는가? 우리가 가장 경이롭고 유연한, 즉 유일하게 실재하는 무언가를 만들 때 다른 결과를 기대할 이유가 있겠는가?

08 이러한 우유부단함과 비관적 사고는 때때로 재정적 손실로 이어질 수 있다. 오랜 세월 공들여 쌓아온 독립이 순식간에 무너질 수 있다. 그제야 돈과 재산이 독립을 보장해주지 않는다는 사실을 깨닫게 된다. 진정한 독립은 오직 생각의 창조적 힘을 실질적으로 아는 데 있음이 드러났다.

09 우리가 진정으로 소유할 수 있는 유일한 힘은 불변의 우주 원리와 조화를 이루는 능력이라는 것을 깨달을 때, 비로소 이 실용적 방법을 효과적으로 활용할 수 있다. 우리는 무한한 힘을 변화시킬 수는 없지만, 자연의 법칙을 이해하고 인식할 수는 있다. 이러한 깨달음의 보상은 어디에나 존재하는 우주의 마음에 생각을 조율할 수 있는 능력이 우리에게 있음을 의식적으로 인지하는 것이다. 이 편재하는 전능자와 얼마나 잘 협력하느냐에 따라 우리가 성취하는 성공의 크기가 결정된다.

10 생각의 힘을 왜곡하고 화려하게 포장한 가짜들이 매력적으로 보일 수 있지만, 그 결과는 도움은커녕 해로울 뿐이다.

11 걱정과 두려움 등 모든 부정적인 생각은 같은 종류의 열매를

맺는다. 따라서 부정적인 생각을 품는 사람은 부정적인 결과를 거두는 수밖에 없다.

12 강신술(降神術)을 통해 얻은 소위 '증거'를 무비판적으로 수용하는데, 이들을 현상 추구자들Phenomena seekers이라고 한다. 그들은 정신의 문을 활짝 열어두고, 심령 세계에서도 가장 해로운 영역에 몰두한다. 그들은 그런 마음가짐이 부정적이고 수동적으로 변하여, 모든 활력을 앗아가는 결과를 초래한다는 사실을 모르는 것 같다. 그결과, 그들은 긍정적인 방향으로 사고하는 능력마저 잃어버린다.

13 힌두교 신자들은 이른바 초인이 행하는 현상에서 힘의 근원을 찾는다고 말하지만, 초인이 그 의지력을 거두는 순간 현상으로 나타난 모습이 사라지고, 그 모습을 만들어냈던 진동력도 함께 소멸한다는 점을 깨닫지 못하는 듯하다.

14 텔레파시, 즉 생각이 전달되는 초자연적 심령 현상은 한동안 상당한 관심을 끌었지만, 수신자의 정신 상태를 취약하게 만들 수 있어 텔레파시의 실행은 위험하다. 텔레파시를 통해 누군가에게 특정한 생각을 전달하려는 의도로 메시지를 보낼 수는 있지만, 관련된 원칙*을 거스른 결과로 인한 피해가 발생할 수 있다.

◇◇◇◇◇◇

* 개인의 정신과 의지를 존중하고, 타인에게 악영향을 주지 않아야 한다는 정신세계의 기본 법칙을 말한다.

15 　최면술 역시 대상자와 시술자 모두에게 위험하다. 정신세계를 지배하는 법칙을 잘 아는 사람이라면, 누구도 다른 사람의 의지를 지배하려 시도하지 않을 것이다. 그런 시도는 그의 힘을 서서히 그러나 확실히 앗아갈 것이기 때문이다.

16 　이러한 모든 사이비 방법은 일시적인 만족감을 줄 수 있고, 일부에게는 강한 매력으로 다가올지 모른다. 그러나 내면세계의 힘을 진정으로 이해하게 되면 그보다 더 매혹적인 것을 어디에서도 찾을 수 없을 것이다. 그 힘은 사용할수록 강해지며, 덧없고 무상한 것이 아니라 영원하기 때문이다. 뿐만 아니라 그 힘은 과거의 잘못된 생각에서 비롯된 실수와 결과를 바로잡는 치유제일 뿐 아니라, 온갖 형태의 위험으로부터 우리를 지켜주는 예방약이기도 하고, 새로운 조건과 환경을 실제로 만들어낼 수 있게 해주는 진정한 창조력이기도 하다.

17 　자연의 법칙에 따르면, 생각은 그 대상과 연결되어 정신세계에서 구상한 것을 물질세계에서 실현한다. 성장의 법칙이 좋은 것을 외부 세계에 드러내게 하려면, 모든 생각에는 진실의 씨앗이 내재해 있음을 반드시 명심해야 한다. 오직 선한 것만이 지속적인 힘을 부여할 수 있기 때문이다.

18 　끌어당김의 법칙은 우리의 사고를 대상과 연결하고, 인생의 모든 역경을 극복할 수 있는 동적인 힘을 생각에 부여하는 핵심 원리이다. 끌어당김은 '사랑'의 또 다른 이름일 뿐이다. 끌어당김의 법

칙은 만물에 내재된 영원하고 근본적인 원리이다. 또한 모든 철학 사조, 모든 종교, 모든 학문에 내재된 원리이기도 하다. 그 누구도 사랑의 법칙에서 벗어날 수 없다. 사랑은 생각에 생명을 불어넣는 감정이다. 감정은 욕망이고, 욕망은 사랑이다. 사랑으로 가득 찬 생각은 무적이 된다.

19　생각의 힘을 이해한 모든 영역에서 이 원리는 항상 중요하게 다뤄진다. 우주의 마음은 지적 존재일 뿐만 아니라 본질 그 자체이기도 하다. 이 본질은 끌어당기는 힘이다. 그 힘은 끌어당김의 법칙을 이용해 전자들을 끌어모아 원자를 형성하고, 같은 법칙에 따라 원자들이 모여 분자를 이루며, 분자는 외적으로 객관적인 형태를 갖춘다. 그러므로 사랑의 법칙이야말로 원자뿐 아니라 외부 세계와 내면세계, 우주와 우리가 상상으로 개념화할 수 있는 모든 것의 외적 표현 뒤에 숨겨진 창조적 힘이라 할 수 있다.

20　이 놀라운 끌어당김의 법칙이 작용하기에, 인류는 오래전부터 우리의 기도와 욕구에 응답하고 우리의 필요에 따라 상황을 조정하는 초월적 존재를 믿게 되었다.

21　생각과 사랑이 결합하여, '끌어당김의 법칙'이라 불리는 거스를 수 없는 힘을 형성한다. 모든 자연법칙은 거역할 수 없다. 중력의 법칙이나 전기 법칙은 수학처럼 정확하게 작용한다. 어떤 편차도 없다. 불완전해 보인다면 분배 경로에 문제가 있는 것이다. 다리가 무너졌다고 중력 법칙의 불일치 때문이라고 할 수는 없다. 불이

꺼졌다고 해서, 전기를 지배하는 법칙을 의심할 필요는 없다. 끌어당김의 법칙이 미숙하고 지식이 부족한 사람에 의해 불완전하게 증명되었다고 해서, 창조의 전체 체계가 의지하는 절대적으로 확실한 법칙에 예외가 발생했다고 결론 내려서는 안 된다. 오히려 그 법칙을 더욱 깊이 연구하고 이해해야 한다는 결론에 도달해야 한다. 수학에서조차 어려운 문제가 항상 쉽게 풀리는 것은 아니지 않은가!

22 모든 것은 정신세계나 영적 세계에서 먼저 창조된 후에야 외적인 행위나 사건으로 구체화된다. 오늘 우리의 사고력을 단순히 통제하는 과정은 미래에, 아마도 내일이라도 우리 삶에 일어날 사건들을 만드는 데 도움을 준다. 훈련되고 절제된 욕망은 끌어당김의 법칙을 실행하는 가장 강력한 수단이다.

23 인간은 체계적인 존재이므로, 사고 능력을 개발하기 위해서는 먼저 그에 적합한 도구와 방법을 준비해야 한다. 예를 들어, 우리의 정신이 완전히 새로운 개념을 이해하기 위해서는 그 개념을 받아들이고 공명할 수 있는 뇌세포가 준비되어 있어야 한다. 이는 우리가 전혀 새로운 개념을 받아들이기 어려워하거나 제대로 평가하지 못하는 이유를 설명한다. 그 개념을 수용할 수 있는 뇌세포가 없기에 그것을 의심하고 믿기 힘든 것이다.

24 만약 끌어당김의 법칙의 강력함이나 그 과학적 작동 방식을 충분히 이해하지 못했거나, 이 법칙이 제공하는 무한한 가능성을 믿기 어려웠다면, 지금부터라도 자연법칙과의 협력을 통해 무한한

잠재력을 이해할 수 있는 신경 회로를 형성하기 시작하라. 이를 위해서는 집중과 주의가 필요하다.

25 목표가 집중을 이끌고, 진정한 힘은 고요 속에서 비롯된다. 깊은 사유와 지혜로운 말 그리고 높은 잠재력을 가진 모든 힘은 집중을 통해 이루어진다.

26 우리는 고요한 상태에서 잠재의식의 무한한 힘과 교감하며, 모든 능력은 이 잠재의식에서 발현된다.

27 지혜와 힘 그리고 지속적인 성공을 추구하는 사람은 오직 자신의 내면에서 그 답을 찾을 수 있다. 지혜는 내면의 고요 속에서 서서히 펼쳐진다. 생각 없이 경솔한 사람은 침묵의 상태를 매우 쉽고 단순하게 성취할 수 있다고 오해할 수 있지만, 우리가 진정한 신성과 교감할 수 있는 것은 오로지 완전한 고요 속에서뿐임을 인식해야 한다. 더불어, 이러한 절대적 고요 속에서만 우리는 우주의 불변하는 법칙을 이해할 수 있으며, 지속적인 연습과 집중을 통해 완벽함에 이르는 길이 열린다.

28 이번에도 평소 훈련하던 방으로 가서 같은 의자에 앉아, 동일한 자세를 취하라. 몸의 긴장을 풀고 생각의 고삐를 느슨히 하라. 매번 그렇게 하라. 정신적 부담을 안고서는 머리 쓰는 일을 하지 마라. 이제 긴장된 근육이나 신경이 없고, 그 어느 때보다 편안함을 느낀다고 상상하라. 당신이 전능한 존재와 하나라고 여기며 그 힘

성공의 문을 여는 마스터키

과 접촉하려 하라. 이때 당신 안에 내재한 사고력이 우주의 마음을 기반으로 작용하며 그것을 외부로 표현하는 능력임을 깨닫고 인정하게 될 것이다. 또한 우주의 마음이 어떤 요구 사항이라도 충족시켜 준다는 사실을 알게 될 것이다. 우리 각자는 '유일한 존재'의 개별적 표현이자 전체의 일부일 뿐이므로, 종류와 특성에 있어 어떤 차이도 없다. 다만 정도의 차이가 있을 뿐이다. 그러므로 과거와 미래의 개인이 지녔거나 지닐 능력과 전혀 다르지 않은 잠재력이 당신에게도 내재해 있음이 분명하다.

◈◈◈ Q & A ◈◈◈

Q 어떻게 하면 인생의 목표를 가장 효과적으로 성취할 수 있을까?

A 생각의 영적 본질을 체계적으로 이해하고 활용하는 것이다.

Q 성공을 위해 반드시 필요한 세 단계는 무엇인가?

A 우리가 가진 힘을 인식하고, 도전할 용기와 반드시 해낼 수 있다는 믿음을 갖는 것이다.

Q 사고의 창조적 잠재력을 실제로 이해하고 활용하려면 어떻게 해야 하는가?

A 자연의 근본 법칙들을 깊이 이해하고 적용함으로써 가능하다.

Q 자연 법칙을 이해함으로써 얻는 보상은 무엇인가?

A 우리에게 신성하고 불변하는 원리와 자신을 일치시키는 능력이 있음을 의식적으로 깨닫게 된다.

Q 우리가 이루는 성공의 크기를 가늠하는 척도는 무엇인가?
A 우리가 무한한 힘을 변화시킬 수는 없으므로 그 전능한 존재와 협력해야 함을 인식하는 정도에 달려 있다.

Q 생각에 역동적인 힘을 부여하는 원리는 무엇인가?
A 진동에 기초한 끌어당김의 법칙이다. 진동은 사랑의 법칙에 기반하므로, 사랑으로 충만한 생각은 무적이 된다.

Q 왜 이 법칙을 거스를 수 없는가?
A 그것이 자연의 법칙이기 때문이다. 모든 자연법칙은 거역할 수 없고 변함없으며, 수학처럼 정확하게 적용된다. 일탈이나 편차가 존재하지 않는다.

Q 그렇다면 우리가 삶에서 직면하는 문제의 해답을 때로는 찾기 어려운 이유는 무엇일까?
A 까다로운 수학 문제의 정답을 구하기 힘든 이유와 같다. 삶을 살아가는 주체가 미숙하거나 충분한 지식이 부족하기 때문이다.

Q 우리의 마음이 완전히 새로운 개념을 이해하지 못하는 이유는 무엇인가?

성공의 문을 여는 마스터키

A   그 개념을 받아들이고 공명할 수 있는 뇌세포가 존재하지 않기 때문이다.

Q   지혜는 어떻게 얻을 수 있는가?
A   집중을 통해서이다. 지혜는 내면의 고요함 속에서 서서히 펼쳐진다. 따라서 지혜는 내면에서 비롯되는 것이다.

생각은 그 어떤 외적 표현 없이는 마음속에 자리 잡을 수 없다.
어떤 생각을 처음으로 말하는 사람은 단지 제안자일 뿐이며,
그것을 행동으로 옮기는 사람은 훗날 등장할 수 있다.

플로이드 베이커 윌슨Floyd Baker Wilson

13장

과정 혹은 절차

자연과학의 발전으로 우리는 경이로운 발명의 시대를 맞이했지만, 영적
인 영역을 탐구하는 과학은 아직 초기 단계에 있어 그 잠재력을 가늠하기
어렵다.

지금까지 영적인 분야는 교육 수준이 낮고 미신에 사로잡혀 신비주의에
빠진 이들의 전유물이었다. 그러나 이제는 많은 이들이 과학적 방법론과
검증된 사실에 근거한 접근을 선호한다.

생각은 영적인 과정이며, 행동과 사건에 앞서 꿈과 상상이 선행되어야
한다는 사실이 밝혀지면서, 드디어 꿈꾸는 자들의 시대가 열리고 있다. 미
국의 작가 허버트 코프먼Herbert Kaufman은 꿈을 먼저 꾸고 그 후에 성취를 이
룬 사람들에 대해 이렇게 말했다.

> 그들은 위대한 설계자들이며, 그들의 비전은 영혼 속에 존재한
> 다. 그들은 장막 너머를 바라보고 의혹의 안개와 아직 시작되지
> 않은 시간의 벽을 관통한다. 벨트로 연결된 바퀴와 철로, 회전하
> 는 나사는 그들이 마법의 태피스트리를 짜는 베틀의 북이다. 제
> 국을 건설한 이들은 왕관보다 더 큰 것, 옥좌보다 더 높은 곳을 얻

기 위해 싸웠다.

우리의 집은 몽상가들이 위대함을 꿈꾸며 세운 땅 위에 지어졌다. 그 벽에 그려진 그림은 몽상가들의 영혼에서 잉태된 상상력의 산물이다. 몽상가들은 선택받은 소수이자 개척자들이다. 벽은 무너지고 제국은 붕괴된다. 해일이 먼바다에서 밀려와 바위 위의 요새를 파괴한다. 부패한 국가들은 시간의 나뭇가지에서 떨어져 내리지만, 오직 몽상가들이 창조한 것만이 살아남는다.

13장에서는 창의적 사고가 현실화되는 과정을 탐구한다. 혁신가, 발명가, 작가, 조직가 등이 자신의 꿈을 실현하는 데 작용하는 인과관계의 법칙을 살펴본다. 마지막으로 우리가 마음속에 그린 것이 결국 우리 자신의 것이 되는 이유도 밝혀진다.

◈◈◈ Highlights ◈◈◈

13장은 때로 파국을 초래하고, 심지어 평생 공들여 쌓아온 성과마저 무너뜨리는 특정 사고방식에 대해 설명한다. 또한 요즘의 사고방식을 소개하고, 그러한 사고를 통해 실질적이고 구체적인 결과를 어떻게 얻을 수 있는지도 다룬다. 의식의 변화에 따라 변화하는 필요조건을 충족시키기 위해 환경이 어떻게 바뀌어야 하는지도 언급한다. 이러한 변화가 일어나는 과정과 그 과정을 가속화하는 방법도 제시된다.

01   과학은 예전부터 빈도가 낮고 예외적인 현상까지 아우르는 일반화를 통해 일상적인 현상을 설명하려는 경향이 있었는데, 이는 과학 발전 과정에서 필연적인 접근이었다. 가령 화산 폭발은 지구 내부에서 끊임없이 끓어오르며 지구의 형성에 큰 영향을 미친 열이 외부로 분출된 것이다.

02   번개는 끊임없이 활발히 작용하며 무기물 세계에 변화를 일으키는 미묘한 힘이 방출된 사례이다. 지금은 죽은 언어가 거의 들리지 않지만 한때 여러 나라에서 사용되었듯이, 시베리아에서 발견된 거대한 이빨과 땅속 깊은 곳에서 발굴된 화석은 과거 시대의 진화에 대해 기록할 뿐 아니라, 현재 우리가 살아가는 언덕과 계곡의 기원까지 설명해준다.

03   희귀하고 기이하며 예외적인 현상까지 포괄하는 일반화는 귀납적 추론을 통한 새로운 발견의 길잡이 역할을 한다.

04   이성과 경험에 기반한 일반화와 귀납적 추론은 미신과 관습적 사고를 극복하는 데 기여한다.

05   베이컨이 제안한 귀납법은 200년이 넘는 시간 동안 많은 국가의 발전과 중요 지식의 발견에 크게 기여해왔다. 편협한 선입견을 마음에서 제거하고, 여러 이론에 적절한 이름을 효과적으로 부

여하는 데에도 귀납법의 공헌이 컸다. 인간의 무지를 억지로 입증하려 드는 것보다는 경이로운 실험을 통해 하늘에서 땅에 이르는 모든 것에 사람들의 관심을 성공적으로 환기시키고, 우리의 마음을 지배하는 타고난 법칙을 밝혀내겠다고 주장하기보다는 누구나 유용한 발견을 할 수 있다는 가능성을 보여줌으로써 훨씬 효과적으로 창의력을 함양하는 데에도 귀납법이 큰 역할을 했다.

06 베이컨의 방법은 고대 그리스의 위대한 철학자들이 가르친 정수와 정신을 응축하여, 다른 시대의 산물인 새로운 관찰 수단을 보태 효과적으로 실행에 옮기려 한 것이었다. 그 결과 천문학의 무한한 공간과 발생학의 미시 세계, 지질학의 오랜 시간에 대한 지식이 놀랄 만큼 점진적으로 확장되었고, 아리스토텔레스의 논리로는 결코 밝힐 수 없었던 맥박의 질서*가 드러났으며, 스콜라 철학의 변증법으로도 분리할 수 없었던 화합물이 분석되어 이전에는 알려지지 않았던 원소들이 발견되었다.

07 다양한 영역에서 귀납법이 적용된 결과, 수명이 연장되고 고통이 경감되었다. 많은 질병이 정복되고, 토양의 비옥도가 높아졌다. 선원들의 안전을 지켜주는 새 장치가 발명되었고, 조상들에게

◇◇◇◇◇◇

* an order of the pulse, 원의는 심장 박동의 규칙성과 패턴을 의미하는데, 베이컨의 귀납법적 접근을 통해 인체 순환 시스템의 복잡한 메커니즘이 체계적으로 이해되기 시작했음을 나타낸다.

는 전혀 알려지지 않았던 형태의 다리가 설계되어 큰 강을 가로지르게 되었다. 인간의 시야도 크게 확장되었으며, 인간 근육의 힘도 배가되었다. 이동 속도가 눈부시게 빨라지면서 거리의 장벽이 제거됨에 따라, 사업상 교류와 서신 왕래, 공문서 발송, 우호적 관계 형성이 한결 수월해졌다. 인간이 바닷속 깊은 곳까지 잠수하고 하늘 높이 날아오르며, 지상에서 험난한 오지까지 탐험할 수 있게 된 것도 귀납법의 발전 덕분이었다.

08   위에 열거한 변화들은 귀납법의 진정한 본질과 잠재력을 엿보게 한다. 그러나 사람들이 귀납 과학에서 더 큰 성공을 거둘수록, 그들의 가르침과 모범의 전체적인 경향은 일반적인 법칙을 성급히 언급하기 전에 우리가 가진 모든 도구와 자원을 동원하여 개별적인 사실들을 주의 깊게, 인내심 있게, 정확하게 관찰해야 할 필요성을 한층 더 강조하는 듯하다.

09   다양한 조건에서 전기 기계의 불꽃 방향을 관찰한 후에야, 우리는 프랭클린처럼 연을 이용해 번개의 속성을 탐구할 수 있게 된다. 또한 물체가 떨어지는 양상을 갈릴레오 갈릴레이만큼 정확히 이해한 후에야, 아이작 뉴턴처럼 달을 지구에 묶어두는 힘에 대해 용감하게 달에게 물음을 던질 수 있다.*

◇◇◇◇◇◇

*   작은 실험들을 통해 기본 원리를 이해한 후에야, 더 큰 자연 현상에 대해 대담한 질문을 할 수 있게 된다는 의미다.

10　진리에 대한 존중, 지속적 발전에 대한 희망, 편견 없는 진실 추구의 자세로, 우리는 견고한 기반 위에 과학을 발전시키며, 일상적 현상과 희귀한 현상 모두에 주의를 기울인다.

11　관찰을 통해 수집된 자료가 계속 늘어날 수는 있지만, 축적된 자료들이 자연을 설명하는 데 기여하는 바는 저마다 다를 수밖에 없다. 우리가 인간의 유용한 자질 중에서도 가장 희귀한 것을 가장 높이 평가하듯이, 자연과학 역시 사실들을 가려내어 일반적이고 일상적인 관찰로는 설명되지 않는 인상적인 범주에 특별한 의미를 부여한다.

12　어떤 이가 비범한 능력을 가지고 있음을 알게 되면, 우리는 어떤 결론을 내려야 할까? 첫째, 그 사람의 능력이 비범한 게 아니라고 말하는 것이다. 달리 말해, 정직한 연구자들이 이구동성으로 인정하듯 기이하고 이해하기 어려운 수많은 현상이 끊임없이 일어나기에 우리의 정보가 부족했던 것뿐이라고 자책하는 셈이다. 그러나 생각에 내재된 창조적 힘을 깨닫게 되면, 그 누구도 더 이상 그런 현상을 설명할 수 없는 일이라고 해석하지 않을 것이다.

13　둘째, 초자연적 힘의 작용으로 그 능력을 설명하려 할 수 있다. 그러나 과학적 관점에서 자연법칙을 이해하면, 모든 현상은 자연의 법칙 안에서 설명될 수 있다. 모든 현상에는 정확하고 명백한 원인이 있다. 그러한 인과관계는 불변의 법칙이자 원리이다. 인과법칙은 의식적이든 무의식적이든, 어느 영역에서 작용하든 일말의

편차 없이 정확하게 적용된다.

14　셋째로는 우리가 '금단의 영역'forbidden ground에 있다고 말하는 것이다. 우리가 알아서는 안 될 무언가가 있다는 의미다. 인간 지식이 확장될 때마다 이런 금기가 거론되곤 했다. 크리스토퍼 콜럼버스, 찰스 다윈, 갈릴레오 갈릴레이, 제임스 와트, 로버트 풀턴*, 조지 스티븐슨**, 마이클 패러데이, 랄프 왈도 에머슨 등 새로운 사상을 제시한 이들은 모두 예외 없이 조롱을 당하거나 박해를 받았다. 그러므로 이러한 금기를 진지하게 받아들여서는 안 된다. 오히려 우리의 관심을 끄는 모든 사실을 주의 깊게 관찰해야 한다. 그렇게 함으로써 우리는 그 사실과 관련된 법칙을 보다 쉽게 발견할 수 있다.

15　우리가 신체적, 정신적, 영적으로 직면하게 되는 모든 상황이나 경험은 생각의 창조적 힘으로 설명될 수 있다.

16　생각은 지배적인 정신 상태에 상응하는 조건을 만들어낸다. 예를 들어 두려움은 강력한 형태의 생각이므로, 우리가 재앙을 두려워하면 그런 생각의 결과로 실제 재앙이 닥칠 수 있다. 따라서 이

◇◇◇◇◇◇

* Robert Fulton, 1765-1815, 미국의 발명가로, 1807년 세계 최초의 상업용 증기선인 클레어몬트호를 성공적으로 운항했다.

** George Stephenson, 1781-1848, 영국의 기술자로 증기 기관차의 발전에 크게 기여했으며, '증기 기관차의 아버지'로 알려져 있다.

런 식의 사고방식으로 인해 오랜 노력의 결실이 한순간에 무너지는 일이 비일비재하다.

17   반면 풍요로운 삶을 꿈꾸면 실제 번영을 이룰 수 있다. 집중된 사고와 적절한 행동이 결합되면, 우리의 목표 실현에 필요한 환경이 조성된다. 그러나 우리가 갈망하던 것을 손에 넣더라도, 그것에서 기대했던 효과를 얻지 못하는 경우가 있다. 바꿔 말하면, 만족감이 일시적이거나, 우리의 기대와는 정반대일 수도 있다는 것이다.

18   그렇다면 어떤 절차를 따라야 할까? 우리가 진정 원하는 것을 얻기 위해 무엇을, 어떻게 생각해야 할까? 당신과 내가 갈망하는 것, 우리 모두가 추구하는 것은 결국 행복과 조화이다. 진정한 행복을 누릴 수 있다면, 세상이 줄 수 있는 모든 것을 가진 것과 같다. 우리가 진심으로 행복하다면, 다른 사람들에게도 그 행복을 나눌 수 있을 것이다.

19   건강, 활력, 뜻이 맞는 벗 그리고 쾌적한 환경 없이는 진정한 행복을 누리기 어렵다. 즉, 기본적 필요뿐만 아니라 적절한 안락과 여유가 있어야 행복을 경험할 수 있다.

20   과거의 전통적 사고방식은 '벌레'worm가 되는 것, 즉 자신에게 주어진 몫에 만족하는 것이었다. 하지만 현대에 이르러 우리는 최상의 대우를 받을 자격이 있으며, "아버지와 나는 하나"라는 사실을

깨달았다. 여기서 '아버지'란 우주의 마음이자 창조주로서 만물이 비롯된 원초적 본질을 뜻한다.

21 이 모든 것이 이론적으로는 사실이고, 2,000년 전부터 가르쳐 왔으며 모든 철학과 종교의 핵심이라는 점을 인정하더라도, 그 진리를 우리의 삶 속에서 실천하려면 어떻게 해야 할까? 어떻게 해야 지금 당장 실질적이고 구체적인 결과를 얻을 수 있을까?

22 지식을 행동으로 옮기는 것이 가장 중요하다. 실천 없는 이론은 아무런 결실을 맺지 못한다. 운동선수가 체력 훈련에 관한 책을 읽고 강의를 들을 수는 있지만, 실제로 몸을 움직이며 훈련하지 않는다면 아무런 성과도 거둘 수 없다. 그는 주는 만큼 얻을 뿐이다. 하지만 먼저 주어야 한다. 우리도 마찬가지다. 우리 역시 주는 것을 정확히 받을 뿐이며, 먼저 베풀어야 한다. 그러나 그것은 몇 배로 되돌아온다. 때로는 주는 것이 단지 정신적 작용에 불과할 수도 있다. 생각이 원인이고, 조건은 결과이기 때문이다. 따라서 용기와 영감, 건강 등 유익한 생각을 한다는 것은 결국 결과로 나타날 원인이라는 도화선에 불을 붙이는 셈이다.

23 생각은 영적인 행위이므로 창조적이다. 그러나 오해해서는 안 된다. 의식적이고 체계적인 사고만이 창조적 결과를 낳는다. 이 점에서 성과 없이 낭비되는 무의미한 생각과, 사실상 한계 없이 성취를 이끄는 건설적인 생각의 차이가 있다.

24   우리의 모든 경험은 끌어당김의 법칙에 따라 이루어진다. 긍정적 사고와 부정적 의식은 공존할 수 없으며, 우리의 의식 상태는 끊임없이 변화한다. 의식이 변하면, 변화된 의식을 만족시키는 데 필요한 모든 조건도 점진적으로 달라진다. 새로운 상황의 요구에 부응하기 위해서는 그래야만 한다.

25   우리가 마음속에 어떤 이미지나 이상을 떠올릴 때, 그 생각을 우주의 본질Universal Substance에 투사하게 된다. 즉, 생각은 우주의 근본 에너지와 상호작용하는 것이다. 이 우주의 본질은 만물의 근원이자, 어디에나 존재하는 전지전능한 존재이다. 우리가 자신의 요구사항을 구체화할 때 적절히 활용할 통로에 대해 그 전능자에게 조언할 수 있을까? 유한한 존재가 무한한 존재에게 충고하는 것이 가능할까? 이것이 바로 실패, 모든 실패의 원인이다. 우리는 우주의 본질이 어디에나 존재한다는 사실은 인정하면서도, 그 본질이 모든 곳에 편재할 뿐만 아니라 전지전능하다는 점을 간과하곤 한다. 따라서 우주의 본질이 우리가 알지 못하는 것들의 원인일 수 있다는 사실을 깨닫지 못하는 것이다. 이것이 바로 우리가 실패하는 이유이다.

26   우리는 우주의 마음에 내재된 무한한 힘과 무한한 지혜를 인식함으로써 우리의 이익을 지킬 수 있다. 이렇게 함으로써 우리 자신이 무한한 힘으로부터 도움을 받는 통로가 되어 우리의 소망을 실현할 수 있다. 바꿔 말하면, 우리가 깨닫고 이해하는 바가 현실로 구현된다는 의미이다. 그러므로 이번 훈련에서는 이 원리를 충분히

활용하여, 당신이 전체의 일부이며, 부분은 그 종류와 특성에서 전체와 같을 수밖에 없고, 유일한 차이는 정도 차이뿐이라는 사실을 먼저 인식하고 인정해야 한다.

27 이 놀라운 진실이 당신의 의식 속에 스며들기 시작할 때, 당신, 정확히 말하자면 당신의 육체가 아니라 '자아'$_{Ego}$이자 사유하는 영혼인 '나'가 전체의 불가분한 일부이며 종류와 특성 및 본질에서 동일하다는 사실을 깨달을 때, 다시 말해 창조주가 자신과 다른 것을 창조하지 않았음을 인지할 때, 당신도 "아버지와 나는 하나"라고 말할 수 있을 것이며, 당신에게 주어진 초월적인 기회와 아름다움 그리고 위대함을 이해하게 될 것이다.

저에게 지혜를 주셔서,
진정한 관심사가 무엇인지 깨닫게 해주소서.
그 지혜가 일러주는 바를 행하겠다는
제 결의가 흔들리지 않게 해주소서.

벤저민 프랭클린

성공의 문을 여는 마스터키

Q   자연과학자들의 지식 획득 및 적용 방법은?

A   성급히 일반적인 법칙을 운운하기에 앞서, 우리에게 가능한
    모든 수단과 자원을 동원하여 개별적인 사실들을 신중하고 끈
    기 있게, 그리고 정확히 관찰해야 한다.

Q   이 방법이 옳다는 것을 어떻게 확신할 수 있는가?

A   편견 없이 불편한 진실도 직시하려는 태도 때문이다.

Q   어떤 유형의 행동이 가장 높이 평가받는가?

A   통상적인 관찰로는 설명하기 힘든 독창적인 행동

Q   이 원칙의 근거는 무엇인가?

A   이성과 경험

Q   이 원칙은 무엇을 타파하는가?

A   미신과 관습 그리고 인습

Q   이 법칙들은 어떻게 발견되었는가?

A   희귀하고 예외적인 현상까지 포괄하는 일반화를 통해서

Q   현재도 계속 일어나고 있지만 너무나 이상해서 지금까지 설명하지
    못했던 현상을 우리는 어떻게 설명할 수 있을까?

A   생각에 내재된 창조적 힘을 토대로 가능하다.

Q   그 이유는 무엇인가?

A   모든 현상에는 명확한 원인이 있으며, 이 인과관계는 예외 없
     이 작용한다는 것을 이해했기 때문이다.

Q   그렇게 얻은 지식의 결과는 무엇인가?

A   우리가 신체적, 정신적, 영적으로 직면할 수 있는 모든 상황의
     원인을 설명할 수 있게 된다.

Q   우리의 이익을 가장 잘 지키는 방법은 무엇인가?

A   생각에 창조적 힘이 있음을 깨닫고, 무한한 힘과 하나 됨을 인
     식하는 것이다.

오래된 생각이라고 해서 결코 사라지지 않으리라.
불멸의 꿈은 그 꿈을 꾼 이보다 더 오래 살아
영원히 우리의 꿈이 되리라.
마음속에 떠오르고 입으로 표현된 생각은
결코 소멸될 수 없으니.

찰스 맥케이Charles Mackay

14장

외부로의
표현

≪≫ Insight ≪≫

지금까지 배운 내용을 종합해보면, 생각은 영적인 활동이므로 창조적 힘을 지닌다. 이는 특정 생각에만 국한되지 않고 모든 생각에 해당한다. 물론 생각은 부인(否認)이라는 과정을 통해 부정적으로 활용될 수도 있다.

의식과 잠재의식은 단일한 마음의 두 가지 작용 방식이다. 의식과 잠재의식의 관계는 풍향계와 대기 사이의 관계와 상당히 유사하다. 대기압이 아주 낮아도 풍향계의 부분을 움직이게 하는 원인이 될 수 있듯이, 의식 속의 작은 생각 하나도 잠재의식에서 특정한 행동을 유발할 수 있다. 이때 행동의 크기는 그 생각을 특징짓는 감정의 깊이와, 생각에 몰두한 강도에 정확히 비례한다.

따라서 불만족스러운 상황에 대한 부정적 생각을 멈추면, 그 상황에 더 이상 창조적 에너지를 제공하지 않게 된다. 이렇게 불만족스러운 상황의 뿌리를 끊어버리면, 그 상황을 유지시키는 힘이 필연적으로 약해질 수밖에 없다.

객관적 세계에 나타나는 모든 현상은 성장의 법칙에 따라 변화한다는 점을 인식해야 한다. 따라서 불만족스러운 상황을 부정한다고 해서 즉각적으로 변화가 일어나지는 않는다. 식물은 뿌리가 잘린 후에도 한동안 우리 눈에 보이지만, 점점 생명력을 상실하고 결국에는 사라지고 만다. 이처럼 불만족스러운 상황에 대해 생각을 거두면 그 상황은 서서히 그러나 확실하게 종식된다.

뒤에서 살펴보겠지만, 이런 과정은 우리가 자연스럽게 선택하는 과정과는 정반대이다. 그래서 그 결과 역시 일반적으로 목격되는 현상과는 반대일 수밖에 없다. 바꿔 말하면, 대다수는 불만족스러운 상황에 깊이 집중하는 것이 현실이다. 그 결과 활기찬 삶을 위해 사용되어야 할 상당한 에너지와 활력이 그 부정적인 상황을 생각하는 데 낭비되는 안타까운 일이 벌어진다.

⊗⊗⊗ Highlights ⊗⊗⊗

이 장에서는 모든 힘과 지혜, 지능의 근원이 다뤄지며, 그 힘을 우리의 문제와 조화롭게 이끌어갈 수 있는 방법이 설명된다. 원리를 이해했다 하더라도, 얻게 되는 결과는 그 원리를 정확히 이해한 정도와, 원리를 적절히 적용할 수 있는 능력에 비례한다. 그럼에도 법칙이 질서 있게 적용되기에 지금까지 꿈조차 꿔보지 못한 가능성이 열리게 된다. 또한, 모든 에너지와 물질의 근원도 설명되고, 우주의 본질이 다양한 형태로 분화되는 과정에 대해서도 다룬다. 우리의 건강과 생명을 유지하는 데 핵심 역할을 하는 전자와 세포의 특성에 대해서도 언급되며, 우리가 삶의 형태를 극적으로 변화시키려면 어떻게 해야 하는지도 설명된다. 물론 그러한 변화가 필연적으로 어떻게 이뤄지는지도 다룬다.

01 운동과 빛, 열, 색의 기원은 우주 에너지Universal Energy에 있다. 이 에너지에서 파생된 결과들은 한계를 가질 수 있지만, 우주 에너지 자체는 무한하며 모든 것의 근원이 된다. 이 우주의 본질은 또한 모든 힘과 지혜, 지능의 근원이기도 하다.

02 이 지능을 인식한다는 것은 우주의 마음을 이해하고 그것과 친밀해지는 것을 의미한다. 그렇게 함으로써 우주의 본질에 다가갈 수 있고, 우리가 직면한 문제들을 해결하는 데 그 힘을 조화롭게 활용할 수 있게 된다.

03 이 영역은 아직 가장 뛰어난 과학자들조차 본격적으로 탐구하지 않은 미지의 분야다. 따라서 이는 새로운 발견의 가능성이 무궁무진한 영역이라고 할 수 있다. 하지만 물질계를 연구하는 여러 학문을 보더라도 첫발을 내디딘 학자는 언제나 극소수에 불과했다. 지혜는 힘과 물질처럼 우리 주변 어디에나 존재한다는 것을 아직도 많은 사람이 알아차리지 못하고 있다.

04 이 원리들이 정확하다면, 왜 우리는 구체적인 증거를 제시하지 못하는 걸까? 기본 원리가 옳다면 왜 우리는 항상 원하는 결과를 얻지 못하는 걸까? 그렇지 않다. 우리가 얻는 결과는 그 법칙을 정확히 이해한 정도와, 그 법칙을 적절히 적용할 수 있는 능력에 비례한다. 누군가가 전기를 지배하는 법칙을 정립하고, 그 법칙을 활

용하는 방법을 제시할 때까지 거기서 어떤 결과도 얻지 못했던 경우와 다를 바 없다.

05   이 법칙을 이해하고 체계적으로 적용하면, 우리의 사고방식이 자연스럽게 변화하고 주변 환경과의 관계가 근본적으로 달라진다. 그 결과, 이전에는 상상도 하지 못했던 새로운 가능성들이 우리 앞에 펼쳐진다.

06   마음은 창조적이며, 이 창조성의 원리는 건전하고 합리적이다. 이는 만물의 본성에 내재되어 있다. 그러나 이 창조적 힘은 개인에게서 시작되지 않고 우주의 마음에서 비롯된다. 우주의 마음이 모든 에너지와 물질의 근원이기 때문이다. 개인은 단지 이 에너지가 흐르는 통로이다. 우주의 마음은 개인을 통해 다양한 조합을 만들어내고, 이 조합이 우리가 보는 현상으로 나타난다.

07   과학자들이 밝혔듯이, 물질은 분자로 분해되고, 분자는 원자로 분해되며, 원자는 전자로 분해된다. 양 끝에 금속 전극이 설치된 고진공 유리관에서 전자가 발견된다는 사실로부터, 전자가 공간 전체에 편재한다고 결론 내릴 수 있다. 다시 말해, 전자는 어디에나 존재한다는 뜻이다. 전자는 모든 물체를 이루고, 우리가 빈 공간이라고 부르는 곳 전체를 차지한다. 만물의 시초인 우주의 본질 또한 마찬가지이다.

08   전자는 다른 입자들과 결합하여 원자나 분자를 형성하지 않

는 한 그 상태를 유지한다. 이러한 결합과 변화를 주관하는 것은 우주의 마음이다. 중심점을 회전하는 수많은 전자가 모여 원자를 구성하고, 원자들은 절대적으로 규칙적인 수학적 비율로 결합하여 분자를 형성한다. 그리고 분자들은 서로 결합하여 화합물을 만들어내고, 다시 그 화합물들이 결합하여 우주를 만들어낸다.

09   지금까지 알려진 가장 가벼운 원자인 수소도 전자의 1,700배 질량을 가진다. 더 무거운 수은 원자는 전자보다 약 30만 배나 무겁다. 전자는 순수한 음전기로서, 열과 빛, 전기 그리고 생각과 같은 모든 우주 에너지와 마찬가지로 초속 약 30만 킬로미터의 잠재적 속도를 지니고 있다. 따라서 전자는 시간이나 공간의 제약을 받지 않는다. 그렇다면 과학자들은 어떻게 빛의 속도를 알아낸 것일까? 그 과정은 매우 흥미롭다.

10   1676년, 덴마크의 천문학자 올레 뢰머Ole Rømer는 목성의 위성들이 완전히 또는 부분적으로 가려지는 현상을 관찰하면서 빛의 속도를 계산해냈다. 지구가 목성에 가장 가까이 접근했을 때, 월식은 계산된 시간보다 약 8.5분 일찍 발생했고, 반대로 지구가 목성에서 가장 멀어졌을 때는 월식이 약 8.5분 늦게 나타났다. 뢰머는 이러한 현상이 목성에서 출발한 빛이 지구 궤도의 직경을 가로지르는 데 17분이 소요되기 때문이라고 설명했다. 이 시간 차이는 목성과 지구 사이의 거리 변화를 측정한 것이었다. 이후 이 계산은 검증되었고, 그 결과 빛은 초속 약 30만 킬로미터로 이동한다는 사실이 입증되었다.

11   우리 신체에서 전자의 역할은 세포를 통해 구현되며, 각 세포는 자신의 기능을 수행하기 위한 고유한 지능과 마음을 가지고 있다. 우리의 몸은 모든 부분이 세포로 이루어져 있다. 일부 세포는 독립적으로 기능하는 반면, 다른 세포들은 협력하여 작용한다. 어떤 세포들은 우리 몸의 조직을 형성하는 데 힘쓰고, 또 다른 세포들은 우리 몸에 필요한 다양한 분비물을 생산하는 데 참여한다. 그 외에도 물질을 운반하는 세포, 손상된 부위를 수선하는 외과의사 역할을 하는 세포, 쓰레기를 처리하는 세포, 세균과 같은 불청객을 물리치는 세포 등 다양한 역할을 수행하는 세포가 존재한다.

12   이 모든 세포는 하나의 공통된 목표를 위해 움직이며, 각 세포는 살아있는 유기체일 뿐만 아니라 자신에게 주어진 역할을 수행하기에 충분한 지능을 갖추고 있다. 세포들은 에너지를 효율적으로 사용하고 생명을 유지하는 데 필요한 지능을 갖추고 있다. 이를 바탕으로 세포들은 필요한 영양분을 선택적으로 흡수하는 능력을 가지고 있음이 밝혀졌다.

13   세포는 탄생하고, 번식하며, 사멸한 후에는 흡수된다. 따라서 우리가 건강을 유지하고 생명을 지속하기 위해서는 끊임없이 새로운 세포가 생성되어야 한다.

14   이러한 사실들을 종합해보면, 우리 몸을 구성하는 모든 원자에는 마음이 존재한다는 것이 분명해 보인다. 이 마음은 음(陰)의 마음이지만, 우리는 사고의 힘을 통해 그것을 양(陽)으로 전환시킬

수 있다. 다시 말해, 우리는 부정적인 마음, 즉 음의 마음을 통제할 수 있는 것이다. 이것이 바로 형이상학적 치유가 가능한 이유를 과학적으로 설명해주는 부분이며, 이를 통해 우리는 형이상학적 치유라는 놀라운 현상의 기반이 되는 원리를 이해하게 된다.

15 이러한 부정적인 마음은 우리 몸의 세포 하나하나에 내재되어 있으며, 우리가 의식적으로는 인지하지 못하더라도 작용하기 때문에 잠재의식이라고도 불린다. 앞서 언급한 바와 같이, 잠재의식은 의식의 지시를 저항 없이 받아들인다.

16 모든 것은 마음에서 시작되며, 우리가 경험하는 현실은 우리의 생각이 만들어낸 결과다. 따라서 사물 그 자체에는 기원이나 영속성, 실재성이 존재하지 않는다는 것을 알 수 있다. 현상이 생각에 의해 만들어진 것이기에, 생각으로 지워낼 수도 있는 것이다.

17 자연과학에서와 마찬가지로, 정신과학에서도 실험이 이루어진다. 새로운 발견은 우리를 원대한 목표에 한 걸음 더 가까이 다가가게 한다. 우리 자신은 평생 품어온 생각의 반영에 불과하다. 생각의 흔적은 우리의 얼굴과 체격, 성격 그리고 환경에 남겨진다.

18 모든 결과에는 원인이 존재하며, 그 출발점까지 거슬러 올라가면 결과를 낳은 원인과 창조적 과정을 발견할 수 있다. 이를 뒷받침하는 증거가 너무나 많아, 이제는 이러한 주장이 보편적인 진실로 받아들여지고 있다.

19　우리가 보는 세계는 눈에 보이지 않는 힘에 의해 움직이며, 이 힘의 정체는 아직 완전히 밝혀지지 않았다. 과거에는 그 힘을 인격화하여 '신'이라고 불렀지만, 이제는 그것을 만물에 스며든 본질, 즉 법칙 또는 무한한 힘, 우주의 마음으로 간주하게 되었다.

20　우주의 마음은 무한하고 모든 것을 알며, 할 수 있고, 사용할 수 있는 자원도 무한하다. 게다가 우주의 마음은 어디에나 존재한다는 사실을 기억한다면, 우리 자신이 그 마음의 표현된 결과물일 수밖에 없다는 결론에 이르게 된다.

21　잠재의식의 힘을 정확히 인식하고 이해하면, 잠재의식과 우주의 마음이 정도의 차이만 있을 뿐, 본질적으로는 다르지 않음을 알게 된다. 마치 물방울 하나가 대양과 다르지 않은 것처럼 말이다. 결국 잠재의식과 우주의 마음은 그 종류와 특성에 있어서는 동일하며, 단지 정도에 있어서만 차이가 있을 뿐이다.

22　이 중요한 사실이 지닌 의미를 정확히 이해할 수 있겠는가? 이 놀라운 진실을 깨달음으로써, 우리는 전능한 존재와 소통할 수 있게 된다. 잠재의식은 우주의 마음과 의식을 연결하는 다리 역할을 하기에, 의식적으로 떠올린 생각이 잠재의식을 통해 행동으로 옮겨지는 것은 당연한 이치이다. 잠재의식이 우주의 마음과 하나이므로, 잠재의식의 활동에는 어떠한 제약도 존재하지 않는 것이다.

23　이 원리를 과학적으로 이해한다면, 기도의 놀라운 효과를 명

확히 설명할 수 있다. 기도를 통해 얻은 결과는 어떤 특별한 섭리로 인한 것이 아니라, 자연법칙이 정확하고 빈틈없이 적용된 결과인 것이다. 다시 말해, 그러한 결과를 얻는 데에는 종교적이거나 신비로운 요소가 전혀 개입되지 않는다.

24 잘못된 생각이 실패의 원인임이 분명한데도, 많은 사람이 여전히 올바른 사고 훈련을 게을리하고 있다.

25 생각이 진정한 실체이고, 우리가 보는 현실은 그 생각의 외적 표현일 뿐이다. 생각이 변화하면 그에 따라 외적인 조건, 즉 물리적인 조건도 변화하게 된다. 이는 그 조건을 만들어낸 실체인 생각과 조화를 이루기 위함이다.

26 하지만 생각은 명확하고 변함없으며, 고정적이고 분명하며 한결같아야 한다. 한 걸음 앞으로 나아가고 두 걸음 뒤로 물러설 수는 없는 법이다. 부정적인 생각으로 인해 부정적인 조건을 20~30년 동안 축적해왔는데, 겨우 15~20분 정도 올바르게 생각한다고 해서 그 부정적인 조건이 순식간에 사라지기를 기대할 수는 없지 않은가?

27 삶을 획기적으로 바꾸는 훈련을 시작하려면, 먼저 문제를 깊이 생각하고 철저히 분석한 후 체계적으로 접근해야 한다. 그리고 당신의 결정을 방해하거나 간섭하는 그 어떤 것도 허용해서는 안 된다.

28 이 훈련은 생각과 마음가짐을 바꾸기 위한 것으로, 최고의 행복을 누리는 데 필요한 물질적 풍요는 물론 건강과 조화로운 삶까지 가져다줄 것이다.

29 당신의 삶에서 조화로운 조건이 형성되기를 바란다면, 먼저 조화로운 정신 자세를 함양하는 것이 선행되어야 한다.

30 외부 세계는 내면세계를 투영하는 거울과 같다.

31 이번 훈련에서는 조화Harmony에 집중하라. 여기서 '집중'이란 말의 모든 의미를 완전히 실현하라는 뜻이다. 깊이 있고 진지하게 집중하다 보면 조화만이 의식 속에 자리 잡게 될 것이다. 다시 강조하지만, 우리는 실천을 통해 배운다. 단순히 이 책을 읽는 것에만 그친다면 아무것도 얻을 수 없다. 진정한 가치는 실천적 적용에 있다.

문을 단단히 걸어 잠그고,
분명한 목표 없이 어슬렁거리는 모든 요소를
당신의 마음과 당신의 세상에서
멀리 떨어뜨려 놓는 방법을 배워야 한다.

조지 매슈 애덤스

❊ Q & A ❊

Q 지혜와 힘과 지능의 근원은 무엇인가?

A 우주의 마음이다.

Q 운동과 빛, 열, 색의 기원은 어디에 있는가?

A 우주 에너지에 있다. 우주 에너지는 우주의 마음이 표현된 한 형태이다.

Q 생각의 창조적 힘은 어디에서 비롯되는가?

A 우주의 마음에서 비롯된다.

Q 생각이란 무엇인가?

A 움직이는 마음이다.

Q 우주의 마음은 어떤 방식으로 다양한 형태로 분화되는가?

A 우주의 마음은 개인을 매개체로 삼아 다양한 조합을 만들어내고, 그 조합이 외적인 현상으로 드러난다.

Q 그러한 분화는 어떻게 이루어지는가?

A 개인의 사고 능력은 우주의 마음에 기반하여 작용하며, 우주의 마음을 외부로 표출하는 역할을 한다.

Q 당신이 아는 범위에서, 우주의 마음이 처음으로 취한 형태는 무엇

성공의 문을 여는 마스터키

인가?

A   공간 전체에 충만한 전자이다.

Q   만물의 기원은 어디에 있는가?

A   마음에 있다.

Q   생각이 변하면 어떤 결과가 나타나는가?

A   조건이 변화한다.

Q   조화로운 정신 자세가 가져오는 결과는 무엇인가?

A   삶에서의 조화로운 조건으로 나타난다.

생각은 비물질적이지만,

삶의 중요한 국면에 지대한 영향을 미치는 근원이다.

이 풍요로운 세기 동안 마음은 모든 영역에서 활발히 활동해왔지만,

사고방식 자체에 영향을 준 생각들은 과학 분야에서 찾아볼 수 있다.

15장

탈바꿈

기생 생물을 대상으로 한 실험에서도 확인할 수 있듯이, 가장 하등한 생물조차도 자연법칙을 활용할 줄 안다. 독일계 미국인이자 록펠러 의학 연구소의 생물학자인 자크 로브Jacques Loeb가 다음과 같은 실험을 수행했다. "화분에 심은 장미나무를 실내로 옮겨 닫힌 유리창 앞에 두었다. 그 장미나무에 물을 주지 않고 시들어 죽게 내버려두자, 이전에는 날개가 없던 진딧물(기생 동물)이 날개를 가진 곤충으로 변태했다. 이러한 변화 이후, 진딧물은 장미나무를 떠나 유리창으로 날아가 위쪽으로 기어올라갔다."

이 작은 곤충도 장미나무가 죽어 더 이상 먹이와 물을 얻을 수 없다는 사실을 인지한 것으로 보인다. 진딧물이 굶주림에서 벗어날 수 있는 유일한 방법은 일시적으로 날개를 발달시켜 장미나무에서 탈출하는 것이었고, 진딧물은 실제로 그렇게 해냈다.

이 실험은 우주의 지능이 모든 곳에 존재하며, 가장 작은 생명체도 위기 상황에서 이를 활용할 수 있음을 보여준다.

15장에서는 우리 삶을 이끄는 법칙들을 더 깊이 탐구한다. 이 법칙들이 우리에게 유리하게 작용하는 것과, 우리에게 주어지는 모든 조건과 경험이 우리에게 이로운 이유, 그리고 우리가 투자한 노력에 비례하여 힘을 얻는 이유를 알아볼 것이다. 나아가 우리가 자연법칙과 의식적으로 협력할 때 최상의 행복을 얻는 이유에 대해서도 함께 살펴보겠다.

◇◇◇ *Highlights* ◇◇◇

이번 장에서는 성장 법칙Law of Growth에 대해 설명하며, 우리가 현재 가진 것에 지나치게 집착할 때 아무것도 얻지 못하는 이유를 밝히고 있다. 우리가 현재 직면한 어려움과 부조화, 장애물은 우리가 더 이상 필요하지 않는 것을 버리지 않거나, 우리에게 필요한 것을 받아들이지 않기 때문에 발생한다. 우리는 오래되고 쓸모없는 것을 붙들고, 부족한 것을 그대로 두며, 성장에 필요한 것을 찾지 않는다.

또한, 성장을 위해 필요한 것을 보완하는 능력을 어떻게 확보할 수 있는지 설명한다. 그리고 생각에 있어서 생명력의 중요성과, 생각을 전달하는 매개체인 단어의 중요성을 결정하는 요인이 무엇인지도 다룬다. 어떻게 풍요를 확보할 수 있는지, 그리고 왜 우리가 모든 생각과 행동에 책임져야 하는지를 설명한다. 사실과 상황을 장기적으로 검토하는 것에 관한 가치, 그리고 어떤 가능성도 없는 문제들과 씨름하는 대신 유익한 통로로 주의를 돌리게 해주는 통찰력의 가치를 설명한다.

01 우리의 삶을 지배하는 법칙들은 궁극적으로 우리에게 유익한 방향으로 설계되어 있다. 그 법칙들은 확고부동하여, 우리는 그 법칙들의 영향력에서 벗어날 수 없다.

02 어떤 상황에서도 예외 없이 적용되는 모든 위대한 힘은 조용하고 엄숙하게 작용한다. 하지만 그 힘과 조화로운 관계를 유지하며 평화롭고 행복한 삶을 살 수 있게 하는 능력은 우리 안에 있다.

03 우리가 어려움과 불화, 장애를 만나는 것은 불필요한 것을 놓지 못하거나 필요한 것을 받아들이지 않고 있다는 신호다.

04 성장은 오래된 것을 새 것으로 바꾸고, 좋은 것을 더 좋은 것으로 교체할 때 이루어진다. 성장은 조건적인 행동, 즉 상호 주고받는 행위이다. 그 이유는 우리 각자가 사고하는 완전체이므로, 우리는 무언가를 줄 때만 받을 수 있기 때문이다.

05 현재 가진 것에 매달리면 필요한 새로운 것을 얻을 수 없다. 우리가 어떤 것을 끌어당기는 이유를 알게 되면, 현재의 조건을 의식적으로 조절할 수 있고, 더 성장하기 위해 필요한 것만을 다양한 경험에서 추출해낼 수 있다. 이를 해낼 수 있는지 여부에 따라, 우리가 이루는 조화와 행복의 정도가 결정된다.

06 성장에 필요한 것들을 자신의 것으로 만드는 능력이 꾸준히 향상되면, 우리는 더 높은 경지에 도달하고 시야도 넓어진다. 따라서 우리에게 필요한 것을 식별하는 능력이 커지고, 필요한 것이 주변에 존재하는지를 파악하여 그것을 끌어당겨 흡수하는 능력도 자연스럽게 향상된다. 성장에 필요한 것 이외에는 어떤 것도 우리에게 다가오지 못하도록 하라.

07 우리가 경험하는 조건과 상황이 우리에게 이로운 결과를 가져오도록 하라. 만약 우리가 역경과 위기에서 지혜를 얻어, 더 성장하는 데 필요한 방법을 찾아내지 못한다면 그 역경과 위기는 계속해서 반복될 것이다.

08 뿌린 대로 거두리라는 격언은 수학 공식처럼 정확하다. 우리가 난관을 극복하는 데 기울인 노력만큼, 그에 비례하여 영구적인 힘을 얻게 된다.

09 성장에 반드시 필요한 요소들은 우리에게 완벽히 부합하는 것만을 강력하게 끌어당기라고 요구한다. 최상의 행복을 얻는 비결은 자연법칙을 깊이 이해하고 의식적으로 협력하는 데 있다.

10 생각에 활력을 불어넣으려면 사랑이 필요하다. 사랑은 감정에서 비롯되므로, 지성과 이성으로 감정을 제어하고 이끄는 것이 필수다.

11   사랑은 생각에 생명력을 불어넣어 생각의 싹을 틔운다. 끌어당김의 법칙과 사랑의 법칙은 하나이자 동일한 것이므로, 생각의 성장과 성숙에 필요한 양분을 제공한다.

12   생각이 처음 형태를 갖추는 것이 바로 '단어'다. 이 점이 단어의 중요성을 말해준다. 단어는 생각이 처음 드러나는 형태이자 생각을 담는 그릇이다. 단어는 에테르라는 매질을 붙잡아 그것을 움직이게 함으로써, 생각을 소리의 형태로 사람들에게 전달한다.

13   생각은 때로 행동의 형태로 구현될 수 있다. 어떤 방식으로 이루어지든 행동은 시각적인 형태로 표현되고자 하는 생각일 뿐이다. 그러므로 우리가 바람직한 조건을 원한다면 바람직한 생각만을 마음에 간직하면 된다.

14   이로써 우리가 풍요로운 삶을 바란다면 풍요로움을 생각하는 것만으로 충분하다는 필연적인 결론에 도달한다. 단어는 구체화된 생각에 불과하므로, 우리는 건설적이고 조화로운 언어만을 사용하도록 각별히 주의해야 한다. 그렇게 사용된 언어가 객관적인 형태로 구현될 때 우리에게 유리하게 작용할 것이기 때문이다.

15   우리는 계속해서 마음속에 그리는 이미지들의 영향에서 벗어나기 어렵다. 그 이미지는 우리가 사용하는 단어들로 만들어진 그림이다. 그러므로 우리가 행복과 무관한 언어를 사용한다면, 그에 상응하는 잘못된 이미지가 마음속에 각인될 수밖에 없다.

16   생각이 더 명확하고 선명해지며 고차원적일수록, 우리는 그 것을 더 생생하게 표현할 수 있다. 명확히 정의된 단어를 사용하고, 낮은 차원의 생각에서 단어에 부여된 개념을 제거하여 그림처럼 선명한 단어를 구사할 때 그러한 표현이 더욱 용이해진다.

17   우리는 단어를 통해 생각을 표현한다. 보다 고귀한 차원의 진리를 전달하고자 한다면, 그러한 목적을 염두에 두고 신중하고 지혜롭게 선별된 단어만을 사용하는 것이 바람직하다.

18   생각에 단어라는 형태를 부여하는 놀라운 능력은 인간과 동물을 구분 짓는 특징이다. 문자를 사용함으로써 인간은 과거를 되돌아보고, 마음을 사로잡는 장면들을 현재의 자산으로 가져올 수 있었다.

19   문자 덕분에 인간은 과거의 위대한 작가와 사상가들의 생각을 이해하고 공감할 수 있게 되었다. 따라서 오늘날 우리가 가진 문헌 기록과 구전 전승은 인간의 마음속에서 구체적인 형태를 취하고자 했던 우주적 생각Universal Thought이 외부로 표출된 것이다.

20   우주적 생각의 목적은 형태를 만들어내는 것이며, 개인의 생각도 마찬가지로 형태로 표현되기를 원한다. 단어는 생각의 한 형태이고, 문장은 그러한 형태들의 조합이다. 그러므로 우리가 마음속 이상이 아름답고 강렬하기를 원한다면, 그 이상의 신전을 궁극적으로 건설할 단어들이 정확해야 하고, 세심하게 조합되어야 한다. 정확한 단어 선택과 문장 구성은 문명 사회의 귀중한 유산이며

성공의 핵심 요소이기 때문이다.

21 　단어는 생각의 표현이며, 보이지 않는 강력한 힘을 지닌다. 이 단어들은 결국 우리가 부여한 의미대로 현실에서 구체화된다.

22 　단어는 영원히 무너지지 않는 정신의 성채가 될 수도 있고, 산들바람에도 무너지는 판잣집이 될 수도 있다. 단어는 눈과 귀를 동시에 즐겁게 해줄 수 있으며, 모든 지식을 품고 있을 수도 있다. 단어에는 과거의 역사뿐만 아니라 미래의 희망까지 담겨 있다는 점에서, 단어는 모든 인간적이고 초인간적인 활동이 잉태되는 생명력 넘치는 요소라 할 수 있다.

23 　단어의 아름다움은 생각의 아름다움에서 비롯되고, 단어의 힘은 생각의 힘에서 나온다. 그리고 그 생각의 힘은 생각 속에 담긴 생명력에서 비롯된다. 그렇다면 활기 넘치는 생각을 어떻게 찾아낼 수 있을까? 그러한 생각의 두드러진 특징은 무엇일까? 그런 생각에는 원칙이 있어야 한다. 그 원칙은 어떻게 발견할 수 있을까?

24 　수학에는 원칙이 있지만 오류에는 원칙이 없다. 건강에는 원칙이 있지만 질병에는 원칙이 없다. 진실에는 원칙이 있지만 기만에는 원칙이 없다. 빛에는 원칙이 있지만 어둠에는 원칙이 없다. 풍요에는 원칙이 있지만 가난에는 원칙이 없다.

25 　이러한 구분이 타당하다는 것을 어떻게 확신할 수 있을까? 수

학의 원칙을 정확히 적용하면 그 결과에 대해 확신할 수 있기 때문이다. 건강한 생명체에는 질병이 존재하지 않을 것이기 때문이다. 또한 우리가 진실을 알면 착각에 현혹되지 않을 것이고, 빛을 받아들이면 어둠이 자리할 수 없으며, 풍요가 있는 곳에는 가난이 공존할 수 없기 때문이다.

26 이는 명백한 사실들이지만, 중요한 점은 원칙에 기반한 생각이 활력과 생명력을 지니며, 결국 부정적인 생각을 완전히 없앤다는 것이다. 이 중요한 진리가 그동안 간과되어 왔다. 부정적인 생각은 근본적으로 활력을 갖출 수 없기 때문이다.

27 그러나 원칙에 기반한 생각으로는 다양한 형태로 드러나는 부조화와 결핍, 한계까지도 극복할 수 있다.

28 지혜로운 사람이라면 누구나 생각의 창조력이 강력한 도구임을 깨닫고, 이를 통해 자신의 운명을 스스로 만들어갈 수 있다는 것을 이해할 것이다.

29 물리 세계에는 에너지 보존 법칙이 있어, 한 곳에서 에너지가 생기면 다른 곳에서 같은 양의 에너지가 사라진다. 따라서 우리는 오직 주는 만큼만 받을 수 있다. 예를 들어, 우리가 어떤 행동을 하겠다고 다짐하면, 그 행동의 진행 과정에 대한 책임을 감수할 준비가 되어 있어야 한다. 잠재의식은 추론하지 않고 우리의 말을 그대로 받아들인다. 우리가 현재 무언가를 받고 있다면, 그것은 우리가

이전에 무언가를 요구했기 때문이다. 우리가 잠자리를 마련했기에 이제 침대에 누울 수 있는 것이다. 주사위는 이미 던져졌다. 사실 우리는 미리 만들어 둔 패턴을 따라 움직이고 있을 뿐이다.

30　따라서 우리는 통찰력을 키워 마음속 생각을 신중히 점검해야 한다. 우리가 품는 생각 속에 정신적으로나 도덕적으로, 또는 신체적으로 우리의 삶에서 실제로 나타나기를 원하지 않는 그 어떤 작은 씨앗도 없도록 해야 한다. 우리의 생각은 현실로 구현되는 힘을 지니고 있기 때문이다.

31　통찰력은 사실과 상황을 장기적인 관점에서 볼 수 있게 해주는 마음의 능력으로, 일종의 정신적 망원경과 같다. 우리에게는 통찰하는 능력이 있어, 어떤 일을 시도할 때 직면하게 될 어려움과 가능성을 이해할 수 있다.

32　통찰력은 앞으로의 장애물을 예측하게 해, 문제가 생기기 전에 해결책을 준비할 수 있게 한다.

33　통찰력으로 우리는 이로운 계획을 세우고, 무익한 일에 시간을 낭비하지 않으며, 올바른 목표에 집중할 수 있다.

34　그러므로 통찰은 위대한 업적을 달성하기 위해 절대적으로 필요한 요소이다. 통찰력을 갖추었을 때, 우리는 정신의 영역에 발을 들여 탐구하고 그 영역을 지배할 수 있게 된다.

35   통찰은 내면세계의 산물이며, 침묵과 집중을 통해 길러진다.

36   이번 훈련은 통찰력 개발에 중점을 둔다. 편안히 앉아, 우리가 생각의 창조력에 대해 안다고 믿는 것들이 실제로는 우리의 것이 아닐 수 있음을 깊이 생각해보자. 지식 그 자체로는 자동으로 적용되지 않는다는 사실을 반복해서 되새겨야 한다. 행동은 지식이 아니라 관습과 선례, 습관에 의해 좌우된다. 지식을 실제로 적용하려면 의식적이고 꾸준한 노력이 필요하다. 사용되지 않는 지식은 마음에서 멀어지고, 정보의 가치는 원칙을 적용하는 데에 있음을 명심해야 한다. 이 원칙을 자신의 문제에 적용해보고, 명확한 해결책을 찾을 때까지 이러한 사고 과정을 계속 이어가보라.

◈◈◈ Q & A ◈◈◈

Q   우리가 이루는 조화의 정도를 좌우하는 것은 무엇인가?
A   다양한 경험을 통해 성장에 필요한 것들을 자신의 것으로 만드는 능력이다.

Q   우리가 삶에서 맞닥뜨리는 어려움과 장애물은 무엇을 의미하는가?
A   그것들은 모두 지혜와 영적 성장에 필요한 요소들이다.

Q   어떻게 하면 그러한 어려움을 피할 수 있을까?
A   의식의 차원에서 자연의 법칙을 이해하고 그에 협력할 때 가

능하다.

Q 생각은 어떤 원리에 따라 객관적인 형태로 구현되는가?

A 끌어당김의 법칙에 의해

Q 어떤 개념이 성장하고 발전하며 성숙해지는 데 필요한 자양분은 어떻게 얻을 수 있는가?

A 사랑의 법칙과 끌어당김의 법칙을 통해 얻을 수 있다. 사랑의 법칙은 우주의 창조 원리로서 생각에 생명력을 불어넣고, 끌어당김의 법칙은 성장에 필요한 물질을 끌어오기 때문이다.

Q 바람직한 조건은 어떻게 얻어지는가?

A 오직 바람직한 생각을 통해서만 얻을 수 있다.

Q 바람직하지 않은 조건은 어떻게 만들어지는가?

A 온갖 종류의 결핍과 제약, 질병과 부조화, 불화의 상태를 생각하고 이야기하며 머릿속에 그림으로써 만들어진다. 이렇게 잘못된 상황을 상상하면 잠재의식이 무비판적으로 수용하고, 끌어당김의 법칙이 그 잘못된 생각을 객관적인 형태로 구체화한다. 뿌린 대로 거둔다는 격언은 과학적으로도 정확하다.

Q 갖가지 두려움과 결핍, 제약, 가난, 불화를 극복하려면 어떻게 해야 하는가?

A 잘못된 생각을 원칙으로 대체하면 된다.

성공의 문을 여는 마스터키

Q 어떻게 하면 원칙을 인식할 수 있을까?

A 진실은 필연적으로 잘못된 생각을 근절한다는 사실을 의식 차원에서 깨달아야 한다. 어둠을 밀어내기 위해 애쓸 필요가 없다. 빛을 비추는 것만으로 충분하다. 동일한 원리가 모든 부정적인 생각에 적용된다.

Q 통찰의 가치는 무엇인가?

A 통찰을 통해, 우리가 가진 지식을 실천적으로 적용하는 것이 중요하다는 사실을 깨닫게 된다. 많은 사람이 지식은 저절로 적용된다고 생각하지만, 실제로는 전혀 그렇지 않다.

진실로 생각하라.

그럼 그대의 생각이 세상의 기근을 없애리라.

진실로 말하라.

그럼 그대의 한 마디 한 마디가 열매 맺는 씨앗이 되리라.

진실로 살아라.

그럼 그대의 삶이 위대하고 고결한 강령이 되리라.

호레이셔스 보나

16장

7의 순환

우주에 있는 행성들은 주기적인 법칙에 따라 움직인다. 모든 생명체는 태어나고, 자라고, 열매 맺고, 쇠퇴하는 과정을 겪는다. 이러한 시기들은 '7의 법칙'Septimal Law, Law of Seven의 지배를 받는다.

7의 법칙은 일주일, 달의 변화, 소리, 빛, 열, 전기, 자기 그리고 원자 구조에도 적용된다. 또한 7의 법칙은 개인과 국가의 삶을 좌우하고, 상업계 활동에서도 뚜렷이 나타난다.

생명은 성장하고, 성장은 곧 변화를 뜻한다. 우리 삶은 7년마다 새로운 주기를 맞이한다. 처음 7년은 유아기이고, 다음 7년은 어린 시절로 개인적 책임이 시작되는 때이다. 그다음 7년은 청소년기이며, 네 번째 7년은 완전한 성장을 이루는 시기이다. 다섯 번째 7년은 건설의 시기로, 재산과 소유, 집과 가정을 마련하기 시작하는 때이다. 35세부터 42세까지의 7년은 반응과 변화의 시기이다. 따라서 재구성과 조절, 회복의 시기가 뒤따르고, 그 후 우리는 50세에 시작되는 새로운 7년 주기를 맞이한다.

한편 많은 사람은 우리 세계가 여섯 번째 시기를 마무리하고 곧 일곱 번째 시기로 진입할 것이라고 생각한다. 이는 재조정과 재조절, 조화의 시대를 의미하며, 흔히 '천년시대'Millenium라고 불리는 시기다.

이런 주기를 이해하는 사람은 어려운 상황에서도 침착하며, 이 책의 원칙들을 실생활에 적용한다. 그리고 더 높은 법칙이 결국 다른 모든 법칙을 통제할 것이므로, 영적인 법칙들을 바르게 이해하고 의식적으로 활용할 때 어려워 보이는 모든 난관을 축복으로 바꿀 수 있으리라 확신한다.

⊗⊗⊗ Highlights ⊗⊗⊗

여기서는 부Wealth의 본질에 대해 다룬다. 부가 어떻게 창출되며 무엇에 의존하는지 설명하고, 성공이 단순한 부의 축적 너머의 이상과 밀접한 관련이 있는 이유를 밝힌다. 또한 성공이 창조적 역량에 영향을 받는다는 점을 보여주며, 성공을 위해 필요한 조건들을 언급한다.

때 이른 부는 오히려 굴욕과 재앙의 전조일 뿐이라는 이유를 설명하고, 우리 운명을 우연의 손에서 되찾는 방법을 제시한다. 더불어 우리가 원하는 조건을 의식적으로 만들어가고, 과학적이고 정교한 방식으로 성공을 이끌어내는 방법을 소개한다.

우리에게는 조화롭고 건설적인 환경을 만들어낼 수 있는 능력이 있다. 그러나 우리가 법칙을 알지 못해 불협화음 속에서 충돌하며 파괴적인 조건을 만들어내는 것 또한 결국은 우리 자신의 책임이라는 점을 지적하고 있다. 안타깝게도 이러한 실수를 저지르는 사람들이 의외로 많다.

01 부는 노동의 산물이다. 자본은 결과일 뿐 원인이 아니다. 자본은 종복이지 주인이 아니며, 수단일 뿐 목적이 아니다.

02 가장 널리 받아들여지는 정의에 따르면, 부는 교환 가치를 지닌 유용하고 바람직한 것들의 총체이다. 결국 부의 지배적인 특성을 결정하는 요인은 교환 가치이다.

03 부가 소유자에게 주는 행복이 제한적임을 고려할 때, 부의 진정한 가치는 그 유용성보다는 교환 가치에 있다는 것을 알 수 있다.

04 이러한 교환 가치 덕분에, 부는 우리가 이상을 실현할 수 있는 진정으로 가치 있는 것을 얻기 위한 수단이 된다.

05 따라서 부 자체를 목적으로 삼지 말고, 더 높은 목표를 이루기 위한 도구로 여겨야 한다. 진정한 성공은 단순한 물질 축적을 넘어 더 큰 이상을 향해야 한다. 그러한 성공을 열망한다면, 전력을 다해 이루고자 하는 이상을 언어로 명확히 표현할 수 있어야 한다.

06 이상을 품고 노력하면 그것을 이룰 방법이 생기겠지만, 그 과정에서 방법을 목적과 혼동해서는 안 된다.

07 프렌티스 멀포드는 "성공한 사람은 위대한 영적 깨달음을 얻

은 사람이다. 모든 거대한 재산은 우월하고 진실된 영적인 힘에서 비롯된다"라고 말했다. 안타깝게도 그 힘이 무엇인지 인식하지 못하는 사람이 많다. 앤드류 카네기의 어머니는 미국 땅을 밟았을 때 가족을 부양해야 할 만큼 가난했고, 철도왕 에드워드 헨리 해리먼의 아버지는 연간 수입이 200달러에 불과한 가난한 성직자였다. 유명한 립턴 차(茶) 회사를 설립한 토머스 립턴은 단돈 1실링으로 사업을 시작했다. 그들에게는 진정한 영적인 힘 외에는 의지할 다른 힘이 없었지만, 그 힘은 그들을 실망시키지 않았다.

08 무엇인가를 성취하는 능력은 전적으로 영적인 힘에 달려 있다. 그 과정은 이상화, 시각화, 구체화라는 세 단계를 거친다. 산업계의 모든 리더는 영적인 힘에 절대적으로 의지한다. 스탠더드 오일의 창업자인 헨리 플래글러는 『에브리보디스 매거진』 기자와의 인터뷰에서, 자신의 성공 비결이 사물을 완성된 상태로 볼 수 있는 능력에 있다고 인정했다. 그 대화에서 플래글러가 언급한 이상화와 집중력, 시각화는 모두 영적인 힘의 범주에 속한다.

09 "전체 모습을 실제로 머릿속에 그려보셨나요? 즉, 두 눈을 감고, 그 과정 전체를 상상해보셨나요? 정말 그런 게 가능한가요? 기차가 달리는 것처럼요? 기적 소리도 들리던가요? 그렇게 신속하고 세밀하게 해내셨나요?" "그렇죠." "얼마나 생생하던가요?" "매우 생생했죠."

10 여기에서 어떤 법칙이 떠오른다. 바로 '원인과 결과'의 법칙이

다. 생각이 먼저 오고, 그 생각이 행동을 만들어낸다. 이 지점에서 현명한 사람이라면, 임의적인 조건은 잠시도 존재할 수 없으며, 인간의 경험은 질서정연하고 조화로운 연쇄 작용의 결과일 뿐이라는 중대한 사실을 깨닫게 될 것이다.

//　성공한 기업가는 대개 이상주의자이며, 더 높은 기준에 도달하기 위해 끊임없이 노력한다. 그가 일상생활에서 구체화하는 생각의 미묘한 힘이 결국 삶을 좌우하는 요인이 된다.

12　생각은 가소성(可塑性)을 지닌 재료이다. 우리는 이 생각으로 우리의 삶을 조금씩 그려 나간다. 용도가 존재를 결정한다. 다른 모든 것과 마찬가지로, 영적인 힘을 인식하고 적절히 활용하는 능력은 성공을 위한 필수 조건이다.

13　때 이른 부는 굴욕과 재앙의 전조일 뿐이다. 우리가 가질 자격이 없거나, 땀 흘려 얻지 않은 것은 영구적으로 유지될 수 없기 때문이다.

14　우리가 외부 세계에서 만나는 상황들은 우리 내면 세계에서 발견하는 상황들과 일치한다. 이는 끌어당김의 법칙 때문에 일어나는 일이다. 그렇다면 우리는 내면 세계에 무엇이 들어갈지를 어떻게 정할 수 있을까?

15　감각이나 객관적인 마음을 통해 내면의 마음으로 들어오는

것은 무엇이든 마음에 각인되어 정신적 이미지를 형성하게 되고, 이는 창조적 에너지의 패턴이 된다. 이러한 경험들은 주로 환경, 우연, 과거의 사고방식 그리고 다른 형태의 부정적인 생각에서 비롯되므로, 받아들이기 전에 신중한 분석이 필요하다. 반면에, 우리는 타인의 생각이나 외부 조건, 모든 종류의 환경과 관계없이 우리 자신만의 내적 사고 과정을 통해 독자적인 정신적 이미지를 만들어낼 수 있다. 바로 이 힘을 행사함으로써 우리는 자신의 운명과 몸, 마음, 영혼을 통제할 수 있게 된다.

16 이런 능력을 키움으로써 우리는 운명을 우연에 맡기지 않고, 원하는 조건을 의식적으로 스스로 만들어갈 수 있다. 우리가 어떤 조건을 의식적으로 만들어갈 때, 그 조건은 결국 우리 삶에서 구체화되기 때문이다. 따라서 생각이 삶을 결정하는 가장 큰 원인 중 하나라는 사실이 명백하다.

17 그러므로 생각을 통제한다는 것은 곧 상황과 조건, 환경과 운명을 통제하는 것과 같다.

18 생각을 통제하려면 어떻게 해야 할까? 그 과정은 어떻게 될까? 생각하는 행위는 어떤 생각을 창조하는 행위이다. 그 생각의 결과는 생각의 형태와 특성, 생명력에 따라 달라진다.

19 생각의 형태는 그 근원이 되는 마음속 이미지에 따라 결정된다. 그 이미지가 머릿속에 각인된 깊이, 지배적인 개념, 이미지의 선

명도와 대담성에 따라 생각의 형태가 결정된다.

20 생각의 특성은 그 내용에 따라 달라진다. 우리 마음을 채우는 것들이 생각의 성질을 결정한다. 따라서 활력과 힘, 용기와 결단력 등으로 생각이 짜인다면, 그 생각에서는 그러한 재료의 향기가 물씬 풍길 것이다.

21 마지막으로 생각의 활력은 그 생각에 담긴 감정의 강도에 따라 달라진다. 건설적인 생각은 본질적으로 생명력을 띠게 되며, 생명력 있는 생각은 성장하고 발전하며 확장된다. 더욱이 생명력을 지닌 생각은 창조적이어서, 완전한 발현에 필요한 모든 요소를 자석처럼 끌어당긴다.

22 반면, 파괴적인 생각은 그 자체에 소멸의 씨앗을 품고 있다. 이러한 생각은 결국 사라지겠지만, 그 과정에서 질병과 고통 등 다양한 형태의 불화를 낳는다.

23 이런 불화는 악폐로 불린다. 이처럼 우리는 스스로 재앙을 초래하지만, 적지 않은 사람들이 자신에게 닥친 역경을 지고한 존재 Supreme Being의 책임으로 돌린다. 하지만 지고한 존재는 항상 균형을 이루는 우주적 마음일 뿐이다.

24 지고한 존재는 선하지도 악하지도 않다. 그저 존재할 뿐이다.

25　우리가 지고한 존재를 어떻게 해석하고 받아들이느냐에 따라 좋거나 나쁜 결과가 나타난다.

26　그러므로 선과 악은 실체가 아니라, 우리가 행동의 결과를 지칭하기 위해 사용하는 단어일 뿐이다. 이때 행동의 결과는 우리 생각의 특성에 의해 사전에 결정된다.

27　우리의 생각이 건설적이고 조화로우면 결과가 긍정적으로 나타나고, 우리의 생각이 파괴적이고 조화를 이루지 못하면 결과가 악하게 나타난다.

28　다른 환경을 시각화하고 싶은가? 원하는 환경을 마음속에 그리고 그 모습이 현실이 될 때까지 계속 떠올려보라. 그것만으로도 충분하다. 사람이나 장소, 사물을 일일이 상상할 필요는 없다. 그런 것들은 절대적인 위치를 차지하지 않기 때문이다. 당신이 원하는 환경에 필요한 모든 것이 갖추어질 것이다. 적절한 사람과 적절한 사물이 적절한 때에 적절한 장소에 존재할 것이다.

29　시각화가 개인의 성격과 능력, 성취와 업적, 환경과 운명을 어떻게 통제할 수 있는지 명확하지 않을 때가 있다. 하지만 시각화에 그러한 힘이 있다는 사실은 과학적으로 입증된 분명한 진실이다.

30　우리의 생각이 마음을 만들고, 그 마음이 우리의 몸과 정신 능력을 좌우한다는 것은 쉽게 이해할 수 있다. 또한 그러한 능력이

향상되면 자연스럽게 성취력도 높아지고, 환경을 통제하는 역량도 커진다는 점도 쉽게 파악할 수 있다.

31 따라서 자연의 법칙들은 더할 나위 없이 자연스럽고 조화롭게 작용하며, 모든 일이 그냥 일어나는 것처럼 보인다. 이에 대한 증거가 필요하다면, 당신이 고귀한 이상을 목표로 행동했을 때와 이기적인 동기나 천박한 속셈을 감추고 행동했을 때 어떤 결과를 맞이했는지 비교해보라. 더 이상의 증거는 필요하지 않을 것이다.

32 어떤 바람이든 반드시 실현하고 싶다면, 그 소망을 의식적으로 시각화하고 성공한 이후의 모습을 머릿속에 그려보라. 이렇게 성공을 재촉하면 당신의 삶에서 과학적인 방식으로 성공이 구체화될 것이다.

33 우리는 객관적인 세계에 이미 존재하는 것만을 볼 수 있다. 하지만 우리가 시각화하는 것은 영적인 세계에 이미 존재하는 것이다. 그러므로 시각화는, 우리가 이상에 충실하다면 언젠가는 객관적인 세계에 드러날 것을 확실히 예고해주는 신호이다. 그 이유는 간단하다. 시각화는 상상의 한 형태이기 때문이다. 시각화하는 사고 과정은 우리 마음에 각인을 남기고, 그 각인이 개념과 이상을 형성하면, 그렇게 형성된 개념과 이상은 창조주라는 위대한 건축가가 미래를 건설하는 청사진이 된다.

34 심리학자들의 결론에 따르면, 오직 하나의 감각, 즉 느낌이라

는 감각sense of feeling만이 존재하고, 다른 모든 감각은 느낌의 변형에 불과하다. 이 결론이 옳다면, 느낌이 모든 힘의 원천이며, 감정이 지성을 쉽게 압도하고, 우리가 진정으로 어떤 결과를 얻고자 한다면 우리의 생각에 느낌을 주입해야 하는 이유를 이해할 수 있다.

35 물론 시각화의 방향은 의지의 영향을 받는다. 우리는 원하는 바를 정확히 시각화해야 한다. 일관된 방향 없이 마구잡이로 상상하지 않도록 주의해야 한다. 상상력은 훌륭한 하인이지만 형편없는 주인이다. 상상력이 제대로 통제되지 않으면, 사실적 근거나 기반이 없는 온갖 형태의 추측과 결론으로 우리를 쉽게 이끌어간다. 그럴듯하게 들리는 의견이 어떤 분석적 검토 없이 쉽게 수용되며, 그로 인한 정신적 혼란을 피할 수 없게 된다.

36 그러므로 과학적으로 진실임이 입증된 정신적 이미지만을 머릿속에 그려야 한다. 모든 개념을 과학적으로 분석하여, 과학적으로 정확하지 않은 것은 받아들이지 말아야 한다. 이렇게 할 때 우리는 확실히 성취할 수 있는 것만 시도하게 되고, 그러한 노력의 대가로 성공을 거두게 된다. 기업가들이 선견지명far-sightedness이라고 부르는 혜안은 통찰력insight과 조금도 다르지 않으며, 모든 중요한 시도에서 성공을 보장해주는 커다란 비결 중 하나이기도 하다.

37 이번 훈련의 목적은 조화와 행복이 마음의 상태에 달려 있지, 물질적 소유에 좌우되지 않는다는 사실을 깨닫는 것이다. 물질은 결과일 뿐이며, 올바른 마음가짐의 산물이다. 따라서 어떤 형태로

든 물질을 소유하고 싶다면, 원하는 결과를 가져다줄 정신 자세를 기르는 데 주력해야 한다. 그러한 정신 자세는 우리에게 내재한 영적 속성, 즉 만물의 본질인 우주의 마음과 우리가 하나임을 깨달을 때 얻을 수 있다. 이것을 깨달으면 우리는 완전한 기쁨을 누리는 데 필요한 모든 것을 갖추게 된다. 이런 단계적 사고 과정은 과학적이고 올바른 생각의 흐름이다. 이러한 정신 자세를 성공적으로 확립하면, 우리의 욕망을 이미 성취된 사실로 인식하는 것도 상대적으로 쉬워진다. 이 단계에 이르면 우리는 온갖 형태의 결핍이나 제약으로부터 자유롭게 해주는 진실을 발견하게 된다.

우리는 별을 만들어 궤도를 따라
굴러가게 할 수 있을지 모르지만,
시대를 관통하며 굴러가는 황금빛 생각을 떠올린 사람만큼
하느님 앞에서 기억될 만한 일을 한 사람은 없을 것이다.

헨리 워드 비처Henry Ward Beecher

성공의 문을 여는 마스터키

⊗⊗⊗ *Q & A* ⊗⊗⊗

Q   부는 무엇에 영향을 받는가?

A   생각의 창조적 속성에 대한 올바른 이해에 영향을 받는다.

Q   부의 진정한 가치는 어디에 있는가?

A   교환 가치에 있다.

Q   성공은 무엇에 달려 있는가?

A   영적인 힘에 달려 있다.

Q   영적인 힘은 무엇에 좌우되는가?

A   용도에 좌우된다. 용도가 존재를 결정한다.

Q   어떻게 하면 우리의 운명을 우연의 손에서 벗어나게 할 수 있을까?

A   우리가 원하는 조건이 현실의 삶에서 구체화될 수 있다는 것
    을 의식적으로 인식함으로써 가능하다.

Q   우리 삶에서 가장 중대한 과제는 무엇인가?

A   생각이다.

Q   그 이유는 무엇인가?

A   생각은 영적 속성을 지니고 창조적이기 때문이다. 생각을 의
    식적으로 통제한다는 것은 상황과 조건, 환경과 운명을 통제

16장 7의 순환   **277**

하는 것과 같다.

Q   모든 악의 근원은 무엇인가?

A   파괴적인 생각이다.

Q   모든 선의 근원은 무엇인가?

A   과학적이고 올바른 생각이다.

Q   과학적인 생각이란 무엇인가?

A   영적 에너지의 창조적 속성을 인정하고, 우리에게 영적 에너
    지를 통제하는 능력이 있음을 인정하는 생각이다.

모두에게 열려 있는 길,

고결한 영혼은 높은 길을 향해 오르고,

저급한 영혼은 낮은 곳을 더듬거린다.

중간쯤에는 안개로 자욱한 평지가 있고 나머지는 이리저리 방황한다.

그러나 높은 길이든 낮은 길이든 모두에게 열려 있는 길,

각자의 영혼이 각자의 길을 선택할 뿐.

윌리엄 던컬리

17장

집중과 욕망

$\ggg$ *Insight* $\lll$

의식적이든 무의식적이든, 사람이 믿는 신은 그 사람의 지적 수준을 반영한다.

아메리카 원주민에게 신에 대해 물으면, 영광스러운 역사를 지닌 부족의 강력한 족장으로 소개한다. 비기독교인에게 신에 대해 물으면, 불과 물을 다스리는 신, 이것저것 및 온갖 것을 주관하는 신에 대해 이야기한다. 한편 이스라엘 사람들에게 신에 대해 물으면, 강압적인 계율, 즉 십계명으로 다스리는 것이 좋다고 생각한 모세의 하느님에 대해 말할 것이다. 혹은 이스라엘 사람들을 전쟁터에 몰아넣고 정복한 지역의 재산을 약탈했으며, 포로를 학살하고 도시를 잿더미로 만든 여호수아의 하느님에 대해서도 이야기할 것이다.

소위 이교도들은 신을 조각상으로 표현하고, 그것을 숭배하는 습관을 갖게 되었다. 그러나 지적 능력이 뛰어난 사람들에게 그런 조각상은 자신의 삶에 드러내고자 하는 능력에 정신을 집중하는 데 도움을 주는 가시적인 상징물에 불과했다.

20세기를 살아가는 우리는 사랑의 신을 이론적으로 숭배할 뿐, 실제 삶에서는 '부'와 '권력', '유행', '관습과 인습'을 앞다투어 우상으로 섬긴다.

우리는 그런 우상 앞에 무릎을 꿇고 엎드려 숭배하며, 온 정신을 집중한다. 그 때문에 그 우상들이 우리 삶에 표면화된다.

이 장의 내용을 완벽히 습득하면, 누구도 상징을 실체로 오인하지 않을 것이다. 결과보다 원인에 더 큰 관심을 가지고, 삶의 실제 상황에 집중할 것이므로 그 결과에 실망하지 않을 것이다.

❖❖❖ Highlights ❖❖❖

여기에서는 진동의 법칙Law of Vibration에 대해 다루며, 그 최상의 원리에서 비롯되는 모든 상황과 국면, 관계가 필연적으로 그 원리에 의해 결정될 수밖에 없는 이유를 설명한다. 이렇게 더 높은 차원에 존재하는 힘에 대해 알게 될 때, 모든 물리적인 힘이 무의미해지는 이유와 과정에 대해서도 언급된다.

이번 장에서는 집중의 속성이 다각도로 설명된다. 예를 들어, 어떻게 집중해야 하며, 그러한 집중의 결과가 어떠한지 소개한다. 또한 어떻게 하면 마음이 자석처럼 변해, 원하는 조건을 어김없이 끌어당길 수 있는지도 언급된다. '소유하기'to have 위해서는 먼저 '존재해야'to be 하는 이유가 설명되고, 나약함과 무기력함, 자기 비하라는 장애물을 걷어내는 방법뿐만 아니라 그런 장애물을 극복하는 즐거움을 만끽하는 방법도 알려준다. 직관력을 발휘하는 방법과, 직관력을 활용하면 성공의 길이 활짝 열리는 이유가 밝혀진다. 진정한 힘과 상징적인 힘은 구분되어야 한다. 따라서 상징적인 힘이 우리 손에 쥐어지는 순간, 재로 변하는 이유가 설명된다.

01　인간이 "만물을 다스린다"는 말을 우리는 익숙하게 들었다. 이러한 지배는 우주의 마음을 통해 확립된다. 생각은 그 마음에 내재된 모든 원칙을 통제하는 활동이다. 본질과 속성에 있어서 우주의 마음은 다른 모든 것보다 뛰어나기에 최상의 원리가 된다. 그 최상의 원리에서 비롯되는 모든 상황과 국면, 관계는 필연적으로 그 원리에 의해 결정될 수밖에 없다.

02　우주의 마음에 내재된 정신력은 최상의 상태이므로, 가장 강력한 실체라 할 수 있다. 그 정신력의 본질과 초월성을 깨달은 사람에게는 모든 물리적인 힘이 무의미해진다.

03　우리는 오감(五感)이라는 렌즈를 통해 우주를 바라보는 데 익숙하다. 모든 것을 의인화하려는 관점도 이런 경험에서 비롯된 것이다. 그러나 진정한 깨달음은 오직 영적인 통찰을 통해서만 얻을 수 있다. 영적인 통찰을 위해서는 마음의 진동이 더욱 활기를 띠어야 하고, 마음이 지속적으로 일정한 방향을 향해야 한다.

04　지속적인 집중이란 끊임없이 고르게 이어지는 생각의 흐름을 의미한다. 따라서 끈질기게 멈추지 않고 지속되는 잘 정돈된 체계의 결과물이다.

05　위대한 발견은 오랜 기간 계속된 탐구의 결실이다. 수학이라

는 학문을 상당한 수준까지 익히려면 오랜 시간의 집중적인 노력이 필요하다. 가장 위대한 지식 체계, 즉 우주의 마음이라는 지식도 집중적인 노력을 통해서만 드러난다.

06 집중이라는 개념은 종종 오해를 불러일으킨다. 많은 사람이 집중에는 어떤 노력이나 활동이 수반되어야 한다고 생각하지만, 실제로는 그 반대가 필요하다. 위대한 배우의 진가는 자신이 연기하는 인물에 완전히 동화되어 자신을 잊어버리는 데 있다. 배우가 연기하는 인물과 하나가 되어 관객들이 그 연기의 사실성에 감동받을 때, 그 배우의 진정한 위대함이 드러난다. 이것이 바로 진정한 집중이 무엇인지를 잘 보여준다. 당신은 자기 생각에 몰두하고, 주제에 너무 빠져들어서 다른 것은 아무것도 의식하지 못할 정도가 되어야 한다. 그런 집중은 직관적 인식과 대상의 본질에 대한 즉각적인 통찰로 이어진다.

07 모든 지식은 이러한 집중의 결과물이다. 결국 집중을 통해 천지의 비밀이 밝혀지고, 마음이 자석이 되며, 무엇인가를 알고자 하는 욕망이 지식을 어김없이 끌어당겨 우리 것으로 만든다.

08 욕망은 대개 잠재의식 속에 자리 잡고 있다. 욕망의 대상이 조금이라도 의식의 영역 밖에 있다면, 우리는 그 대상의 존재조차 알아차리지 못하는 경우가 많다. 하지만 잠재의식에 잠든 욕망은 마음의 잠재된 능력을 일깨우기에, 어려운 문제들이 마치 스스로 해결되는 것처럼 보인다.

09 집중을 통해 잠재의식이 깨어나 어떤 방향으로든 작용하면, 우리의 목적 달성에도 도움을 줄 수 있다. 집중을 제대로 실행하기 위해서는 몸과 정신, 심리를 통제할 수 있어야 한다. 당연히 몸과 정신, 심리와 관련된 모든 형태의 의식도 통제할 수 있어야 한다.

10 따라서 영적인 진실이 가장 중요한 요소라고 할 수 있다. 영적인 진실을 깨달으면 우리는 한계에 갇힌 성취에서 벗어나, 사고 방식이 우리의 성격과 의식 수준을 결정짓는 단계에 이른다.

11 집중이란 단순히 이런저런 생각에 몰두하는 것이 아니다. 그러한 생각들을 실질적인 가치로 변환하는 것이 진정한 집중이다. 많은 사람이 집중의 진정한 의미를 정확히 이해하지 못한다. '가지고'to have 싶다는 외침은 항상 넘쳐나지만, '존재하고'to be 싶다는 외침은 좀처럼 들을 수 없다. 존재하지 않고는 소유할 수 없다는 사실을 깨닫지 못한 까닭이다. 비유하자면, 왕국을 먼저 세워야 그 왕국을 채울 수 있는 법이다. 순간적인 열정만으로는 아무 가치가 없다. 한없는 자신감이 있어야만 목표에 도달할 수 있다.

12 만약 마음이 앞서 이상을 지나치게 높이 설정하면, 목표 달성에 실패할 수 있다. 단련되지 않은 날개로 높이 날아오르려 시도하면 제대로 날지 못하고 땅바닥에 추락하고 말 것이다. 그러나 그것이 다시 시도하지 않을 이유는 될 수 없다.

13 유약함은 정신적 성취를 가로막는 유일한 장애물이다. 당신

의 유약함이 신체적 한계나 정신적 불안에서 비롯된 것이라 생각하고 다시 도전해보라. 편안함과 완벽함은 반복을 통해 얻어진다.

14 천문학자가 별들의 움직임에 마음을 집중한 결과, 별들의 비밀이 밝혀졌고, 지질학자가 땅의 구조에 마음을 쏟은 결과, 지질학이라는 학문이 탄생했다. 모든 것이 같은 이치다. 우리가 삶의 문제들에 마음을 기울인 결과가 지금의 방대하고 복잡한 사회 질서로 나타난 것이다.

15 모든 정신적 발견과 성취는 욕망과 집중의 결합으로 이루어진다. 욕망은 행동을 촉발하는 가장 강력한 동기이며, 욕망이 끈질기게 지속될수록 더욱 오묘한 비밀들을 밝혀낼 수 있다. 집중에 욕망이 더해지면 자연의 그 어떤 비밀이라도 캐낼 수 있다.

16 위대한 사상을 깨닫고, 그 사상에 걸맞은 위대한 정서를 경험할 때, 우리 마음은 더 높은 가치를 인정하게 된다.

17 어떤 순간, 우리가 무언가에 진정으로 몰입하고 그것을 이루고자 하는 강렬한 열망을 가질 때, 우리는 시간의 제약에 구애받지 않고 자발적이면서도 절실한 노력을 기울이게 된다. 이런 노력을 통해 우리는 불신과 나약함, 무기력함과 자기 비하라는 장애물들을 극복하고, 그 과정에서 오는 기쁨과 성취감까지도 만끽하게 된다.

18 진취성과 독창성은 끊임없이 이어지는 정신적 노력을 통해

계발된다. 기업계는 집중력, 결단력, 실용적 통찰력, 빠른 판단력을 높이 평가한다. 모든 상업적 활동에서 정신적 요소가 지배적인 통제 요인이며, 욕망이 가장 강력한 추진력이다. 모든 상업적 관계는 욕망의 외부적 표출이다.

19   상업적 고용 관계를 통해 견고하고 중요한 여러 덕목이 계발된다. 이 과정에서 마음은 안정되고 방향성을 갖추며 효율적으로 변한다. 가장 중요한 것은 정신력을 강화하는 것이다. 강화된 정신력은 본능적 삶의 산만함과 변덕스러운 충동을 극복하게 해주며, 결과적으로 높은 자아와 낮은 자아 사이의 갈등에서 승리할 수 있게 한다.

20   우리는 모두 발전기와 같지만, 발전기 그 자체로는 아무 쓸모가 없다. 마음이 그 발전기를 작동시켜야만 한다. 그래야 발전기가 유용하게 쓰이고, 그 에너지가 어딘가에 집중될 수 있다. 마음은 우리가 상상조차 하지 못했던 힘을 지닌 엔진이다. 생각은 무한한 힘을 가진 에너지다. 생각은 온갖 형태를 창조해내는 창조자이자, 그 형태로 인해 일어나는 모든 사건의 지배자이다. 생각의 전능함에 비하면 물리적 에너지는 아무것도 아니다. 생각을 통해 우리는 모든 자연의 힘을 활용할 수 있기 때문이다.

21   진동은 생각의 움직임이며, 필요한 것들을 끌어당기는 힘이다. 생각의 힘에 관해서는 신비로울 것이 없다. 집중이란 의식의 초점이 관심의 대상과 일치되는 지점에 맞추어지는 것을 의미할 뿐이

다. 섭취한 음식이 몸에 필수적인 본질이 되듯, 마음은 관심의 대상을 흡수하여 그 대상에 생명력과 존재감을 부여한다.

22   어떤 중요한 문제에 집중하면 직관력이 발현되며, 성공으로 이끄는 정보의 형태로 우리를 도와준다.

23   직관은 과거 경험이나 기억 없이도 답을 찾아낸다. 직관은 일반적인 추론 능력의 범위를 넘어서는 문제도 해결한다. 직관은 때로 아무 예고 없이 갑작스럽게 찾아오기도 한다. 우리가 간절히 찾던 진실이 직관을 통해 거의 직접적으로 계시되는 경우도 적지 않다. 그래서 직관은 더 높은 곳에서 내려오는 것처럼 느껴지기도 한다. 하지만 직관은 기를 수 있고 계발할 수 있다. 이를 위해서는 직관을 인식하고 평가해야 한다. 직관이 우리를 찾아올 때마다 열렬히 환영한다면, 다시 찾아오지 않겠는가? 진심 어린 뜨거운 환대를 받는다면 직관의 방문은 더 잦아질 것이다. 반면 홀대받고 무시당한다면 직관의 방문은 점점 줄어들고 멀어질 것이다.

24   직관은 대개 고요함 속에서 찾아온다. 위대한 업적을 이룬 사람들은 종종 고독을 추구한다. 우리 삶에서 상대적으로 중요한 문제들은 모두 침묵 속에서 해결된다. 이러한 이유로, 여유가 있는 모든 기업인은 누구에게도 방해받지 않는 개인 사무실을 갖추고 있다. 개인 사무실을 둘 만한 여유가 없더라도, 매일 잠시라도 홀로 있는 공간을 찾아낼 수 있다. 그런 공간에서 생각을 정리하는 훈련을 거듭하면, 목표 달성에 필요한 무적의 힘을 기를 수 있다.

25　잠재의식의 무한한 힘을 기억해야 한다. 잠재의식에 행동하는 힘까지 부여되면 잠재의식이 해낼 수 있는 것에는 한계가 없다.* 성공의 크기는 욕구의 성격에 따라 달라진다. 욕망의 본질이 자연의 법칙이나 우주의 마음과 조화를 이루면, 당신의 마음은 점차 자유로워지고 불굴의 용기를 갖게 될 것이다.

26　장애물을 극복하고 계속 성공하면, 자신의 내적 힘을 더 믿게 되고, 이는 더 큰 성공으로 이어진다. 개인의 힘은 정신적 태도에 달려 있다. 정신적 태도가 성공을 확신하고, 일관된 목표를 끝까지 지킨다면, 우리가 말없이 요구하는 것**까지도 보이지 않는 영역에서 끌어당기게 된다.

27　한 생각을 꾸준히 마음에 품으면, 그 생각은 점차 구체적인 형태를 띠게 된다. 목적이 분명해지면 다양한 원인이 작용하여 눈에 보이지 않는 세계로 들어가, 그 목적을 성취하는 데 필요한 재료들을 찾아낸다.

◇◇◇◇◇◇

* 우리가 잠재의식에 어떤 목표를 향해 나아가라고 지시하고, 그에 필요한 능력을 발휘할 수 있는 자유를 준다면, 잠재의식은 그 목표를 향해 전진하는 데 필요한 모든 자원과 방법을 동원할 것이다. 잠재의식은 우리가 의식적으로 인지하지 못하는 영역에서도 끊임없이 작용하며, 문제 해결을 위한 창의적인 아이디어를 제공하고 새로운 기회를 창출해낼 수 있다. 따라서 잠재의식의 무한한 잠재력을 충분히 활용한다면, 우리는 불가능해 보이는 것도 가능하게 만들 수 있다.

** 명시적으로 요구하지 않았더라도 우리가 진정으로 원하는 것을 말한다.

28   많은 사람이 실제 힘보다는 힘을 나타내는 겉모습을 좇는다. 예를 들어, 명예보다 명성을 추구하고, 물질적 행복보다 재물을 탐내는 사람들이다. 그들은 지위가 부여하는 역할보다 지위 그 자체를 갈망한다. 어찌되었든 그들은 힘의 상징을 손에 넣는 순간, 그것이 허상에 불과함을 깨닫게 될 것이다.

29   쉽게 얻은 부와 지위는 오래가지 못한다. 우리는 주는 만큼 받는다. 주지 않고 받기만을 바라는 사람들도 가차 없는 보상의 법칙에 따라 정확한 균형이 이루어진다는 것을 결국 깨닫는다.

30   지금까지는 돈을 비롯한 힘의 상징을 차지하기 위해 경쟁했겠지만, 힘의 진정한 원천이 어디에 있는지 깨달은 지금부터는 그런 상징을 무시하고 멀리하기 바란다. 은행 잔고가 풍부한 사람은 주머니를 금으로 채울 필요가 없다. 힘의 진정한 원천을 발견한 사람도 마찬가지다. 그는 더 이상 과시와 허영에 신경 쓰지 않는다.

31   보통 우리의 생각은 겉으로 드러나는 현상에 집중하며 발전한다. 하지만 때로는 사물의 근본 원리나 핵심을 이해하는 방향으로 전환될 수 있다. 이렇게 생각이 사물의 본질에 다가가면, 우리는 그것을 더 쉽게 이해하고 다룰 수 있게 된다.

32   이는 사물의 본질이 곧 그 사물 자체이기 때문이다. 즉, 본질은 사물에서 가장 중요하고 실제적인 부분이다. 우리가 보는 외형은 단지 그 내면의 본질이 겉으로 표현된 것에 불과하다.

33　이번 훈련을 위해서는 이 장에서 간략히 설명한 방식에 따라 집중해보라. 당신의 목적과 관련된 행동이나 노력을 의도적으로 의식할 필요는 없다. 완전히 긴장을 풀고, 결과에 대한 불안감을 마음에서 지워버려라. 휴식이 힘의 원천임을 기억하라. 당신의 생각이 그 대상과 완전히 하나가 되고, 다른 그 어떤 것도 의식하지 않게 될 때까지 오직 그 대상에만 집중하라.

34　두려움을 떨쳐내고 싶다면 용기에 집중하라.

35　결핍에서 벗어나고 싶다면 풍요에 집중하라.

36　질병에서 해방되고 싶다면 건강에 집중하라.

37　이상에 집중할 때는 그 이상이 이미 실재한다고 여겨라. 이러한 사고방식이 무언가를 창조해내는 배아 세포이자, 창조주의 생명 원리이다. 다시 말해, 생명이 잉태되어 자라나 결국 외적인 형태로 드러나는 필연적인 관계를 만들어내는 근원적 원리인 것이다.

어떤 생각은 그 생각을 품을 수 있는 사람들만의 재산이다.

랄프 왈도 에머슨

성공의 문을 여는 마스터키

Q   진정한 집중 방법은 무엇인가?

A   당신의 생각이 대상과 완전히 하나가 되어, 다른 그 어떤 것도 의식하지 않는 상태가 되어야 한다.

Q   이런 식으로 집중한다면 어떤 결과가 기대되는가?

A   보이지 않는 힘이 작용하여, 당신의 생각과 일치하는 조건이 틀림없이 만들어진다.

Q   이런 사고방식에서 통제 변수는 무엇인가?

A   영적인 진리이다.

Q   그 이유는 무엇인가?

A   우리의 욕망의 본질이 자연의 법칙과 조화를 이루기 때문이다.

Q   이런 집중 방식의 실제적인 가치는 무엇인가?

A   생각이 성품으로 바뀌고, 성품은 개인의 주변 환경을 만들어내는 자석이 된다.

Q   모든 상업적 추구에서 통제 변수는 무엇인가?

A   정신적인 요소이다.

17장 집중과 욕망

Q 그 이유는 무엇인가?

A 마음이 모든 형태를 만들어내는 창조자이며, 그러한 형태로 인해 발생하는 모든 사건의 지배자이기 때문이다.

Q 집중은 어떤 방식으로 작용하는가?

A 통찰력과 지혜, 직관력과 기민함을 통해 작용한다.

Q 직관이 이성보다 우월한 이유는 무엇인가?

A 직관은 경험이나 기억에 의존하지 않으며, 우리가 전혀 모르는 방식으로 우리의 문제를 자주 해결해주기 때문이다.

Q 실체 대신 상징을 추구한다면 어떤 결과를 만나게 될까?

A 상징은 그 안에서 작용하는 영혼의 활동이 표면에 나타난 것에 불과하므로, 우리 손에 쥐어지는 순간 재로 변할 가능성이 크다. 따라서 우리가 영적인 실체를 소유하지 못한다면 형태는 거품처럼 사라진다.

한 시대를 장식하는 위대한 사건들은 가장 탁월한 생각들이다.
행동으로 구현될 방법을 찾는 것이 생각의 원래 속성이다.

크리스천 보비

18장

믿음의 가치

성장을 위해서는 필요한 요소들을 모아야 한다. 이는 끌어당김의 법칙을 통해 이루어진다. 이 법칙은 개인과 우주의 마음을 연결하는 유일한 통로다.

잠시 생각해보자. 남자가 남편이나 아버지 혹은 형제가 아니면 무엇이 될까? 사람이 사회와 경제, 정치와 종교라는 세계에 관심을 두지 않으면 어떻게 될까? 추상적이고 이론적인 자아에 불과할 것이다. 결국 인간은 전체와의 관계, 다른 사람과의 관계, 사회와의 관계 속에서만 존재할 수 있다는 뜻이다. 이 관계가 환경을 이루므로, 인간은 환경과의 관계 안에서만 존재할 수 있을 뿐, 다른 방식은 없다. 따라서 개인은 "세상에 와서 모든 사람에게 비추는" 우주의 마음에서 갈라져 나온 한 조각에 불과하다는 사실이 분명해진다. 개개인의 이른바 개성 혹은 성격은 그가 전체와 맺는 관계의 방식일 뿐이다. 이때 전체는 흔히 환경이라 일컬어지고, 그 환경은 끌어당김의 법칙에 의해 형성된다. 이 장에서는 끌어당김의 법칙에 대해 조금 더 깊이 있게 살펴보려 한다.

여기에서는 우리 사고방식의 변화, 즉 주변에서 조용히 진행되는 변화이자, 세계사에서 유례가 없던 변화가 다루어진다. 인류는 전통이란 족쇄에서 해방되고, 많은 사람 앞에 그 진실이 활짝 드러나는 중이다. 이번 장에서는 아직 이런 자기 인식의 수준에 이르지 못한 사람들을 이끄는 방법에 관해서도 설명한다. 또한 창조적인 힘이 언제 어떻게 시작되는지, 우주의 마음이 어떻게 다양한 조합을 만들어내어 무수한 현상을 형성하는지 설명한다. 사물들을 서로 끌어당기는 원리, 이것이 우리의 존재를 실현하는 유일한 수단임을 밝힌다. 더불어 개인적인 부의 실질적인 근원이 제시되고, 주의력과 집중력을 개발할 수 있는 방법론이 소개된다. 유능한 사람들도 주의력이 저마다 다른데, 그 이유는 무엇일까?

Master Key System ————————————————————————

01   세계 곳곳에서 사람들의 의식이 변화하고 있다. 우리 주변에서 조용히 일어나는 이 변화는 이교도 문화의 몰락, 즉 기독교의 출현 이후로 세상이 겪은 그 어떤 변화보다 중대하다.

02   최고의 교양을 갖춘 상류층뿐만 아니라 노동자 계급에 이르기까지, 즉 인간 사회의 전 계층에서 지금 일어나고 있는 이 혁명적 변화는 역사상 유례없는 현상이다.

03 최근 과학계는 수많은 획기적인 발견을 이루었고, 새로운 자원을 확보했다. 이러한 발견들은 엄청난 가능성을 열었을 뿐만 아니라 예상치 못한 새로운 현상들도 밝혀냈다. 이에 따라 과학자들은 어떤 이론을 절대적 진리로 단언하거나, 다른 이론을 완전히 배제하는 데 더욱 신중해지고 있다.

04 새로운 문명이 싹트고 있다. 관습과 교리, 전례가 사라지고, 그 자리를 비전과 믿음, 봉사가 채우고 있다. 이제 인류는 전통이라는 사슬에서 벗어나, 물질주의라는 껍질을 벗어 던지고 있다. 사고가 자유로워지고, 진리가 많은 이들 앞에 서서히 그 모습을 드러내고 있는 것이다.

05 전 세계가 자아 안에서 새로운 인식과 새로운 힘을 발견하기 직전에 와 있다.

06 자연과학은 물질을 분자로, 분자를 다시 원자로, 원자를 에너지로 분해했다. 영국의 물리학자 존 앰브로즈 플레밍John Ambrose Fleming은 왕립 연구소 강연에서 "궁극적인 본질에서 에너지는 마음 혹은 의지라고 불리는 것이 직접 작용하는 양상으로 우리에게 인식될 뿐"이라고 말했다.

07 이 마음은 만물에 내재하는 근원적 실체이다. 정신은 물론 물질에도 투영되는 이 마음은 우주를 지탱하고 활기를 불어넣으며, 우주 전체에 퍼져 있는 생명력과 같다.

08　모든 생명체가 전능한 지적 존재에 의해 유지되고 있음은 자명하다. 각 개체가 누리는 삶의 질적 차이는 대개 지적 능력의 차이로 설명된다. 동물이 식물보다 우위에 있고, 인간이 동물보다 높이 평가되는 것도 지적 능력의 차이 때문이다. 인간의 발달된 지적 능력은 개인이 자신의 행동 양식을 통제하는 능력, 더 나아가 환경에 의식적으로 적응하는 능력으로 더욱 뚜렷하게 나타난다.

09　역사상 위대한 인물들은 이러한 적응에 주목해왔다. 그들은 우주의 마음에 내재된 질서를 인식하고 받아들이는 데 힘썼다. 잘 알려진 사실이지만, 우리가 우주의 마음에 순응하는 만큼 우주의 마음도 우리의 뜻에 따른다.

10　자연법칙을 이해함에 따라 인류는 시공간의 제약에서 벗어나 창공을 날고, 쇠를 물 위에 띄울 수 있게 되었다. 따라서 지적 수준이 높아질수록 자연법칙에 대한 우리의 통찰력은 더욱 깊어질 것이며, 그에 따라 우리의 역량도 크게 향상될 것이다.

11　자아를 초월적 지성의 개별적 발현으로 인식하게 되면, 우리는 이러한 자각에 이르지 못한 이들을 이끌 수 있다. 그들은 초월적 지성이 만물에 스며들어 어떤 요구에도 응답하며 행동할 준비가 되어 있음을 모르기에 스스로 만든 인위적 법칙에 얽매여 살아간다.

12　생각에는 창조하는 힘이 있다. 이 생각을 지배하는 법칙에는 근본적인 원리가 있는데, 이 원리는 단순히 합리적이고 건전할 뿐

만 아니라, 우리 세계의 모든 것에 근본적으로 존재한다. 그러나 이 창조적인 힘은 개인에게서 비롯되는 것이 아니라 에너지와 물질의 궁극적 원천인 우주의 마음에서 출발한다. 개인은 이 에너지가 흘러가는 통로일 뿐이다.

13　개인은 단지 우주가 다양한 조합을 만들어내는 수단일 뿐이며, 그 조합의 결과로 여러 가지 현상이 생긴다. 이 현상은 진동의 법칙에 의해 좌우되는데, 이 법칙에 따라 근본 물질에서 일어나는 다양한 속도의 운동이 정확한 수치의 비율에 이르면 새로운 물질을 형성하게 된다.

14　생각은 개인이 우주의 마음과 교감하는 다리이며, 유한과 무한, 가시적인 것과 비가시적인 것을 이어주는 매개체이다. 생각은 인간을 사색하고 자각하며, 감수성을 지니고 행동하는 존재로 변모시키는 마법 같은 힘이다.

15　적절한 도구만 있다면 우리는 수백만 킬로미터 너머의 세계를 들여다볼 수 있듯이, 적절한 이해력만 갖춘다면 모든 힘의 근원인 우주의 마음과 소통할 수 있다.

16　보통 사람들의 이해력은 전선이나 교환기 없는 전화기와 같다. 이는 실질적으로 아무것도 증명하지 못하는 막연한 '신념'belief에 불과하다. 아메리카 원주민이나 식인종 섬의 야만인들도 무언가를 믿지만, 그들의 믿음으로는 아무것도 입증할 수 없다.

17   모든 사람에게 진정으로 가치 있는 믿음은 검증을 통해 입증된 것뿐이다. 그런 믿음은 더 이상 막연한 믿음이 아니라 살아 숨 쉬는 확신Faith, 곧 진리가 된다.

18   이 진리는 또다시 수많은 이들의 시험대에 오르게 마련이고, 그들이 사용한 도구의 유용성에 비례해 진리로 인정받는다.

19   강력한 망원경이 없다면 우리가 어떻게 수백만 킬로미터 너머의 별을 찾아낼 수 있겠는가? 이런 이유로 과학은 더 크고 강력한 망원경을 개발하려 부단히 노력하고, 그 결실로 천체에 대한 새로운 지식을 얻어간다.

20   이해력도 이와 다르지 않다. 인간은 우주의 마음과 교감하며 무한한 가능성을 탐구하기 위해 사용하는 방법론을 끊임없이 다듬어 나간다.

21   우주의 모든 원자는 서로 끌어당기며, 그 힘의 세기는 다양하다. 어찌 되었든 끌어당김의 법칙을 통해 우주의 마음은 객관적 세계에 구체적으로 투영된다.

22   결합과 끌어당김의 법칙에 의해 사물은 유사한 것끼리 모인다. 이 원칙은 보편적으로 적용되며, 존재의 목적을 성취하는 유일한 수단이 된다.

23　성장은 이러한 보편적 원리의 도움으로 매우 아름답게 구현될 수 있다.*

24　성장을 위해서는 필요한 자원을 모아야 하는데, 이는 끌어당김의 법칙을 통해 가능하다. 이 법칙은 개인과 우주의 마음을 잇는 유일한 통로이다. 하지만 우리는 언제나 완전한 사유의 주체임을 잊지 말아야 한다. 이 완전성 때문에 우리는 주는 만큼 받을 수 있다. 따라서 성장은 상호작용에 달려 있다. 정신의 영역에서도 유사한 것이 서로 끌어당기며, 정신의 진동은 조화를 이룰 때만 공명한다.

25　그러므로 풍요에 대한 생각 또한 그와 비슷한 생각에만 반응할 것이 분명하다. 개인의 부는 그 사람이 원래 가진 내적 풍요로움의 반영이며, 이 내면의 풍요가 외부의 풍요를 끌어들이는 핵심이다. 따라서 무언가를 창조하는 능력이야말로 우리 각자가 진정으로 소유한 부의 원천이다. 이런 까닭에 진심을 다해 일하는 사람은 무한한 성공을 거둘 수밖에 없다. 그는 베풀고 또 베풀 것이며, 더 많이 베풀수록 더 많이 받게 될 것이다.

◇◇◇◇◇◇

* 자연 만물의 성장과 발전 과정이 우주의 섭리에 의해 아름답게 실현된다는 의미를 담고 있다.

26 뉴욕과 월 스트리트의 위대한 금융업자, 산업계 거물, 정치인, 대기업 변호사, 발명가와 의사, 작가들의 경우를 보라. 각자 지닌 생각의 힘을 제외한다면 그들이 과연 무엇으로 인류의 행복에 기여한다는 말인가?

27 생각은 끌어당김의 법칙을 작동시키는 에너지이며, 그 힘은 궁극적으로 풍요로 발현된다.

28 우주의 마음은 정적이고 평형을 이루는 본질이다. 우주의 마음은 개인의 사유 능력을 통해 그 형태를 갖춘다. 생각은 마음의 동적인 면이다.

29 힘의 크기는 우리가 그 힘을 얼마나 인식하는지에 달려 있다. 힘을 쓰지 않으면 그 힘은 사라지고, 힘의 존재를 모르면 그 힘을 활용할 수 없다.

30 이 힘을 사용하는 것은 주의력에 달려 있다. 주의력의 정도가 지식 습득 능력을 좌우하며, 지식은 곧 힘의 다른 표현이다.

31 주의력은 그동안 천재만이 지닌 특별한 자질로 여겨져 왔다. 그러나 사실 주의력은 훈련을 통해 기를 수 있는 능력이다.

32 주의력을 끌어올리는 핵심 요소는 관심이다. 관심이 깊어질수록 주의력도 높아지고, 주의력이 높아질수록 관심도 더욱 깊어

진다. 이는 일종의 상호작용이라 할 수 있다. 먼저 주의를 기울이기 시작하라. 그러면 얼마 지나지 않아 관심이 싹틀 것이고, 이 관심이 더 큰 주의력을 불러일으킬 것이다. 그리고 이렇게 높아진 주의력은 다시 관심을 증폭시킬 것이다. 이와 같은 상호작용의 반복을 통해, 우리는 주의력을 키워나갈 수 있다.

33 이제 당신 안에 존재하는 창조적 힘에 초점을 맞춰보자. 깊은 통찰과 이해를 얻으려 노력하고, 여러분이 가진 신념의 합리적 근거를 탐구해보라. 우리는 육신을 지닌 유기체로 살아가고 활동하며, 생명을 유지하기 위해 호흡해야 한다는 사실에 주목하라. 그다음으로 영적인 존재 또한 살아가고 활동하는 점은 비슷하지만, 그 생명력의 원천은 보다 미묘한 에너지*에 있음을 깨달아야 한다.

물질계에서 씨앗이 뿌려지기 전까지는 어떤 생명체도 형체를 갖출 수 없고, 씨앗을 넘어서는 열매를 맺을 수 없다. 마찬가지로 영적인 세계에서도 씨앗이 뿌려지기 전에는 결실을 맺을 수 없으며, 열매의 성격은 씨앗의 본질에 따라 결정된다. 그러므로 인과율이 지배하는 영역에서 우리가 어떻게 법칙을 이해하는지에 따라, 우리가 거두는 결과도 달라진다. 이런 맥락에서 지식은 인간 의식이 도달한 최고의 진화 단계라고 할 수 있다.

◇◇◇◇◇◇

* subtler energy, 영적인 인간이 생명을 유지하기 위해 의존하는, 물질세계의 공기와 유사하지만 훨씬 더 정교하고 미세한 에너지를 의미한다.

인생의 행복은 무엇을, 어떻게 생각하느냐에 달려 있다.

그러니 상황에 맞게 신중을 기하고,

미덕과 이성에 어긋나는 생각은 멀리하라.

마르쿠스 안토니우스

◈◈◈ Q & A ◈◈◈

Q   개개인이 누리는 삶의 질적 차이는 무엇으로 가늠되는가?

A   그들이 발휘하는 지적 능력의 차이에 의해 측정된다.

Q   우리는 어떤 원리에 따라 다른 지적 존재들을 이끌 수 있는가?

A   자아를 초월적 지성의 개별적 표현으로 인식함으로써.

Q   창조적 힘은 어디에서 비롯되는가?

A   우주의 마음에서 비롯된다.

Q   우주의 마음은 어떤 방식으로 형태를 만들어내는가?

A   개인을 도구 삼아 형태를 만들어낸다.

Q   개인과 우주의 마음을 잇는 매개체는 무엇인가?

A   생각이 그 매개체이다.

Q   존재의 목적은 어떤 원칙에 의해 구현되는가?

A   사랑의 법칙에 의해 구현된다.

Q   그 원리는 어떤 모습으로 드러나는가?

A   성장의 법칙을 통해 드러난다.

Q   성장의 법칙은 어떤 조건의 영향을 받는가?

A   성장은 상호작용에 좌우된다. 개인은 늘 완전한 존재이므로, 우리는 주는 만큼 받을 수 있다.

Q   우리가 내어주는 것은 무엇인가?

A   생각을 내어준다.

Q   우리가 받는 것은 무엇인가?

A   생각을 받는다. 생각은 평형 상태의 본질로서, 우리가 어떤 생각을 하느냐에 따라 끊임없이 그 형태가 변화한다.

생각은 생각을 낳는다. 종이에 어떤 아이디어를 적어보라.

그러면 또 다른 아이디어들이 줄줄이 이어질 것이다.

머릿속에 스치는 아이디어들을 종이 가득 써 내려가 보라.

아무도 자신의 마음이 얼마나 심오한지 가늠할 수 없다.

우리의 마음은 바닥없는 사유의 우물과도 같다.

그 우물에서 길어 올리는 양이 많아질수록,

생각은 더욱 선명해지고 가치 있게 된다.

따라서 스스로 사고하지 않고 타인의 생각에 의존하여

그것을 되뇌기만 한다면, 자신의 잠재력을

영원히 발견하지 못할 것이다.

조지 어거스터스 살라

19장

물질은
끊임없이 변한다

두려움은 강력한 생각의 한 형태이다. 두려움은 신경 중추를 마비시키며, 혈액 순환에도 영향을 미친다. 혈액 순환이 원활하지 않으면 근육 조직이 마비된다. 따라서 두려움은 몸과 뇌, 신경, 육체와 정신, 근육, 요컨대 존재 전체에 해로운 영향을 끼친다.

이러한 두려움을 극복하는 비결은 내면에 잠재된 힘을 자각하는 것이다. 우리가 힘이라고 부르는 그 신비로운 생명력은 과연 무엇일까? 우리는 그것이 정확히 무엇인지 모른다. 하기야 전기가 무엇인지도 모르지 않는가. 그러나 전기를 지배하는 법칙이 요구하는 조건들을 충족하면, 전기는 유순한 도구가 된다는 것은 알고 있다. 전기가 집과 도시를 밝혀주고, 기계 장치를 돌리는 등 많은 유용한 부분에서 우리에게 도움을 준다는 사실도 잘 안다.

생명력도 마찬가지다. 그 본질은 파악하기 어려우나, 생명력이 살아있는 생물체를 통해 발현되는 원초적 힘이라는 점은 분명하다. 또한 그 원초적 힘을 지배하는 법칙과 원칙에 순응할 때 우리가 이 생명력을 더 많이 받아들일 수 있어, 정신과 도덕심, 영성을 최고 수준까지 표현할 수 있다는 것도 알고 있다.

이번 장에서는 이런 생명력을 계발하는 무척 단순한 방법을 소개한다. 여기에서 제시되는 교훈을 실천한다면, 과거에는 천재들의 전유물로 여겨졌던 힘을 인식하고 활용하는 능력을 효과적으로 발전시킬 수 있다.

⊗⊗ Highlights ⊗⊗

이 장에서는 진실, 즉 궁극적 원인을 탐구하는 방법을 다룬다. 따라서 우리가 진실을 찾아낼 수 있다면 모든 결과에 대한 원인을 찾아낸 셈이 되고, 그런 원인을 발견하면 우리는 결과를 마음대로 조절할 수 있는 위치에 서게 된다.

본 장에서는 만물이 근본적으로 하나의 원리로 귀결된다는 개념을 탐구한다. 이러한 통합적 관점에서, 모든 존재는 서로 연결되어 있으며 완전히 분리될 수 없음을 강조한다. 이런 근원적 본질을 아는 것이 힘이다. 다시 말해 원인과 결과를 아는 것이 힘이고, 부(富)는 힘의 결과물이며, 사건과 조건은 힘을 발휘할 때만 의미를 지니고, 만물은 그 힘이 표출된 형태라는 것도 설명한다. 끝으로는 다른 모든 힘을 통제하는 힘에 대해 언급하고, 그 힘이 우월한 이유와 우리가 그 우월한 힘을 이용하는 방법을 제시한다.

Master Key System ─────────────────────────

01   진실의 추구는 더 이상 무작위적인 모험이 아니라, 하나의 체

계적인 과정이다. 진실을 찾아가는 여정은 논리적이기도 하다. 모든 종류의 경험은 진실 여부를 판가름하는 데 자기 나름대로 목소리를 낸다.

02 진실을 추구한다는 것은 결국 궁극의 원인ultimate cause을 구한다는 뜻이다. 이쯤 되면 모두가 깨달았겠지만, 우리가 겪는 경험은 하나의 결과이다. 따라서 원인을 알아낼 수 있다면, 또 우리가 그 원인을 의식적으로 통제할 수 있다면, 결과나 경험 역시 우리의 통제하에 놓인다.

03 이러한 이해를 바탕으로, 인간은 더 이상 운명에 휘둘리지 않고 자신의 경험을 주도적으로 이끌어갈 수 있게 된다. 사람은 운에 좌우되는 존재가 아니라, 운명과 운을 자유롭게 조종할 수 있게 될 것이다. 마치 선장이 자신의 배를 조종하거나 기관사가 기차를 조종하는 것처럼 말이다.

04 모든 것은 궁극적으로 분해되어 동일한 하나의 요소가 된다. 모든 것이 그렇게 변환될 수 있기에 어떤 형태로든 서로 관계를 맺어야 하며, 상호 배척할 수 없다.

05 물리적 세계는 서로 대비되는 다양한 요소들로 가득하며, 우리는 이해와 소통의 편의를 위해 이들을 구분하여 부른다. 또한 모든 것에는 고유의 크기와 색상, 음영이 있고, 끝이 있다. 북극과 남극, 안과 밖, 보이는 것과 보이지 않는 것이 있지만, 이런 표현은 양

극단 대조에 도움을 줄 뿐이다.

06 양극단은 하나의 연속체상에 존재하는 두 지점을 지칭하는 것으로, 독립된 실체가 아닌 전체의 두 측면을 나타낸다.

07 정신세계에도 똑같은 법칙을 확인할 수 있다. 우리가 지식과 무지에 관해 이야기하지만, 무지는 지식의 결여에 불과하다. 따라서 무지는 지식이 없음을 표현하는 단어일 뿐이다. 따라서 무지는 그 자체로 존재하는 것이 아니라, 단순히 지식의 부재를 나타내는 개념이다.

08 도덕 세계에서도 동일한 법칙을 다시 확인한다. 예컨대 우리는 선과 악에 대해 말하지만, 선은 실체, 즉 실재하는 것인 반면 악은 선이 없는 상태, 즉 부정적인 상태로 여겨질 뿐이다. 악이 간혹 실재하는 조건처럼 인식되기도 하지만, 악에는 어떤 원칙도, 한 줌의 생명력도 없다. 악은 선에 의해 언제든 파멸될 수 있기 때문이다. 진실이 오류를 파기하고, 빛이 어둠을 밀어내듯, 악은 선이 나타나면 사라진다. 따라서 도덕 세계에는 오직 하나의 원칙만이 존재한다.

09 영적인 세계에서도 이와 똑같은 법칙이 그대로 확인된다. 예컨대 우리는 마음과 물질이 별개의 독립된 실체인 것처럼 말한다. 그러나 통찰력이 더 깊어지면, 마음이라는 하나의 원칙만 작용한다는 사실을 분명 깨달을 수 있다.

10　마음은 불변하는 진리의 영역이며, 물질은 끊임없는 변화의 대상이다. 영겁의 세월에 비추어보면 100년은 그저 하루에 불과하다는 것을 알고 있다. 만약 우리가 큰 도시에 서서 수많은 크고 웅장한 건물들, 철도, 전차, 전화, 전등 그리고 현대 문명의 다른 모든 편의시설을 바라본다면, 아마도 몇몇 건물을 제외하고는 그중 어느 것도 100년 전에는 존재하지 않았다는 사실을 알게 될 것이다. 그리고 만약 우리가 지금으로부터 100년 후에 같은 자리에 설 수 있다면, 아마도 그중 몇 안 되는 것들만 남아 있을 것이다.

11　동물 세계에서도 우리는 동일한 변화의 법칙을 발견한다. 무수한 동물이 태어났다가 죽고, 그들의 삶은 짧은 몇 년에 불과하다. 식물 세계에서는 변화가 더욱 빠르게 일어난다. 많은 식물과 거의 모든 풀은 단 1년 안에 생겼다가 사라진다. 무생물 세계로 넘어가면, 우리는 좀 더 실체적인 무언가를 발견할 것으로 기대하지만, 겉보기에 견고해 보이는 대륙을 보면서도 그것이 바다에서 솟아올랐다는 이야기를 듣는다. 우리 눈앞의 웅장한 산도 지금 서 있는 곳이 과거에는 호수였을지도 모른다. 요세미티 계곡의 웅장한 절벽 앞에 서면 모든 것을 밀어내며 지나간 빙하의 흔적을 쉽게 찾아볼 수 있다.

12　우리가 경험하는 세상은 끊임없이 변화하지만, 이 변화는 우주의 마음이 진화하는 과정일 뿐이다. 이 장대한 과정을 통해, 모든 것은 끊임없이 새롭게 탄생한다. 따라서 물질은 우주의 마음이 취하는 형태에 불과하므로, 하나의 상태일 뿐이다. 물질에는 어떤 원

리도 존재하지 않는다. 마음이 유일한 원리이다.

13 이를 통해 우리는 우주의 마음이 물리적 세계, 정신과 도덕의 세계, 더 나아가 영적 세계에서 작용하는 유일한 원리라는 사실을 깨닫게 된다.

14 우리는 우주의 근본 원리가 본질적으로 균형 상태, 즉 정적인 상태에 있음을 이해한다. 게다가 이미 밝혀졌듯, 개인의 사유 능력은 우주의 마음에 기반을 두고 작용하며, 우주의 마음을 동적(動的)인 마음, 즉 움직이는 마음으로 전환하는 힘을 지니고 있다.

15 이 정적인 우주의 원리를 동적으로 활성화하기 위해서는 에너지가 필요하며, 이는 인간의 경우 음식을 통해 공급된다. 인간은 먹지 않고서는 생각할 수 없기 때문이다. 따라서 물질적 수단 없이는 생각과 같은 영적 행위도 기쁨과 이익의 원천이 될 수 없음이 드러난다.

16 전기를 모아 동력으로 전환하려면 에너지가 필요하듯, 식물이 생명을 유지하는 데 필요한 에너지를 얻으려면 햇빛이 필요하다. 마찬가지로 우리가 생각하고 우주의 마음에 기반해 행동하려면, 음식 형태로 공급되는 에너지가 필요하다.

17 당신의 생각은 끊임없이 구체화되어 현실 세계에 모습을 드러내려 한다. 이를 인식하고 있든 그렇지 않든, 그 영향력은 분명하

다. 강력하고 건설적이며 긍정적인 생각은 당신의 건강, 사업 그리고 주변 환경에 뚜렷한 흔적을 남긴다. 반면 당신의 생각이 전반적으로 연약하고 비판적이며 파괴적이고 부정적이라면, 당신의 몸에는 두려움과 근심, 초조함으로, 재정적 상황에는 부족과 제약으로, 환경에는 불화로 그 생각이 표출될 것이다.

18　모든 부는 힘의 표현이다. 소유물은 힘을 활용할 수 있을 때 가치를 지니며, 사건은 힘의 흐름에 변화를 줄 때 의미가 있다. 따라서 세상에 존재하는 모든 것은 어느 정도 힘의 형태와 크기를 나타낸다.

19　전기, 화학적 친화력, 중력의 법칙들이 보여주듯, 원인과 결과의 관계를 이해하면 우리는 자신감 있게 계획을 수립하고 과감히 실행에 옮길 수 있다. 이러한 법칙들은 물리적 세계를 지배한다는 이유로 자연법칙이라 불린다. 그러나 모든 힘이 물리적인 것은 아니다. 정신의 힘, 즉 정신력이 있고, 도덕적 힘과 영적 힘도 존재한다.

20　학교와 대학은 정신 능력을 배양하는 곳, 즉 정신력이 개발되는 곳이 아니면 무엇이겠는가?

21　수많은 강력한 발전소가 원료를 모아 삶에 필수적인 것과 편의품을 생산하는 거대한 기계에 동력을 공급하듯이, 정신력의 발전소들은 지식이라는 원재료를 수집하고 가공하여 자연의 놀라운 힘

을 뛰어넘는 강력한 힘으로 발전시킨다..

22 전 세계의 교육 기관들이 모으고 발전시키는, 모든 힘을 다스리는 그 근본적인 힘의 원천은 무엇일까? 정적인 형태의 원재료는 우주의 마음이고, 동적인 형태의 원재료는 생각이다.

23 이 능력은 자연보다 더 높은 차원에 존재하기에 자연에 있는 모든 힘을 뛰어넘는다. 이 힘 덕분에 인간은 자연의 놀라운 힘을 이용할 수 있는 법칙을 발견했고, 이를 통해 수백, 수천 명의 사람들이 할 일을 해낼 수 있게 되었다. 뿐만 아니라 우리가 시간과 공간이라는 장벽을 허물고, 중력의 법칙마저 극복해낸 법칙을 발견할 수 있었던 것도 이 능력 덕분이었다.

24 생각은 지난 반세기 동안 개발되고 발전하면서 놀라운 성과를 이루어낸 생명력이자 에너지이다. 그 결과, 50년 전이나 심지어 25년 전에 살았던 사람들조차 상상하지 못했던 세상이 지금 우리 앞에 펼쳐져 있다. 만약 지난 50년간 정신 능력을 배양하는 교육 기관을 설립함으로써 이런 성과를 거두었다면, 앞으로 50년 후에는 어떤 세상이 기다리고 있을까?

25 만물이 창조되는 근원 물질은 그 양이 무한하다. 우리는 이제 빛이 초속 30만 킬로미터로 이동하며, 지구에 도달하는 데 2,000년이 걸리는 먼 별들이 밤하늘을 장식하고 있다는 사실을 알고 있다. 또한 이 빛이 파동의 형태로 오는데, 이 파동이 전파되는 에테르가

연속적이지 않다면 빛은 우리에게 도달하지 못할 것이라는 점도 알고 있다. 따라서 우리는 이 물질 혹은 에테르 또는 원재료가 보편적으로 존재한다는 결론에 도달할 수밖에 없다.[*]

26 그렇다면 그 물질은 어떻게 구체적인 형태를 갖추게 될까? 전기 과학에서는 아연과 구리로 이루어진 양극을 연결함으로써 전지가 만들어지고, 전류가 한쪽에서 다른 쪽으로 흐르면서 에너지를 생성한다. 극성을 지닌 모든 것에서 똑같은 과정이 반복된다. 결국 모든 형태는 진동 주파수와 그에 따른 원자들의 상호작용에 의해 결정되므로, 겉으로 드러나는 형태를 변화시키고 싶다면 극성을 바꾸면 된다. 여기에도 인과율의 원리가 적용된다.

27 이번 연습을 할 때도 온전히 집중해야 한다. 여기서 '집중'이란 그 단어가 지닌 모든 의미를 포괄한다. 주변의 모든 것을 잊을 정도로 대상에 깊이 몰입해보라. 매일 몇 분씩 이런 훈련을 반복해보라. 우리는 몸에 영양을 공급하기 위해 식사 시간을 갖는다. 그렇다면 정신에 양분을 제공하는 데 필요한 시간을 투자하지 않을 이유가 있겠는가?

◇◇◇◇◇◇

[*] 이 문단에서 언급된 별까지의 거리 등은 저자가 활동하던 1912년 당시의 과학적 이해를 반영한 것이다. 현대 물리학은 에테르의 존재를 부정하지만, 저자가 우주에 편재하는 근원적 물질의 존재를 통찰한 것은 현대 물리학의 기본 전제와도 맞닿아 있어 그 점은 높이 살 만하다.

28   겉으로 보이는 것이 실제와 다를 수 있음을 명심하라. 지구는 평평하지도, 정지해 있지도 않다. 하늘은 둥글지 않고, 태양은 움직이지 않는다. 별들은 반짝이는 작은 점이 아니다. 물질은 한때 불변하는 것으로 여겨졌지만, 이제는 끊임없이 변화하는 상태에 있는 것으로 밝혀졌다.

29   불변의 원리들이 작동하는 방식에 대한 지식이 급속도로 쌓이고 있는 만큼, 우리의 사고방식과 행동 양식도 그에 발맞춰 조정해야 할 때가 바로 눈앞에 다가왔음을 인정해야 한다.

적극적이고 주도적인 사고, 즉 복잡하고 모호한 문제를 해결하고
우리 마음에 새로운 통찰과 영감을 불어넣으며,
이해의 폭을 넓혀 이성의 경계를 확장하는 생각만큼
우리에게 기쁨을 주는 것은 없다.

로버트 사우스

Q   양극단은 어떤 방식으로 대비를 이루는가?

A   양극단은 안과 밖, 위와 아래, 빛과 어둠, 선과 악처럼 뚜렷하게 대조되는 이름으로 불린다.

Q   양극단은 서로 독립된 개체인가?

A   아니다. 양극단은 전체의 부분 또는 양상일 뿐이다.

Q   물리적 세계, 정신 세계, 영적 세계에 작용하는 단일한 창조적 원리는 무엇인가?

A   만물이 기원하는 영원한 에너지, 즉 우주의 마음이다.

Q   우리는 그 창조적 원리와 어떻게 관계를 맺는가?

A   사유 능력을 통해 관계를 맺는다.

Q   그 창조적 원리는 어떤 방식으로 작동하는가?

A   생각은 씨앗이 되어 행동을 낳고, 행동은 형태로 구현된다.

Q   형태는 무엇에 영향을 받는가?

A   진동 주파수의 영향을 받는다.

Q   진동 주파수는 어떻게 변화시킬 수 있는가?

A   정신 작용을 통해 변화시킬 수 있다.

Q 정신 작용은 무엇에 좌우되는가?

A 극성, 즉 개인과 우주의 마음 사이에서 일어나는 작용과 반작용에 좌우된다.

Q 창조적 에너지는 개인과 우주의 마음 중 어디에서 비롯되는가?

A 우주의 마음에서 비롯된다. 그러나 우주의 마음은 개인을 매개로 외부로 표출될 수 있다.

Q 개인은 왜 필요한 존재인가?

A 우주의 마음은 정적이므로 활성화되려면 에너지가 필요하다. 이 에너지는 음식을 통해 공급되며, 개인이 섭취한 음식이 에너지로 변환되어 사고 활동의 원동력이 된다. 개인이 음식 섭취를 멈추면 사유도 멈춘다. 사유가 중단되면, 우주의 마음에 기반한 행동도 불가능해지고, 그 결과 작용과 반작용도 더는 일어나지 않게 된다. 요컨대 우주의 마음은 움직임이 없는 정적 상태의 순수한 마음일 뿐이다.

지금 내 마음속에는 어떤 생각도 없다.
하지만 생각이 마음을 가득 채우면 재빨리 힘으로 바뀌어
성공적이고 조직적인 결과물을 만들어내는 경향이 있다.

랄프 왈도 에머슨

20장

우주에서의 균형

악의 기원에 대해서는 오랫동안 끊임없는 논쟁이 있었다. 신학자들은 하느님이 사랑 그 자체이며, 어디에나 존재하는 전능자라고 가르쳐 왔다. 만약 이것이 사실이라면, 하느님이 계시지 않는 곳은 없다. 그렇다면 악마와 사탄, 지옥은 도대체 어디에 존재한다는 말인가? 이에 대해 다음과 같이 답할 수 있다.

하느님은 영(靈)이시다.

영은 우주를 창조하는 원리이다.

인간은 하느님의 형상을 닮아 창조되었다.

영의 본질적인 작용은 사유하는 능력이다.

그러므로 사유는 창조의 과정 그 자체이다.

그러므로 모든 형태는 사유 과정의 결과물이다.

형태의 파괴 역시 사유 과정의 결과임이 분명하다.

최면 상태에서 경험하는 가상의 현상도 창조적 사유의 산물이다.

모든 종류의 발명과 조직, 건설적인 작업은 창조적 사유에 집중이 더해진 결과물이다.

사고의 창조력이 인류에게 이로운 방향으로 표출되면 그 결과를 우리는 선이라고 부른다. 사유의 창조력이 파괴적이고 사악한 형태로 발현되면 그 결과는 악이라 불린다.

이것이 바로 선과 악의 근원이다. 따라서 선과 악은 사유 과정, 즉 창조 과정의 결과가 지닌 속성을 지칭하기 위해 만들어진 단어일 뿐이다. 사유는 필연적으로 행동에 앞서고, 행동을 사전에 결정한다. 한편 행동은 상황을 앞서며, 상황을 사전에 결정한다.

여기에서는 이 중요한 주제에 대해 좀 더 깊이 파고들어 보려 한다.

⊗⊗⊗ Highlights ⊗⊗⊗

여기서는 삶의 진정한 과제가 무엇인지 설명하고, 그 결과에 대해 다룬다. 우리 삶을 지배하는 유일한 힘의 존재를 인식하지 못한다면 어떤 성과도 기대할 수 없다. 다시 말해, 개인과 우주의 마음 사이에 이루어지는 상호작용을 지배하는 힘과 원리 그리고 방법에 대한 이해가 필수적이다.

이번 장에서는 우주의 마음이 오직 개인을 통해서만 작용한다는 사실도 설명한다. 더불어 우주의 마음이 자신을 표현하는 매개체가 바로 우리이며, 이 우주의 마음이 우리 내면에 존재하고 있음을 보여준다. 더 나아가 우리 자신이 곧 우주의 마음이라는 점을 입증한다. 물론 우리가 항상 우주의 마음을 자각할 수 있는 것은 아니다. 우주의 마음을 의식에서 배제할 수도 있다. 그러나 우리 내면에 우주의 마음이 존재한다는 것은 모든 존재에게 해당하는 진실이다. 영감inspiration에 대해서도 언급하는데, 영감이란 개인의 마음을 우주의 마음과 조화시키는 기술, 즉 개인이 무한한 지혜를 받아들이는 통로가 되는 기술을 말한다.

Master Key System ─────────────────────────────────

01　어떤 사물의 영은 그 사물 그 자체이다. 사물은 본질적으로 고정되어 변하지 않는다. 당신의 영은 당신 자신이다. 영이 없으면 당신은 아무것도 아닐 것이다. 당신이 영을 인식하고, 그 잠재력을 인정할 때 비로소 영은 역동성을 띠게 된다.

02　당신은 기독교 세계에서 말하는 모든 부를 소유할 수 있다. 그러나 당신이 그 부를 인식하고 활용하지 않는다면, 그 부는 아무런 가치가 없다. 당신의 영적 부도 이와 다르지 않다. 당신이 영적 부를 자각하고 사용하지 않는 한, 그 부는 무의미하다. 따라서 영적 힘을 실현하는 유일무이한 조건은 활용과 인식이다.

03　모든 위대한 성취는 인식에서 비롯된다. 힘은 의식에서 시작되며, 사유는 그 의식의 전달자이다. 이 전달자는 계속해서 보이지 않는 세계의 실재를 당신이 볼 수 있는 세계의 조건과 환경으로 만들어내고 있다.

04　사유야말로 인생에서 진정으로 필요한 행위이며, 힘은 그 결과이다. 우리는 사유와 의식이 지닌 마법 같은 힘을 매 순간 다루고 있다. 만약 우리가 스스로 통제할 수 있는 힘의 존재조차 깨닫지 못한다면 과연 어떤 결실을 기대할 수 있겠는가?

05　그 힘의 존재를 인식하지 못한다면 우리는 외부 환경에 휘둘릴 수밖에 없고, 사유하는 자들을 대신해 무거운 짐을 져야만 할 것이다. 그 힘의 존재를 깨달은 사람은, 자발적으로 사유하지 않으면 고된 노동을 감수해야 하고, 사유를 적게 할수록 더 많이 일하면서도 그에 대한 보상은 적게 받을 수밖에 없음을 알게 된다.

06　힘의 비결은 우리와 우주의 마음 사이의 관계를 철저히 이해하는 데 있다. 다시 말해, 그 관계를 지배하는 힘과 원리, 그리고 그것들을 활용하는 방법을 완벽하게 파악하는 것이 핵심이다. 이 원리가 불변한다는 사실 또한 명심해야 한다. 만약 원리가 변덕스럽게 바뀐다면 어떻게 신뢰를 얻을 수 있겠는가? 따라서 모든 원리는 변하지 않는 법이다.

07　이러한 불변성이야말로 우리에게는 기회이다. 우리는 그 원리를 떠받치는 능동적인 매개체이자, 활동의 통로이다. 우주의 마음은 오직 개인을 통해서만 작용할 수 있다.

08　우주의 마음이 본질적으로 우리 안에 존재하며, 우리 자신과 다르지 않다는 사실을 깨닫는 순간, 우리는 무엇이든 시작할 수 있

고, 내면에 잠재된 힘을 느끼기 시작한다. 이러한 자각은 상상력에 불을 붙이고, 영감의 횃불을 밝히며, 우리를 우주에 편재하는 모든 보이지 않는 힘과 연결해준다. 그 힘을 바탕으로 우리는 대담하게 계획을 세우고 능숙하게 실행에 옮길 수 있다.

09 그러나 인식은 오직 고요함 속에서만 얻을 수 있다. 고요함은 모든 위대한 목적을 성취하는 데 필수적인 조건인 듯하다. 우리는 시각화하는 독립적 존재이며, 상상력은 우리의 작업장이다. 우리가 꿈꾸는 이상은 상상 속에서 시각화된다.

10 시각화에 내재된 힘을 완벽히 이해하는 것이 시각화한 내용을 외부로 표현하기 위한 전제 조건이므로, 필요할 때마다 그 힘을 사용할 수 있도록 전 과정을 시각화하는 훈련을 반복해야 한다. 지혜로운 사람은 필요하면 언제든 전능한 우주의 마음에게 영감을 받을 수 있도록 그 방법을 터득하고 실천한다.

11 우리는 우주의 마음이라는 내적 세계를 인식하지 못하고, 의식에서 배제할 수도 있다. 하지만 우주의 마음이 우리 안에 존재한다는 것은 모든 존재에게 해당하는 근본적인 진실이다. 그러므로 우주의 마음을 우리 내면은 물론, 모든 사람과 사물, 사건과 상황에서도 인식하는 법을 배운다면, 흔히 우리 안에 있다고 일컬어지는 '천국'Kingdom of Heaven을 발견하게 될 것이다.

12 이러한 실패 또한 동일한 원리가 작용한 결과이다. 그 원리는

불변하기에 언제나 정확히 같은 방식으로 작동하며, 조금의 예외도 허용하지 않는다. 우리가 결핍과 제약, 불화를 생각하면, 어김없이 모든 곳에서 그 열매가 드러난다. 가난과 불행, 질병을 떠올리면, 생각이라는 전령이 다른 종류의 생각만큼이나 손쉽게 그 부정적 에너지를 전파하고, 그 결과는 불을 보듯 뻔하다. 다가오는 재앙을 두려워하면 구약 성경의 욥처럼 "내가 두려워하던 것이 내게 닥쳐온다"라고 한탄하게 될 것이고, 어리석고 무지하게 생각하면 우리 자신에게 무지의 결과물을 끌어당기게 될 것이다.

13 　생각의 이러한 힘이 정확히 이해되고 올바르게 사용된다면, 우리가 그동안 꿈꿔온 최고의 노동 절감 장치가 될 것이다. 그러나 제대로 이해되지 않고 부적절하게 사용된다면, 앞서 보았듯이 비극적인 결과를 초래할 가능성이 매우 높다. 어찌 되었든 생각의 힘은 영감을 주는 사람, 즉 모든 천재의 비결이므로 그 힘을 적절히 활용한다면, 우리는 불가능해 보이는 일에도 자신 있게 도전할 수 있다.

14 　영감을 받는다는 것은 익숙한 길, 틀에 박힌 생각에서 벗어난다는 의미이다. 특별한 결과에는 특별한 방법이 요구되기 때문이다. 만물이 궁극적으로 하나이고, 모든 힘의 근원이 우리 안에 있음을 자각하는 순간, 우리는 영감의 원천을 만나게 된다.

15 　영감은 다양한 기술의 집합체다. 이는 우주의 지혜를 받아들이고, 자아를 실현하며, 개인의 마음을 우주 마음과 조화롭게 맞추는 능력을 포함한다. 또한 무형의 것에 형태를 부여하고, 모든 힘의

근원과 연결되는 통로를 만드는 기술이기도 하다. 또한 개인이 무한한 지혜를 수용하는 통로가 되는 기술, 완벽한 형상을 시각화하는 기술, 전능한 존재가 어디에나 있음을 깨닫는 기술이기도 하다.

16   무한한 힘이 모든 곳에 편재한다는 사실, 즉 미세한 것부터 거대한 것까지 모든 존재에 깃들어 있음을 깨닫고 받아들인다면, 우리는 그 힘의 본질을 체득할 수 있게 된다. 나아가 그 힘이 영적이므로 보이지 않는다는 점까지 이해한다면, 우리는 같은 시간에 모든 곳에서 무한한 힘의 존재를 인식할 수 있을 것이다.

17   이러한 진실을 먼저 이성으로 파악하고, 이어서 감성으로 체득할 때, 우리는 무한한 힘을 온전히 받아들일 수 있게 된다. 지적으로만 이해한다고 해서 그 자체로는 아무런 도움이 되지 않는다. 감정은 행동으로 이어져야 한다. 감정 없는 생각은 차갑기 마련이다. 생각과 감정이 결합되어야만 한다.

18   영감은 우리 내면의 깊은 곳에서 생겨난다. 이를 위해서는 내적 고요함과 모든 감각의 평온이 선행되어야 한다. 근육의 긴장을 풀고, 마음을 평화롭게 해야 한다. 그리하여 고요한 마음에 이르러야, 목적을 이루는 데 필요한 지혜와 영감, 정보를 받아들일 준비가 된다.

19   이 방법을 투시능력과 혼동해서는 안 된다. 둘 사이에는 어떤 공통점도 없다. 영감은 수용하는 기술이며, 삶에 건설적인 방향으

로 기여한다. 삶에서 우리가 마주한 진정한 과제는 이러한 비가시적 힘들을 이해하고 활용하는 것이다. 이 힘들에 지배당하거나 억압받는 것이 아니라, 그것을 우리 의지대로 다루는 법을 배워야 한다. 힘은 봉사를 의미하고, 영감은 힘을 뜻한다. 따라서 영감을 얻는 법을 알고 적용한다면 초인(超人)이 될 수 있다는 말이다.

20   우리는 숨쉴 때마다 더욱 충만한 삶을 경험할 수 있다. 단, 이는 분명한 의도를 가지고 의식적으로 호흡할 때만 가능하다. 이 과정에서 의도가 결정적인 역할을 한다. 우리의 목적이 집중도와 관심의 정도를 결정짓기 때문이다. 관심을 갖고 주의를 기울이지 않는다면, 다른 모든 이가 얻는 것과 같은 수준의 결과밖에 얻을 수 없다. 바꿔 말하면, 수요에 맞는 공급만을 얻을 수 있다.

21   더 풍성한 삶을 원한다면, 먼저 그에 대한 갈망과 요구가 증가해야 한다. 당신이 의식적으로 수요를 늘리면 공급 증가가 자연스럽게 뒤따르고, 활력과 에너지가 당신의 삶을 점점 더 가득 채울 것이다.

22   이 원리를 이해하는 것은 어렵지 않지만, 이는 오랫동안 우리 삶에서 제대로 인식되지 못한 중요한 비밀 중 하나였다. 그러나 이 신비를 당신의 것으로 만든다면, 우리 삶에서 결코 부인할 수 없는 가장 위대한 현상 중 하나임을 인정하지 않을 수 없을 것이다.

23   신약 성경에 따르면, "우리는 그분 안에서 살고, 움직이며 존

재한다". 여기서 '그분'은 성령이자 사랑이다. 따라서 우리가 숨 쉴 때마다 그분의 생명과 사랑, 성령을 호흡하는 셈이다. 힌두교에서는 이를 프라나 에너지 또는 프라나 에테르라고 부른다(힌두교에서 '프라나'는 모든 생명체를 존재하게 하는 힘을 뜻한다—옮긴이). 프라나 에너지가 없다면 우리는 단 한 순간도 존재할 수 없다. 다른 말로 하면, 이 존재는 우주 에너지이자 복강신경총의 생명이다.

24 호흡할 때마다 우리는 공기로 폐를 채우는 동시에, 생명 그 자체인 프라나 에너지로 우리 몸에 활력을 불어넣는다. 따라서 이 순간 우리는 모든 생명과 지성, 물질을 주재하는 초월적 존재와 의식적으로 교감할 기회를 얻게 된다.

25 우리가 우주를 지배하는 그 원리와 어떤 관계에 있으며, 아주 단순한 방법으로 우리가 그 원리와 의식적으로 일체가 될 수 있다는 사실을 안다면, 질병을 비롯한 온갖 종류의 한계와 결핍으로부터 자유로워지는 법칙을 과학적으로 이해하게 된다. 구체적으로 말해, 우리는 콧구멍으로 '생명의 숨결'을 들이마실 수 있게 된다.

26 이 '생명의 숨결'은 초월적 의식의 실체이며, '스스로 있는 자'I AM라는 근본적 인식의 핵심이다. 또한 순수한 '존재'이며, 우주의 본질이기도 하다. 우리가 그 실체와 의식적으로 하나가 될 때, 우리는 그 존재를 발견하고 그 안에 내재한 창조적 에너지의 힘을 활용할 수 있다.

성공의 문을 여는 마스터키

27 사유는 창조력을 지닌 진동이며, 우리를 둘러싼 환경의 성격은 우리의 사고방식과 밀접하게 연관되어 있다. 우리가 갖고 있지 않은 힘을 외부로 표출할 수는 없지 않은가? 결국 우리는 존재해야만 무언가를 할 수 있고, 우리가 존재하는 만큼 할 수 있다. 그러므로 우리의 행동은 필연적으로 우리의 존재 방식과 일치할 수밖에 없으며, 우리의 존재 방식은 우리의 생각에 영향을 받는다.

28 우리는 생각할 때마다 인과관계의 고리를 풀어놓기 시작하며, 그 생각을 시작한 사유의 성격과 정확히 일치하는 조건이 형성된다. 우주의 마음과 조화를 이루는 사유는 그에 상응하는 환경을 만들어내고, 파괴적이거나 부조화를 낳는 사유 역시 그에 상응하는 환경을 조성할 것이다. 우리는 사유를 건설적으로 활용할 수도, 파괴적으로 이용할 수도 있다. 그러나 불변의 법칙은 우리가 한 종류의 생각을 심어놓고 건설적인 열매를 거두는 것을 결코 허락하지 않는다. 우리는 이 경이로운 창조의 힘을 자유롭게 사용할 수 있지만, 반드시 그 결과에 대해 책임을 져야만 한다.

29 '의지력'Will Power이라고 불리는 것의 위험이 바로 여기에 있다. 의지의 힘으로 보편적 법칙을 굽힐 수 있다고 생각하는 사람들이 적지 않은데, 그들은 잘못된 씨앗을 뿌리고도 의지력으로 다른 종류의 열매를 수확할 수 있다고 여기는 것과 같다. 그러나 창조적 에너지의 근본 원리는 우주의 마음이므로, 개별적 의지로 우리의 소망을 어떻게든 실현하겠다는 각오는 그릇된 생각이다. 그런 각오는 일시적으로 성공하는 듯 보이지만, 사유의 힘을 원래의 방향과

반대로 사용했기에 결국에는 실패의 길로 접어들 수밖에 없다.

30　우주의 마음에 저항하고 억누르려는 개별적인 시도는 유한한 힘으로 무한에 맞서겠다는 것과 다를 바 없다. 우리의 행복을 영원히 지속시키는 비결은 끊임없이 앞으로 나아가는 위대한 전체Great Whole와 의식적으로 협력하는 데 있다.

31　이번 훈련을 위해 조용한 곳을 찾아가, "우리는 그분 안에서 살고, 움직이며 존재한다"라는 말이 문자 그대로 과학적으로도 정확하다는 사실에 집중하라. 그분이 존재하기에 당신이 존재하며, 그분이 어디에 계시든 당연히 당신 안에도 계신다는 점에 주목하라. 그분이 만물의 전부라면 당신 역시 그분 안에 존재함이 분명하다! 그분은 성령이고, 당신은 '그분의 형상'을 따라 창조되었으며, 그분의 영과 당신의 영 사이에는 정도의 차이만 있을 뿐 부분이 전체와 본질과 속성이 같다는 사실도 되새겨보라.
이러한 진실을 명확히 깨닫게 되면 사유에 내재한 창조적 힘의 비밀을 발견하고, 나아가 선과 악의 근원마저도 알게 될 것이다. 그 과정에서 집중에 잠재된 경이로운 힘의 비밀을 발견하고, 육체와 재정, 환경 등에서 비롯되는 모든 문제를 해결하는 열쇠도 찾아내게 될 것이다.

배우기만 하고 생각하지 않으면 갈피를 잡을 수 없고,

생각만 하고 배우지 않으면 위태롭다.

공자

생각하는 사람은 황금만큼이나 희귀하다.

하지만 어떤 문제의 모든 측면을 고려하며 사고하고,

결과를 두려워하지 않고 끊임없이 그 문제를 파고드는 사람은

거대한 다이아몬드와 같다.

요한 라바터

◇◇◇ *Q & A* ◇◇◇

Q   힘은 어떤 조건에 좌우되는가?

A   인식과 활용

Q   인식이란 무엇인가?

A   의식하는 행위

Q   힘을 자각하기 위해서는 어떻게 해야 하는가?

A   사유해야 한다.

Q 인생에서 진정한 과제는 무엇인가?

A 올바르고 과학적으로 사고하는 태도

Q 올바르고 과학적인 사고 태도란 무엇인가?

A 우리의 사유 과정을 우주의 의지와 조화시키려는 능력을 기르려는 자세. 다시 말해, 자연의 법칙과 협력하려는 노력

Q 그 능력을 기르려면 어떻게 해야 하는가?

A 우리와 우주의 마음 사이의 관계 및 그 관계를 지배하는 힘과 원리, 방법론을 철저히 이해해야 한다.

Q 이 우주의 마음이란 무엇인가?

A 우주의 마음은 모든 존재에 내재하는 근본적 진실이다.

Q 결핍과 한계, 질병과 불화 등 모든 부정적 결과의 원인은 무엇인가?

A 긍정적 결과를 낳는 법칙이 그대로 작용하기 때문이다. 그 법칙은 생각에 상응하고 부합하는 조건을 예외 없이 끊임없이 만들어낸다. 따라서 그 법칙에 따르면, 사유가 조건의 원인이 되어 조건을 생성한다.

Q 영감이란 무엇인가?

A 전능자가 어디에나 있음을 깨닫는 기술이다.

Q 우리가 마주하는 환경은 무엇에 달려 있는가?

성공의 문을 여는 마스터키

A 　우리 사유의 성격에 영향을 받는다. 우리의 행동은 우리의 존재 방식에 영향을 받고, 우리의 존재 방식은 우리의 사고에 좌우되기 때문이다.

진정 현명한 사상은 이미 수천 번 생각된 것이다.
그러나 그 현명한 사상을 정말 자신의 것으로 만들고 싶다면,
그 사상이 개인의 삶에 뿌리를 내릴 때까지 꾸준히 되새기며
성실하게 반복해야 한다.

요한 볼프강 폰 괴테

21장

성공을 준비하라

◈◈◈ *Insight* ◈◈◈

7번 항목에서는 성공의 비결, 승리를 이끌어내는 방법, 위대한 업적을 달성하는 이들의 공통점이 크게 생각하는 데 있다고 말한다.

8번 항목은 우리가 지속적으로 의식 속에 품은 생각들이 반드시 잠재의식에 새겨지며, 이것이 창조적 에너지를 불러일으켜 우리의 삶과 주변 환경을 구성하는 근본적인 틀이 된다는 점을 역설한다. 여기에서 기도가 놀라운 힘을 발휘한다는 비밀이 밝혀진다.

우리가 아는 바로는 우주를 지배하는 법칙이 존재한다. 모든 현상에는 원인이 있으며, 같은 원인은 동일한 환경에서 항상 같은 결과를 초래한다는 것이 우주의 불변 법칙이다. 그러므로 한 번이라도 기도가 응답되었다면, 같은 조건하에서는 기도가 항상 응답될 것이라고 예측할 수 있다. 이러한 추론은 필연적으로 옳아야 한다. 그렇지 않다면 우주는 질서cosmos가 아닌 혼돈chaos일 것이다. 그러므로 기도에 대한 응답에 적용되는 법칙은 중력이나 전기를 지배하는 법칙만큼이나 과학적으로 명확하고 정확할 것이 분명하다. 이 법칙을 제대로 이해하기 위해서는 미신과 맹목적 믿음에서 벗어나, 기독교 교리의 기본을 과학적 사고의 견고한 기반 위에 세워야 한다.

그러나 안타깝게도 기도하는 방법을 아는 사람은 소수에 불과하다. 많

성공의 문을 여는 마스터키

은 이들이 전기와 수학, 화학을 지배하는 법칙이 있다는 것은 인정한다. 하지만 설명하기 어려운 이유로, 영적인 법칙 또한 존재하며 그 법칙 역시 과학적이고 명확하며 정확해서 특정 조건에서는 반드시 적용된다는 사실을 깨닫지 못하는 것 같다.

⟨⟨⟨ Highlights ⟩⟩⟩

여기서는 우리가 살아가면서 어떤 상황에 직면하더라도 그것을 헤쳐 나갈 수 있는 힘을 얻는 법을 설명한다. 불완전한 조건을 극복하는 능력이 정신 작용에 달려 있다는 것도 강조한다. 또한 웅대한 아이디어는 상대적으로 작고 제한적인 아이디어를 압도하는 경향이 있으므로, 협소하고 바람직하지 않은 성향을 억누르고 없앨 수 있을 만큼 원대한 아이디어를 품는 것이 더 나은 이유도 설명한다. 이러한 자세가 성공의 비결 중 하나이자, 위대한 업적을 이루는 사람들의 비결이기도 하다.

창조적 에너지는 큰 상황을 다룰 때나 작은 상황을 다룰 때나 난도에 차이가 없다. 우리가 주로 품고 있는 생각이 우리 삶의 조건을 만들어낸다.

그렇다면 우리에게 필요한 것을 끌어당기는 강력한 자석 같은 힘을 지속해서 발휘하려면 어떤 원인을 만들어내야 할까? 이 장에서는 새로운 체제와 과거 체제의 충돌로 발생하는 쟁점을 다루고, 가장 중요한 사회적 과제도 언급한다. 건강과 부, 힘의 진정한 비밀에 대해서도 설명이 이어진다.

01   힘의 진정한 비밀은 그 힘을 의식하는 데 있다. 우주의 마음은 어떠한 조건이나 제약도 없는 절대적인 상태이다. 따라서 우리가 이 마음과 하나라는 사실을 더 깊이 자각할수록, 우리는 조건과 한계에 대한 의식에서 점점 더 자유로워진다. 그리고 우리가 조건의 속박에서 해방될수록, 우리는 무조건적인 상태를 깨닫게 된다. 우리는 자유로워진 것이다!

02   우리 내면에 존재하는 무한한 잠재력을 자각하는 순간, 우리는 그 힘을 신뢰하고 활용하기 시작할 것이며, 이에 따라 우리의 통찰력과 가능성도 함께 확장될 것이다. 우리가 의식하는 바가 무엇이든 객관적 세계에서 구체적인 형태로 표현되기 때문이다.

03   그 이유는 무한한 마음, 즉 만물의 근원이 하나이며 더는 나눌 수 없고, 각 개체는 영원한 에너지가 외부로 표출되는 통로이기 때문이다. 우리 개개인의 사유 능력은 이 우주의 본질에 기반을 두고 작용하는 능력이다. 결국 우리가 생각하는 바가 객관적 세계에서 창조되고 나타난다.

04   이러한 통찰이 가져오는 결과는 실로 놀라우며, 우리의 마음이 질적으로 우수하고 양적으로 무한하며, 끝없는 잠재력을 지니고 있음을 보여준다. 이 힘을 의식한다는 것은 '전류가 흐르는 전선'ₐ live wire이 된다는 뜻이다. 힘에 대한 자각은 일반 전선을 전류가 흐

르는 전선에 연결할 때와 똑같은 효과를 낳기 때문이다. 우주의 마음은 전류가 흐르는 전선, 즉 활선(活線)이며, 우리가 살아가면서 부딪히는 어떤 상황에도 충분히 대처할 수 있는 힘을 전달한다. 우리의 마음이 우주의 마음과 접촉할 때 우리는 필요한 모든 힘을 공급받는다. 우주의 마음은 내면세계이다. 내면세계의 실재성은 과학도 인정하는 이론이며, 그와 관련된 힘을 활용할 수 있느냐 여부는 내면세계를 인정하느냐에 달려 있다.

05 불완전한 조건을 해소하는 능력은 정신 작용에 좌우되며, 정신 작용은 힘을 의식하는 데 달려 있다. 따라서 모든 힘의 근원과 하나라는 자각이 깊어질수록 모든 조건을 통제하고 관리하는 우리의 역량도 커진다.

06 큰 규모의 아이디어는 작고 한정적인 생각을 압도하는 경향이 있다. 따라서 좁은 시야와 부정적인 성향을 극복하기 위해서는 더욱 원대하고 포괄적인 비전을 품는 것이 효과적이다. 이렇게 함으로써 성공으로 가는 길에서 수많은 사소하고 성가신 장애물을 극복할 수 있을 것이다. 또한 보다 넓은 세상을 자각하고 사고할 때 정신적 역량이 증대될 뿐만 아니라 가치 있는 일을 성취할 수 있는 위치에 서게 된다.

07 지금까지 성공의 비결, 승리를 조직하는 방법, 위대한 업적을 이루는 사람들의 비결이 바로 크게 사고하는 데 있음을 살펴보았다. 거장은 큰 그림을 그린다. 마음의 창조적 에너지는 큰 상황을

다룬다고 해서 작은 상황을 다룰 때보다 더 어려움을 겪는 것은 아니다. 우주의 마음은 무한히 크고 작은 모든 것에 동일하게 스며들어 있다.

08 마음에 관한 이러한 진실을 깨달으면 우리가 원하는 어떤 조건이라도 만들어낼 수 있다는 사실을 이해할 수 있다. 우리가 바라는 조건을 의식적으로 마음에 그리기만 하면 된다. 우리가 일정 기간 의식 속에 간직한 것은 예외 없이 잠재의식에 각인되고, 이로 인해 창조적 에너지가 우리의 삶과 환경을 형성하는 패턴이 되기 때문이다.

09 이처럼 우리의 현실은 형성된다. 따라서 우리의 삶은 결국 우리의 지배적인 사고, 즉 정신적 태도가 외부로 투영된 결과물이라고 할 수 있다. 올바른 사고방식을 연구하는 학문 또한 하나의 학문 분야로 인정받아야 하며, 모든 학문에 적용되어야 한다.

10 이 학문으로부터 우리가 배우는 바는 어떤 생각이나 마음에 지워지지 않는 인상을 남기고, 그 인상은 정신적 성향을 형성하며, 그 성향은 성격과 능력 및 의지력을 만들어내고, 성격과 능력 및 의지력이 결합되어 우리가 삶에서 마주하게 될 경험의 세계를 조성한다는 것이다.

11 그 경험의 세계는 끌어당김의 법칙을 통해 우리에게 다가온다. 내면세계에 상응하는 경험을 외부 세계에서 접하게 되는 것 역

성공의 문을 여는 마스터키

시 끌어당김의 법칙이 작용한 결과이다.

12　지배적인 생각, 즉 정신적 태도는 자석과 같다. 끌어당김의 법칙에 따라 유사한 것들이 서로 끌어당기므로, 정신적 태도 또한 그 본성에 부합하는 조건을 끌어당기게 마련이다.

13　결국 정신적 태도는 성격이며, 우리가 마음속에서 꾸준히 떠올렸던 생각들로 구성된다. 따라서 조건에서 모든 것을 변화시키고자 한다면 우리의 생각을 바꾸어야 한다. 생각이 달라지면 정신적 태도가 변하고, 정신적 태도가 변하면 성격이 바뀌며, 성격이 바뀌면 우리가 삶에서 마주하는 사람과 사물, 조건과 경험이 달라진다.

14　정신적 태도를 변화시키는 것은 쉽지 않다. 그러나 꾸준히 노력한다면 해낼 수 있다. 정신적 태도는 마음속에 각인되고 그려진 이미지들의 영향을 받는다. 그 이미지들이 마음에 들지 않는다면, 그 부정적인 이미지들을 지워버리고 새로운 그림을 그려라. 그러한 교체에 필요한 것이 바로 시각화 기술이다.

15　그렇게 해낸다면 즉시 새로운 것을 끌어당기기 시작할 것이고, 그 새로운 것은 새로운 이미지에 상응할 것이다. 이를 위해서는 구현하고자 하는 욕망을 완벽하게 마음속에 그린 후, 구체적인 결과를 얻을 때까지 그 이미지를 의식 속에 간직해야 한다.

16　그 욕망의 실현에 의지력과 능력, 재능과 용기, 힘과 영적인

힘이 요구된다면, 그 요소들을 반드시 마음속 그림에 포함해야 한다. 그 요소들은 당신이 마음에 그리는 이미지에서 가장 중요한 부분으로 자리 잡아야 한다. 요소들은 생각과 결합하여 강력한 자력을 발휘하며, 당신에게 필요한 것들을 끌어당긴다. 또한 그 요소들은 당신이 마음속에 그리는 이미지에 생명력을 불어넣는다. 생명력은 성장을 의미하므로, 생명력이 자라기 시작하는 순간부터 결과는 사실상 확정된 것이나 다름없다.

17 어떤 시도를 하든 주저 없이 최고의 가능한 목표를 갈망하라. 마음의 힘은 타오르는 열망을 행동으로 옮기고 성취하고자 하는 강한 의지를 만날 때 언제나 도움을 주려 하기 때문이다.

18 이러한 마음의 힘이 작용하는 방식은 우리의 습관이 형성되는 과정에서 찾아볼 수 있다. 우리는 어떤 행위를 하고, 그것이 거의 자동으로 쉽게 이루어질 때까지 반복한다. 나쁜 습관을 버릴 때도 동일한 방법이 적용된다. 특정 행위를 그만두고, 반복해서 그것을 피한다. 그 행위를 완전히 떨쳐낼 수 있을 때까지 계속해서 피하고 또 피한다. 가끔 실패한다 해도 희망을 놓쳐서는 안 된다. 이 법칙은 절대적이고 무적이며, 우리의 노력과 성공이 간헐적이라 하더라도 그에 대한 보상은 반드시 뒤따르기 때문이다.

19 이 법칙은 우리 삶의 모든 영역에 무한히 적용된다. 그러므로 당신의 이상을 대담하게 믿고, 자연이 그 이상에 맞추어 변화한다는 사실을 명심하며, 더 나아가 그 이상이 이미 이루어졌다고 여

성공의 문을 여는 마스터키

겨라.

20   우리 삶에서 진정한 전쟁은 아이디어들 간의 전쟁이다. 소수가 다수와 맞선다. 한편에는 건설적이고 창조적인 사고가, 다른 한편에는 파괴적이고 부정적인 사고가 자리한다. 창조적인 생각은 이상이 지배하고, 수동적인 생각은 겉모습이 지배한다. 양측 모두에 과학자와 문학가, 사업가가 포진해 있다.

21   창조적인 편에는 실험실에서 현미경과 망원경을 다루며, 기업계와 정치계, 과학계를 주도하는 인사들과 함께 시간을 보내는 이들이 있다. 반면 부정적인 편에는 법과 선례를 연구하는 데 시간을 할애하는 사람들, 신학을 종교로 오해하는 이들, 권력을 권리로 착각하는 정치인들, 진보보다 관례를 선호하고 미래보다 과거를 끊임없이 회고하는 사람들, 그리고 내면세계는 모른 채 오직 외부 세계만 바라보는 이들이 있다.

22   결국 두 부류만 남게 되고, 모든 사람은 둘 중 하나를 선택해야만 한다. 전진하거나 후퇴해야 한다. 모든 것이 움직이는 세상에서 그 누구도 정지해 있을 수는 없다. 자의적이고 불공정한 법을 인정하고 여기에 힘을 실어주려는 행위는 제자리에 있으려는 시도와 다름없다.

23   지금 우리가 전환기에 있다는 것은 명백하다. 사방에서 뚜렷이 감지되는 불안감이 그 증거다. 인류의 불만은 하늘에서 우렁차

게 울리는 대포 소리처럼, 처음에는 낮고 위협적인 소리로 시작하여 점차 고조되고, 구름에서 구름으로 전해지다가, 마침내 번개처럼 대기와 대지를 가르게 된다.

24 산업계와 정치계, 종교계의 최전선을 지키는 파수꾼들은 불안에 휩싸여 '밤새 평안하셨습니까?' 하며 서로 연락을 주고받는다. 그들이 현재 차지하고 있는 지위, 앞으로 쥐고자 하는 자리의 위험과 불확실성이 매 순간 더욱 선명해진다. 새로운 시대가 도래하는 즉시, 기존 질서는 더는 지속될 수 없으리라고 선언한다.

25 새로운 체제와 과거 체제의 충돌로 인해 대두되는 쟁점, 즉 가장 중대한 사회적 문제는 우주의 본질에 대한 사람들의 신념이다. 우주의 영혼, 즉 우주의 마음에 내재한 초월적 힘이 우리 모두의 내면에 깃들어 있음을 깨닫게 되면, 소수의 특권보다 다수의 권리와 자유를 더욱 중시하는 법을 제정하는 게 가능해질 것이다.

26 사람들이 우주의 힘을 인간과 관계없는 외부의 힘으로 여기는 한, 특권 계급이 신의 권리를 내세워 통치하기 쉬울 것이다. 이는 사회의 반발에도 불구하고 계속될 수 있다. 그래서 인류의 진정한 이익은 인간 영혼의 신성을 높이고, 자유롭게 하고, 인정하는 것이다. 모든 힘이 내면에서 온다는 것을 알아야 한다. 어떤 사람도 다른 사람보다 더 많은 힘을 가지고 있지 않으며, 오직 자발적으로 주어진 힘만을 가진다. 옛 체제는 법을 만든 사람들보다 법이 더 위에 있다고 믿게 만들었다. 이것이 모든 특권과 개인 간 불평등의 근

성공의 문을 여는 마스터키

원이며, 신이 특정 사람들을 선택했다는 운명론적 생각을 제도화한 사회적 잘못의 핵심이다.

27 신성한 마음Divine Mind은 우주의 마음이다. 신의 마음은 변덕스럽게 작용하지 않으며, 분노와 질투, 격정에 좌우되지 않는다. 아첨과 회유, 연민에 흔들리지 않고, 인간의 행복이나 존재 자체를 위해 필요하다고 주장하는 욕구를 채워달라는 간청에도 동요하지 않는다. 신의 마음은 우리 모두를 차별 없이 사랑한다. 하지만 우리가 우주의 원리와 하나라는 것을 이해하고 깨달을 때 더 많은 사랑을 받는 것처럼 보이는데, 그 이유는 건강과 부, 힘의 원천을 발견했기 때문이다.

28 이번 훈련을 위해 진실에 주목해보자. 진실이 당신을 자유롭게 해준다는 것을 깨우치려 노력하라. 과학적으로 올바른 사고 방식과 원칙을 적용하는 법을 터득하면, 어떤 것도 성공의 길을 영원히 가로막을 수 없기 때문이다. 현재 환경에서도 당신에게 내재한 영혼의 잠재력을 영구히 유지할 수 있으며, 고요함 속에서 지극히 높은 차원의 진리를 깨달을 기회가 거의 무한하게 주어진다는 사실을 인식해야 한다. 전능한 존재 그 자체가 절대적인 침묵이라는 점을 이해하고, 그 외의 모든 것은 변화하고 움직이며 한계를 지닌다는 것도 알아야 한다. 따라서 조용한 공간에서 사유에 몰두하는 것이야말로 내면세계의 경이로운 잠재력에 접근하여 그 힘을 일깨우고 발현하는 진정한 방법이다.

사유 훈련의 가능성은 무한하며, 그 결과는 영속적이다.
하지만 생각의 흐름을 자신에게 유리한 방향으로
전환하려 애쓰는 이는 극소수에 불과하고,
대다수는 모든 것을 운명에 맡긴다.

오리슨 스웨트 마든

◈◈◈ *Q & A* ◈◈◈

Q   힘의 진정한 비밀은 어디에 있는가?

A   힘의 존재를 자각하는 데 있다. 우리가 의식하는 바가 무엇이
든 객관적 세계에서 구체적인 형태로 표출되기 때문이다.

Q   그 힘의 근원은 무엇인가?

A   우주의 마음이다. 우주의 마음은 만물이 비롯되는 원천이며,
하나이고 더는 분할될 수 없기 때문이다.

Q   그 힘은 어떻게 외부로 발현되는가?

A   개인을 통해 발현된다. 개인은 그 에너지가 형태로 분화되는
통로이다.

Q   그 전능한 존재와 연결되려면 우리는 어떻게 해야 하는가?

성공의 문을 여는 마스터키

A   개개인의 사유 능력은 이 우주적 에너지에 기반을 두고 작용
     하는 능력이다. 결국 우리가 생각하는 바가 객관적 세계에서
     창조되고 나타난다.

Q   이러한 깨달음은 어떤 결과를 가져오는가?
A   경이로움 그 자체이다. 전례 없는 무한한 가능성을 열어준다.

Q   불완전한 조건을 제거하려면 어떻게 해야 하는가?
A   우리가 모든 힘의 근원과 하나라는 사실을 자각하면 된다.

Q   위대한 업적을 이루는 사람들의 차별화된 특징 중 하나를 든다면?
A   그들은 크게 사고한다. 모든 협소하고 성가신 장애물을 압도
     하고 제거할 만큼 웅대한 아이디어를 품는다.

Q   경험의 세계는 우리에게 어떻게 다가오는가?
A   끌어당김의 법칙을 통해 다가온다.

Q   끌어당김의 법칙은 어떻게 작동하는가?
A   우리 마음을 지배하는 정신적 태도에 좌우된다.

Q   새로운 체제와 과거 체제의 충돌로 인해 대두되는 쟁점은 무엇
     인가?
A   우주의 본질에 대한 사람들의 신념에 관한 뚜렷한 대비가 이
     루어진다. 과거 체제는 신의 선택이라는 숙명론적 교리에 집

착하는 경향이 있고, 새로운 체제는 개인의 신성, 즉 인간의 신
성을 인정한다.

연속적이고 깊고 명확하게 생각하는 능력은
실수와 실수, 미신, 비과학적 이론, 비합리적 믿음,
통제되지 않은 열정, 광신주의의 공공연하고 치명적인 적수다.

프랭크 해덕

22장

씨를 뿌려라

이번 장에서는 생각을 '영적인 씨앗'으로 비유하여 설명한다. 이 씨앗이 잠재의식에 심어지면 반드시 싹을 틔우고 성장하지만, 아쉽게도 그 결과물은 종종 우리의 의도와 다르게 나타난다. 염증, 마비, 불안 등 다양한 형태의 병적 증상은 주로 두려움, 걱정, 질투, 혐오와 같은 부정적 사고가 외부로 발현된 결과이다.

생명의 과정은 뚜렷이 구분되는 두 가지 방식으로 진행된다. 하나는 세포를 구성하는 데 필요한 영양분을 재료로 받아들여 활용하는 단계이고, 다른 하나는 노폐물을 분비하고 배출하는 과정이다.

모든 생명체의 활동은 구성과 분해라는 두 가지 과정을 기반으로 한다. 음식과 물, 공기는 세포를 구성하는 데 필요한 유일한 필수 요소이므로 생명을 무한히 연장하는 문제는 그리 어려워 보이지 않는다.

의외로 들릴 수 있겠지만, 소수의 예외를 제외하면 대부분의 질병은 두 번째 과정, 즉 분해 활동에서 비롯된다. 노폐물이 세포에 쌓여 포화 상태에 이르면, 자가 중독auto-intoxication을 일으킨다. 이때 증상은 국소적일 수도 있고 전신적일 수도 있다. 국소적이라면 장애가 국한되지만, 전신적인 경우에는 심신 체계 전체에 영향을 미친다.

질병 치료의 핵심 과제는 심신 전체에 생명 에너지의 흐름과 분배를 활성화하는 것이다. 이를 위해서는 두려움과 걱정, 근심과 불안, 질투와 혐오 등 부정적인 생각을 털어내야 한다. 그런 부정적인 생각들은 유해한 노폐물의 배출과 제거를 조절하는 신경과 분비선(腺)을 손상시키고 파괴하기 때문이다.

'영양가 있는 음식과 강장제'는 생명의 이차적인 발현일 뿐이므로 그 자체로 생명을 부여하지는 못한다. 생명의 일차적인 발현과, 우리가 그 발현에 접촉할 수 있는 방법을 여기서 다룬다.

◈◈ Highlights ◈◈

여기서는 우리가 현재의 성격과 환경, 능력 그리고 신체적 상태를 지니게 된 이유를 설명한다. 또한 어떻게 해야 우리가 원하는 방향으로 미래를 만들어갈 수 있는지도 언급한다. 진동 주파수의 변화만으로도 자연의 광대한 파노라마가 어떻게 지속적으로 변모하는지 설명할 수 있다. 또한 우리 몸에서 진동 주파수가 어떻게 끊임없이 변화하는지, 그리고 그것이 대개 무의식적으로 일어나며 종종 해로운 결과를 초래한다는 사실도 다룬다.

그렇다면 우리는 어떻게 이러한 변화를 의식적으로 일으켜 조화롭고 유익한 상태만을 만들어낼 수 있을까? 건강의 법칙은 진동의 법칙에 기초하고 있으므로, 진동의 법칙을 올바로 이해하면 건강한 신체를 만들고 유지할 수 있다. 따라서 진동의 법칙이 어떻게 작용하며, 일반적으로 어떻게 이해되고 평가되는지도 다룬다. 또한 요즘 많은 의사가 이 문제에 각별한 관심을 기울이는 이유도 설명한다.

Master Key System ————————————————————

01   지식은 그 가치를 가늠할 수 없을 만큼 소중하다. 지식을 활용함으로써 우리는 미래를 꿈꾸는 대로 만들어갈 수 있기 때문이다. 현재의 성격과 환경, 능력 그리고 신체적 상태가 과거의 사고방식에서 비롯되었음을 깨닫게 되면, 지식의 가치를 조금이나마 인식하기 시작할 것이다.

02   현재의 건강 상태가 기대에 미치지 못한다면, 사고방식을 되돌아보라. 모든 생각은 마음에 흔적을 남기고, 모든 흔적은 씨앗이 되어 잠재의식 속에서 뿌리내려 특정한 성향을 형성한다는 사실을 명심해야 한다. 그 성향은 다른 유사한 생각들을 끌어들일 것이고, 우리가 자각하기도 전에 거둬들여야 할 열매를 맺게 된다.

03   만약 이러한 생각들에 불건전한 요소가 있다면, 그 결과물은 부실하고 병든 실패작이 될 수 있다. 결국 관건은 "우리가 무엇을 생각하고, 무엇을 창조하며, 무엇을 거두어들이는가"라는 질문으로 귀결된다.

04   반드시 변화시켜야 할 신체적 조건이 있다면, 시각화를 지배하는 법칙을 효과적으로 활용할 수 있다. 완벽한 신체를 마음속에

그리고, 그 이미지가 의식에 깊이 각인될 때까지 간직하라. 수많은 사람이 이 방법으로 만성 질병을 치유했다. 또한 이 기법을 통해 흔한 신체적 불편함을 며칠, 때로는 몇 분 만에 극복하고 해소한 사람도 수천 명에 이른다.

05   진동의 법칙을 통해 마음은 몸을 지배한다. 모든 정신 활동은 진동이며, 모든 형태는 단순히 운동의 한 패턴, 즉 진동 주파수에 불과하다는 사실이 이미 확인되었다. 따라서 진동을 변화시키면 몸의 모든 원자가 즉각 조율되고, 모든 생명 세포가 영향을 받아 생명 세포 전체에 화학적 변화가 일어난다.

06   우주의 모든 존재는 각자 고유한 진동 주파수 때문에 현재의 형태를 유지한다. 진동 주파수를 바꾸면 속성과 특징, 형상이 달라진다. 진동 주파수를 변화시키는 것만으로도 보이는 영역이나 보이지 않는 영역 모두에서 자연이라는 광대한 파노라마가 끊임없이 변모한다. 생각이 진동이기에 우리 또한 이러한 힘을 발휘할 수 있다. 우리는 진동을 변화시킬 수 있으며, 이를 통해 우리 몸에서 원하는 어떤 상태라도 만들어낼 수 있다.

07   사실 우리는 모두 매 순간 이 힘을 사용하고 있다. 다만 대부분이 무의식적으로 이 힘을 사용하며 바람직하지 않은 결과를 만들어내는 것이 문제이다. 따라서 우리는 이 힘을 현명하게 활용하여 오직 긍정적인 결과만을 창조해야 한다. 이는 그리 어려운 목표가 아니다. 우리는 모두 어떤 것이 우리 몸에 기분 좋은 진동을 일으키

는지, 그리고 어떤 것이 불쾌하고 불편한 느낌을 주는지 경험을 통해 알고 있기 때문이다.

08   우리에게 필요한 것은 자신의 경험을 돌이켜보는 것이다. 만약 우리의 생각이 희망, 진취, 건설, 고상함, 용기, 친절 등 바람직한 속성으로 가득 차 있었다면, 분명 신뢰할 만한 결과를 가져오는 진동이 있었을 것이다. 반면 우리 생각이 시기심과 증오, 질투와 비판 등 갖가지 부정적이고 불화를 야기하는 것들로 가득 차 있었다면, 정반대 결과를 초래하는 진동이 있었을 것이 분명하다. 어떤 종류의 진동이든 일정 기간 지속되면 구체적인 형태로 나타난다. 전자의 경우에는 그 결과로 건강한 정신과 도덕성, 건강한 신체가 주어지지만, 후자의 경우에는 불화와 부조화, 질병이 찾아온다.

09   이를 통해 우리는 마음이 신체를 지배하는 힘에 대해 어느 정도 이해할 수 있게 된다.

10   의식적 사고가 신체에 미치는 영향은 쉽게 관찰할 수 있다. 누군가가 당신에게 웃긴 말을 하면 온몸을 떨며 웃을 수 있는데, 이는 생각이 근육을 통제한다는 증거이다. 혹은 누군가의 말에 동정심을 느껴 눈물을 흘린다면, 이는 생각이 분비선을 통제한다는 증거가 된다. 또 누군가의 말에 화가 나서 얼굴이 붉어진다면, 이는 생각이 혈액순환을 통제한다는 증거다. 그러나 이러한 경험들은 객관적 마음이 신체에 미치는 영향의 결과이므로, 그 결과는 일시적이고 곧 사라지며 전반적인 상황은 예전으로 돌아간다.

11   이제 잠재의식이 신체에 미치는 영향이 어떻게 다른지 살펴보자. 당신이 상처를 입었다고 가정해보자. 수천의 세포는 즉시 치유 작업에 착수하고, 며칠 또는 몇 주 후에 그 작업을 마무리한다. 뼈가 부러졌을 때를 생각해보자. 어떤 뛰어난 외과의사라도 금속을 용접하듯 뼈를 직접 붙일 수는 없다. 의사는 뼛조각들을 맞추어 놓을 뿐이고, 그 후에는 잠재의식이 뼈를 붙이는 작업에 착수하여 얼마 지나지 않아 뼈는 원래 강도를 회복한다. 이번에는 독을 마셨다고 가정해보자. 잠재의식은 즉시 위험을 감지하고 독을 제거하기 위해 필사적으로 노력할 것이다. 위험한 세균에 감염되었다면, 잠재의식은 감염 부위 주변에 즉시 벽을 세우고 백혈구를 동원하여 침입자를 흡수하고 파괴할 것이다.

12   이런 잠재의식의 활동은 대부분 우리의 인식 밖에서 일어나며, 우리가 직접 지시하지 않아도 자동적으로 진행된다. 우리가 간섭하지 않는 한 그 결과는 완벽하다. 그러나 수백만 개의 재생 세포들은 모두 지능을 가지고 있으며, 우리의 생각에 반응한다. 따라서 우리가 두려움과 의심, 불안에 사로잡히면 세포들은 마비되고 무기력해진다. 이는 마치 중요한 작업을 시작하려는 노동자 집단이 작업을 시작할 때마다 파업하라는 지시를 받거나 계획이 변경된다면 결국 의욕을 잃고 포기하고 마는 것과 같다.

13   진동의 법칙은 모든 과학의 기초이다. 따라서 건강의 길 또한 진동의 법칙에 기반을 둔다. 이 법칙은 내면세계 즉 마음에 의해 작동되므로, 개인적인 노력과 실천의 문제이기도 하다. 진정한 힘의

원천은 우리의 내면에 있다. 지혜로운 이는 결과를 탓하며 시간과 에너지를 허비하지 않는다. 결과는 외부 세계에 속하며, 내면세계의 외적 반영일 뿐이다.

14　원인은 언제나 내면세계에서 찾아야 하며, 이 원인을 변화시켜야 결과도 달라질 수 있다.

15　우리 몸의 모든 세포는 일종의 지능을 가지고 있어 우리의 명령에 즉각 반응한다. 세포는 그 자체로 창조자이며, 우리가 제공하는 패턴을 정확히 재현해낸다.

16　따라서 잠재의식에 이상적인 이미지가 각인되면, 창조적 에너지가 그에 걸맞은 완벽한 신체를 구현해낸다.

17　뇌세포 역시 동일한 방식으로 형성된다. 뇌의 특성은 우리의 마음 상태, 즉 정신적 자세에 의해 크게 좌우된다. 따라서 바람직하지 않은 정신적 태도가 잠재의식에 전달되면, 그것이 신체에도 전이된다. 그러므로 우리가 건강하고 강하며 활기찬 신체를 원한다면, 그러한 생각이 잠재의식을 지배해야 한다.

18　종합하면, 인체의 모든 구성 요소는 특정 진동 주파수의 산물이라고 볼 수 있다.

19　정신 활동 자체가 곧 특정한 진동 주파수를 생성한다.

20　높은 진동 주파수는 낮은 진동 주파수를 지배하고, 통제하며, 변형하거나 때로는 완전히 제거할 수 있다.

21　진동 주파수는 뇌세포의 특성에 의해 지배된다.

22　우리는 그러한 뇌세포가 어떻게 형성되는지 알고 있다.

23　따라서 우리는 신체를 원하는 방향으로 변화시키는 방법을 알고 있다. 마음의 힘에 대한 이러한 충분한 이해를 바탕으로, 전능한 자연법칙과 조화를 이루는 우리의 능력에는 사실상 한계가 없음을 깨닫게 되었다.

24　마음이 신체에 미치는 이 놀라운 영향력에 대해 현재 더욱 폭넓고 깊이 있는 연구가 진행되고 있으며, 많은 의료진이 이 주제에 깊은 관심을 보이고 있다. 특히 이 주제에 관한 몇 권의 중요한 저서를 집필한 알프레드 쇼필드Alfred T. Schofield는 이렇게 말한다.

“정신 치료학은 의학 교과서에서 아직도 전반적으로 소홀히 다뤄지고 있다. 생리학에서조차 몸을 지배하는 중추 조절 기관에 대한 언급이 없으며, 신체를 통제하는 마음의 힘을 제대로 다루지 않고 있다.

25　많은 의사들이 기능성 신경 질환을 효과적으로 치료하고 있는 것은 사실이나, 그들의 치료법은 학교 교육이나 교

과서가 아닌 개인의 직관과 임상 경험을 통해 얻은 것이다.

26 이런 상황이 계속되어서는 안 된다. 정신 치료의 힘은 모든 의과 대학에서 신중하고 전문적이며 과학적인 교육의 대상이 되어야 한다. 우리는 잘못된 치료나 치료의 부재로 인한 참담한 결과를 자세히 설명하고 방치된 사례들을 추적할 수도 있겠지만, 그것은 불쾌한 일이다.

27 정신 건강 문제를 겪는 많은 환자가 자신들이 할 수 있는 일이 많다는 사실을 모르고 있다. 환자 스스로 활용할 수 있는 치유법은 아직 널리 알려지지 않았다. 그러나 정신 치료법의 효과는 대부분 예상하는 것보다 훨씬 더 강력하며, 향후 그 활용 범위가 더욱 확대될 것이라는 점은 분명하다. 환자는 정신 치료법을 통해 흥분된 마음을 진정시키고, 기쁨과 희망, 믿음과 사랑의 감정을 불러일으킬 수 있다. 또한 규칙적인 정신 운동을 통해 우울한 생각을 떨쳐내는 훈련을 하는 것도 도움이 된다."

28 이번 훈련을 위해 앨프리드 테니슨의 아름다운 시구에 마음을 집중해보자. "그대여, 그분께 직접 여쭈어보라. 그분은 그대의 기도를 들으신다. 영과 영이 서로 만날 수 있으니, 그분은 그대의 손과 발보다 더 가까이, 그대의 숨결보다 더 가까이 계신다." 그리고 그분께 말할 때 전능하신 분과 함께하고 있음을 깊이 느껴보라.

29 우리가 어디에나 존재하는 전능자의 힘을 진정으로 인식하고 깨달을 때, 온갖 형태의 질병과 고통은 사라지고 조화롭고 완벽한 기운이 그 자리를 대신할 것이다. 어떤 이들은 질병과 고통마저도 신의 뜻이라고 의심할지 모른다. 만약 그렇다면 질병과 싸우는 의사와 간호사들은 모두 신의 뜻을 거스르는 셈이 된다. 병원과 요양원은 자비로운 공간이 아니라 저항과 반항의 장소가 되고 말 것이다. 하지만 조금만 이성적으로 생각해보면 이런 의심은 터무니없는 것임을 알 수 있다. 그럼에도 여전히 이렇게 생각하는 사람이 많다.

30 한편, 최근까지 신학계는 죄를 지을 수 있는 존재를 만들고, 그 죄로 인해 영원한 형벌을 내리는 모순적인 창조주의 개념을 정당화하려 노력해왔다. 이러한 편협한 창조 개념은 필연적으로 사랑 대신 두려움을 중심으로 한 신앙을 양산했다. 2천 년간 이러한 교리를 가르친 후, 이제 신학계는 이런 기독교 신앙을 옹호하느라 고심하고 있다.

31 이제 당신은 이상적인 인간, 즉 신의 형상대로 창조된 인간을 더욱 쉽게 이해할 수 있을 것이다. 또한 존재하는 모든 것을 창조하고 유지하며 만물에 형태를 부여하는 근원적 창조자를 더욱 명확히 인식할 수 있게 될 것이다.

❈ Q & A ❈

Q 질병에서 벗어나기 위해서는 어떻게 해야 하는가?

A 전능한 자연법칙과 조화를 이루며 살아가는 것이 중요하다.

Q 그 과정은 어떻게 이루어지는가?

A 우리가 영적인 존재이며, 우리의 영혼은 본래 완벽하다는 사실을 깨달아야 한다.

Q 그 결과는 무엇인가?

A 처음에는 지성으로, 다음에는 마음으로 그 완벽함을 의식적으로 인식함으로써 그것이 외부로 표현된다.

Q 그렇게 되는 이유가 무엇인가?

A 생각은 영적이기에 창조적이며, 생각의 대상과 연결되어 그것을 가시적으로 드러내기 때문이다.

Q 어떤 자연법칙이 작용하는가?

A 진동의 법칙이 작용한다.

Q 진동의 법칙이 지배적인 이유는 무엇인가?

A 높은 진동 수준이 상대적으로 낮은 진동 수준을 지배하고 통제하며, 수정하거나 변형하고 제거하기 때문이다.

성공의 문을 여는 마스터키

Q   이런 정신 치료법은 널리 인정받고 있는가?

A   그렇다. 전 세계적으로 수백만 명의 환자가 다양한 형태의 정
　　신 치료법을 활용하고 있다.

Q   이런 사고방식의 결과는 무엇인가?

A   세계 역사상 처음으로 인간의 뛰어난 추론 능력이 사실로 입
　　증되었고, 그 증거가 이제 세계 곳곳에 넘쳐나고 있다.

Q   이 방법은 다른 형태의 공급에도 적용될 수 있는가?

A   이 방법은 인간에게 필요한 모든 것에 적용된다.

Q   이 방법은 과학적인가 종교적인가?

A   진정한 과학과 진정한 종교는 쌍둥이처럼 분리할 수 없다.

존재하는 모든 것은 거대한 전체의 일부일 뿐,

자연은 그 몸이요, 신은 그 영혼이로다.

알렉산더 포프

23장

성공과 봉사

⬥⬥⬥ *Insight* ⬥⬥⬥

돈은 우리 삶의 모든 측면에 영향을 미쳐, 궁극적으로 우리의 정체성을 형성하는 데 기여한다. 성공의 핵심은 봉사에 있다. 베푸는 만큼 우리에게 돌아온다. 그렇기에 우리는 베풀 수 있는 능력 자체를 최고의 특권으로 여겨야 한다.

앞서 보았듯이, 생각은 모든 생산적인 활동의 기반이 되는 창조적 행위이다. 따라서 생각만큼 실질적이고 가치 있는 자산은 없다고 해도 과언이 아니다.

창조적인 사고에는 관심과 주의력이 필수적이다. 앞에서 언급했듯, 주의력은 초인의 무기와 같다. 주의를 기울이면 집중력이 향상되고, 이는 정신적 힘을 강화한다. 영적인 힘은 우주에서 가장 강력한 힘이다.

생각을 영적인 힘으로 승화시키는 능력은 모든 과학을 아우르는 궁극의 과학이자, 모든 기술을 뛰어넘는 동시에 인간의 삶과 직결되는 기술이다. 이 과학과 기술을 터득하면 무한한 성장과 발전의 기회가 펼쳐진다. 이 능력을 6일, 6주, 6개월 만에 완벽하게 가다듬을 수는 없다. 평생에 걸쳐 갈고닦아야 할 과제인 것이다. 앞으로 나아가지 않으면 뒤로 후퇴하는 것과 다를 바 없다.

긍정적이고 건설적이며 이타적인 생각은 광범위하게 선한 영향력을 발휘할 수밖에 없다. 보상은 우주의 근본 원리이며, 자연은 끊임없이 균형을 추구한다. 따라서 우리가 무언가를 주면, 반드시 그에 상응하는 것을 받게 된다. 그래야 공백이 생기지 않기 때문이다. 이 법칙을 따를 때, 당신은 노력에 걸맞은 충분한 보상을 반드시 얻게 될 것이다.

◈◈◈ *Highlights* ◈◈◈

여기에서는 돈에 대한 의식을 다룬다. 또한 경제적 기회를 창출하는 힘의 본질에 대해 논한다. 이 힘이 어떻게 작동하고, 때로는 어떻게 멈추거나 반대로 작용하는지 설명한다. 그 힘의 흐름이 중단되거나 완전히 뒤집어져 우리에게서 멀어지는 경우도 살펴보겠다.

돈이 어떻게 우리의 외적 정체성을 형성하는지, 그리고 왜 우수한 지성을 가진 이들의 탁월한 생각을 끌어들이는지 탐구해보자.

이 질문들에 대한 답을 찾아가면서, 돈을 버는 방법, 기회를 포착하는 방법, 돈을 끌어들이는 자석 같은 존재가 되는 방법도 함께 알아보겠다. 기회를 포착하고 활용하는 데 필요한 통찰을 얻고, 기회의 가치를 알아내며, 아이디어를 돈으로 만드는 방법도 모색해보자. 우주의 마음과 직접 교감하며 실질적인 결과를 얻는 방법, 나아가 진정으로 실제적인 것이 무엇인지 함께 고민해보자.

01　돈에 대한 우리의 인식은 정신적 태도를 반영한다. 올바른 돈 인식은 사업 기회의 문을 열어주며, 이는 새로운 기회를 환영하는 열린 마음을 포함한다. 욕구는 이러한 흐름을 촉진하는 동력이 되지만, 두려움은 장벽이 되어 기회를 방해하거나 완전히 차단한다. 결국, 우리의 돈에 대한 태도가 기회의 흐름을 결정하는 핵심 요소가 된다.

02　두려움은 돈에 대한 긍정적 인식과는 반대로, 빈곤에 대한 집착을 낳는다. 우리는 자신이 주는 것을 받는다는 법칙에는 예외가 없다. 우리가 어떤 것을 두려워하면, 그 두려움의 대상이 현실화되는 경향이 있다. 돈은 우리 삶의 여러 측면과 복잡하게 얽혀 있어, 결국 우리의 전반적인 정체성 형성에 영향을 미친다. 돈은 뛰어난 지성을 가진 사람들의 탁월한 생각을 끌어들인다.

03　우리는 인간관계를 통해 경제적 기회를 창출한다. 우리는 타인을 위해 가치를 창출하고, 도움을 제공하며, 봉사함으로써 친구의 범위를 확장한다. 그들을 위해 돈을 벌고, 그들을 돕고, 그들에게 봉사하며 친구의 범위를 넓혀간다. 따라서 성공의 제1법칙은 봉사이며, 봉사는 성실과 정의를 바탕으로 한다. 의도가 정의롭지 않은 사람은 무지하기에 그렇게 행동하는 것이다. 그들은 모든 거래의 근간이 되는 상호 호혜의 원칙을 간과하고 있는 것이다. 이러한 태도로는 진정한 성공을 이루기 어렵다. 그들은 결국 실패할 수밖에

없지만, 그 사실을 인지하지 못하는 경우가 많다. 승리를 향해 가고 있다고 생각하겠지만 종국에는 패하고 만다. 아무도 무한한 존재를 속일 수는 없기 때문이다. 보상의 법칙이 그에게 "눈에는 눈, 이에는 이"라는 원칙에 따라 그들에게 응당한 결과를 가져다줄 것이다.

04 삶을 이끄는 힘들은 변화무쌍하다. 우리의 생각과 이상으로 이루어진 이 힘들은 결국 물리적인 형태로 구체화된다. 따라서 우리는 항상 열린 마음을 유지하고, 끊임없이 혁신을 추구하며, 기회를 포착하되 결과보다는 과정에 중점을 두어야 한다. 진정한 기쁨은 소유 그 자체보다 추구하는 과정에서 얻을 수 있기 때문이다.

05 우리는 돈을 끌어들이는 자석과 같은 존재가 될 수 있다. 그러나 이를 위해서는 먼저 타인에게 가치를 제공하는 방법을 고민해야 한다. 또한 기회를 알아보고 좋은 상황을 잡아서 활용할 수 있는 안목이 필요하다. 나아가 그 기회의 가치를 제대로 평가할 수 있어야 한다. 그래야 기회와 좋은 조건을 내 편으로 만들 수 있다. 하지만 다른 사람들에게 도움을 줄 수 있을 때 가장 큰 성공을 거두게 된다는 사실을 명심해야 한다. 한 사람에게 이로운 행위는 모두에게 이익이 되기 마련이다.

06 관대한 생각은 힘과 활력으로 가득한 반면, 이기적인 생각에는 해체의 씨앗이 도사리고 있다. 따라서 이기적인 생각은 결국 산산조각나 소멸할 수밖에 없다. J. P 모건, 로스차일드 같은 위대한 금융업자들조차 궁극적으로는 부를 분배하는 통로에 불과하다. 엄

청난 양의 돈이 오가지만, 돈이 나가는 것을 막는 일은 돈이 들어오는 것을 막는 만큼이나 위험할 수 있다. 두 출입구는 항상 열려 있어야 한다. 그래서 우리가 받는 것만큼 주는 것도 똑같이 중요하다는 사실을 인식할 때, 가장 큰 성공이 찾아올 것이다.

07 우리가 모든 것을 공급하는 전능한 힘의 존재를 깨달으면, 자연스레 그 공급에 우리의 마음을 맞추게 된다. 그러면 끌어당김의 법칙에 따라 우리에게 필요한 모든 것이 저절로 우리에게 다가올 것이다. 이 원리는 우리가 더 많이 베풀수록 더 많은 것을 받게 된다는 보편적 법칙을 재확인해준다. 이렇게 주고 베푸는 행위는 넓은 의미에서 봉사service에 해당한다. 은행가는 돈을, 상인은 상품을, 작가는 생각을, 노동자는 기술을 제공한다. 누구에게나 줄 만한 것이 있다. 하지만 더 많이 줄 수 있는 사람이 더 많은 것을 얻는다. 그리고 더 많은 것을 얻으면 더 많은 것을 줄 수 있다.

08 성공적인 금융인은 많은 가치를 제공하기 때문에 큰 보상을 받는다. 금융업자는 스스로 생각하고, 다른 사람에게 생각을 의존하지 않는다. 금융업자는 결과를 안전하게 확보할 수 있는지에 관심이 있다. 만약 금융업자에게서 자금을 얻고 싶다면, 그 방법을 먼저 제시해야 한다. 그렇게 할 수 있을 때 비로소 당신은 이익을 얻게 하는 수단을 금융업자로부터 제공받을 수 있다. 당신의 성공은 곧 그의 성공이 된다. 모건과 로스차일드, 앤드류 카네기와 존 록펠러가 투자한 사람들이 실패했다면 그들은 부자가 되지 못했을 것이다. 그들이 세계에서 가장 부유한 나라의 가장 부유한 사람이 될 수

있었던 이유는 다른 사람들을 위해 돈을 벌었기 때문이다.

09   보통 사람은 깊이 있게 사고하는 능력이 부족하다. 그는 다른 사람의 의견을 받아들이고, 마치 앵무새처럼 그대로 반복할 뿐이다. 여론을 형성하는 데 사용되는 방식을 이해하면 이런 현상은 쉽게 납득할 수 있다. 대다수가 소수에게 생각하는 일을 기꺼이 양보하는 순종적인 모습을 보이기에, 많은 국가에서 소수가 권력의 길을 독점하며 압도적 다수를 예속시킬 수 있는 것이다. 창조적 사고에는 주의력이 필요한 이유이다.

10   주의력은 곧 집중력이라고 할 수 있으며, 이는 우리의 의지에 따라 방향이 결정된다. 그렇기에 우리는 원하는 것에만 집중하고 사고하는 능력을 키워나가야 한다. 많은 사람이 슬픔과 상실 등 온갖 부조화에 초점을 맞추는 경향이 있다. 생각은 창조적이므로, 부정적인 것에 생각을 집중하면 더 큰 슬픔과 상실, 불화가 필연적으로 뒤따르게 된다. 반대로 우리가 성공과 이득 같은 좋은 조건에 집중하면, 자연히 그런 결과에 더 관심을 갖게 된다. 그러면서 점점 더 많은 좋은 것들을 만들어낼 수 있다. 즉, 좋은 것에 집중하면 할수록 더 많은 좋은 일들이 생기는 선순환이 일어난다.

11   미국 신사고 운동의 선구자인 윌리엄 워커 앳킨슨은 『진보 사상*Advanced Thought*』이라는 잡지에 기고한 글에서 이 원리를 이해하고 기업계에 적용하는 방법을 잘 정리했다.

12 "영Spirit은 의식의 핵심, 마음의 본질, 그리고 생각의 근본 실체로 봐야 한다. 모든 아이디어(관념)는 의식, 마음, 또는 생각의 활동이 나타난 것이다. 따라서 영 안에서만, 오직 그 안에서만 가장 근본적인 사실, 진정한 실체 또는 핵심 아이디어를 찾을 수 있다."

13 이 주장을 받아들인다면, 영의 본질과 그 발현 법칙을 이해하는 것이 실용주의자들이 추구하는 가장 '실용적'인 지식이 아닐까? 세상의 실용적인 사람들이 이 사실을 깨달을 수만 있다면, 그들은 이러한 영적인 법칙에 대한 지식을 얻기 위해 필사적으로 노력하지 않을까? 그들은 어리석지 않다. 그들에게 필요한 것은 단지 성공의 핵심을 담고 있는 이 근본적 진리를 완전히 이해하는 것뿐이다.

14 구체적인 예를 들어보겠다. 지금 내가 알고 지내는 사람 중에는 상당히 물질주의적이라고 여겨졌던 이가 있다. 그는 삶의 과정에서 서너 번의 성공을 거두었지만, 서너 번의 실패도 경험했다. 우리의 최근 만남에서, 그는 과거에 비해 사실상 무일푼 상태에 가까웠다. 중년에 접어든 그는 새로운 아이디어가 예전만큼 쉽게 떠오르지 않아, 마치 막다른 골목에 선 것처럼 보였다.

15 그가 내게 토로한 바를 간략히 요약하면 이렇다. "사업의 성공이 모두 생각에서 비롯된다는 것은 저도 잘 알고 있습니다. 이는 누구나 아는 사실이니까요. 하지만 요즘 내 머릿속에는 좋은 아이디어가 떠오르지 않고 생각도 부족합니다. 그런데 '모든 것이 마음

에 있다'는 가르침이 맞다면, 개인이 무한한 마음과 직접 교감하는 것이 가능해야 합니다. 그리고 그 무한한 마음에는 나처럼 용기와 경험을 겸비한 사람이 기업계에서 실질적으로 활용하여 큰 성공을 거둘 수 있는 온갖 종류의 훌륭한 아이디어가 있어야 합니다. '모든 것이 마음에 있다'라는 개념이 저에게는 상당히 괜찮은 아이디어인 것 같습니다. 그래서 깊이 들여다보려 합니다."

16   그로부터 2년이 지났다. 며칠 전, 나는 그에 대한 소식을 들었다. 한 친구에게 "자네, 우리 친구였던 X에 대해 들은 바 있나? 다시 일어섰나?"라고 물었다. 그 친구는 어이없다는 표정으로 나를 바라보며 말했다. "X가 크게 성공했다는 걸 모르고 있었어? 지금 ○○사의 중역이잖아." 그는 지난 18개월 동안 눈부신 성공을 거두며 업계를 떠들썩하게 만들었던 회사의 이름을 언급했다. 광고 덕분에 이제 그 회사는 미국 전역을 넘어 해외에까지 널리 알려져 있었다. "그 친구가 그 기업에 엄청난 아이디어를 제공했다더라. 그 기업은 현재 순이익이 약 50만 달러에 이르지만, 1년 안에 100만 달러를 목표로 빠르게 성장하고 있다고 하더군. 불과 18개월 만에 말이야." 나는 X를 그 기업과 연관 짓지 못했지만, 그 기업이 놀라운 성공을 이뤘다는 건 알고 있었다. 나는 그 소문을 직접 알아본 후 모든 이야기가 사실임을 확인했다. 앞서 언급한 내용은 과장이 아니었다.

17   X의 성공을 어떻게 해석해야 할까? 나에게 X의 성공은 그가 무한한 마음과 실제로 '직접 소통'했다는 것을 의미했다. 그는 무한한 마음을 찾아내 그것이 자신을 위해 작용하도록 이끌었다는 뜻이

다. 달리 말하면, X는 "무한한 마음을 그의 사업에 활용한 것"이다!

18 이 표현이 불경스럽게 들릴 수 있지만, 결코 그런 의도는 없음을 분명히 밝히고 싶다. 무한한 존재에서 인격적 요소, 즉 인간적 특성을 제외하면, 순수한 무한한 존재 또는 무한한 힘만이 남게 된다. 이 무한한 힘의 본질은 초월적 의식, 즉 영Spirit이다. X 또한 궁극적으로는 영의 외적 발현으로 간주해야 한다. 이런 관점에서 보면, X 또한 영적 존재로서 자신의 본질과 근원에 조화롭게 연결되어 있기에, 무한한 힘의 일부를 발현할 수 있다고 보는 것은 전혀 불경스럽지 않다. 우리 모두가 창의적인 사고의 방향으로 마음을 활용한다면 어느 정도는 무한한 힘을 사용하게 된다. X는 그 힘을 더 많이, 그것도 매우 '실용적'으로 사용했음이 분명하다.

19 기회가 허락된다면 나는 그에게 "모든 것은 마음속에 있다"라는 가르침을 어떻게 적용했는지 물어보고 싶었지만, 아쉽게도 그의 의견을 들어볼 기회가 없었다. 하지만 그가 무한한 공급원으로부터 자신에게 필요했던, 성공의 씨앗이 된 아이디어를 얻은 것은 물론, 그가 물리적 형태로 구현하고자 했던 이상적인 형상을 구축하고, 때로는 그 형상에 무언가를 더하거나 변화를 주어 세부적인 부분을 개선하는 데에도 창의적 사고의 힘을 이용했을 것이 분명하다. 2년 전 그와 나눈 대화를 되새겨 보아도 그렇고, 창의적 사고를 객관적 세계에 구체적으로 표현해낸 다른 저명인사들의 사례에서도 비슷한 과정을 적지 않게 확인할 수 있었기에, X도 그런 과정을 거쳤으리라 확신한다.

20 무한한 힘을 이용해서 물질 세계에서 일하는 사람을 돕는다는 이런 개념에 고개를 갸우뚱하는 사람들은, 무한한 힘이 조금이라도 반대했다면 어떤 결과도 나오지 못했으리라는 점을 명심해야 한다. 무한한 힘은 전 과정에 관여하기 때문이다.

21 '영성'Spirituality은 놀라울 정도로 실용적이며, 실제 삶에 직접적으로 적용 가능하다. 영성은 영이 본질이며 전체라고 가르치며, 물질은 단지 영이 자유롭게 형성하고 조형할 수 있는 유연한 재료에 불과하다고 본다. 영성은 세상에서 가장 '실용적'인 것이다. 사실 유일하게 진정으로 절대적으로 '실용적'인 것이다!

22 이번 훈련을 위해 인간이 영을 지닌 몸이 아니라 몸을 지닌 영이라는 사실에 주목하라. 이러한 이유로, 영적이지 않은 것들로는 인간의 근본적인 욕구를 지속적으로 만족시킬 수 없다. 그러므로 돈은 오직 우리가 원하는 상황을 조성하는 경우에만 가치를 갖는다. 그리고 그런 상황은 필연적으로 조화로울 수밖에 없다. 조화로운 상황을 위해서는 충분한 공급이 필요하다. 그러므로 어떤 결핍을 느낄 때, 우리는 돈의 본질 또는 돈의 영적 의미가 결국 봉사에 있다는 점을 인식해야 한다. 이러한 인식이 확립되면 풍요의 문이 열리고, 당신은 영적 접근이 실제로 매우 효과적임을 깨닫게 되어 큰 만족감을 얻을 것이다.

Q 성공의 제1법칙은 무엇인가?

A 봉사이다.

Q 어떻게 할 때 우리는 크게 봉사할 수 있을까?

A 마음을 열고, 목표보다는 과정에, 소유보다는 추구에 집중해야한다.

Q 이기적 사고방식의 궁극적 결과는 무엇인가?

A 이기적인 생각에는 해체와 파괴의 씨앗이 도사리고 있다.

Q 우리 각자가 자기 능력 안에서 최대의 성공을 거두려면 어떻게 해야할까?

A 받는 만큼 주는 것도 중요하다는 사실을 깨달아야 한다.

Q 위대한 조직가들이 큰 성공을 거두는 이유는 무엇인가?

A 그들은 스스로 생각하기 때문이다.

Q 왜 많은 국가에서 대다수가 자발적으로 소수에게 의존하는 것처럼보이는가?

A 그들은 자신들을 대신해 사고하는 일을 소수에게 기꺼이 맡기기 때문이다.

Q   슬픔과 상실에 초점을 맞추면 어떤 결과가 초래되는가?

A   더 큰 슬픔과 더 큰 상실을 불러온다.

Q   이익에 집중하면 어떤 결과를 얻게 되는가?

A   더 많은 이익을 얻는다.

Q   이 원리는 실제 비즈니스 환경에서 어떻게 적용되고 있는가?

A   지금까지 활용되어 왔고, 앞으로도 활용될 유일무이한 원리다.
    다른 원리는 없다. 이 원리가 무의식적으로 적용된다고 해서
    상황이 달라지거나 바뀌지는 않는다.

Q   이 원리를 적용하면 실제로 어떤 결과를 얻을 수 있는가?

A   성공은 결과이지 원인이 아니다. 결과를 확실히 얻고 싶다면,
    원인을 찾아야 한다. 즉, 그 결과를 낳은 생각이나 관념이 무엇
    인지를 알아내야 한다.

명확한 목적을 가지고 체계적으로 계획하고 사고하면,

그 목적이 구체적인 형태로 실현됨을 발견했다.

따라서 우리는 이 역동적인 실험 결과를 절대적으로 확신할 수 있다.

프랜시스 래리머 워너Francis Larimer Warner

24장

성공의 마스터키

이제 마지막 장이다.

이 책에서 제안한 방법을 꾸준히 실천해왔다면, 당신은 이미 자신의 바람을 먼저 마음속에 그려냄으로써 그것을 현실로 만들 수 있다는 것을 깨달았을 것이다. 그리고 "마스터키의 가르침은 너무나 강력하다. 명쾌하면서도 즉각 적용 가능하고 합리적이기까지 하다"라고 말하는 지지자들에게 공감하게 될 것이다.

이 책에 담긴 지혜의 열매는 신의 선물과도 같다. 그것은 진정으로 자유롭게 하는 진리로, 모든 결핍과 제약에서뿐만 아니라 슬픔과 걱정, 근심에서도 우리를 해방한다. 우주의 법칙이 모든 이에게 공평하게 적용된다는 사실, 그리고 우리의 과거 사고방식과 무관하게 이 길이 항상 열려 있었다는 것을 깨닫는 순간, 우리는 경이로움을 느끼게 된다.

종교적 성향의 사람들은 역사상 가장 위대한 영적 스승들이 이미 이 길을 명확히 제시했음을 알아차릴 것이다. 과학적 사고방식을 가진 이들은 이 원리가 수학적 법칙처럼 정확하게 작용함을 이해할 것이다. 철학적 성향의 사람들은 플라톤이나 에머슨의 가르침에서 이 원리를 발견할 수 있을 것이다. 어떤 접근 방식을 선택하든, 마스터키를 활용함으로써 우리는 각자의 방식으로 무한한 힘에 접근할 수 있다.

이 책에서 제시한 원리들이 고대 연금술사들이 오랫동안 찾아온 비밀의 핵심이라고 나는 확신한다. 마스터키는 우리의 생각을 실제 가치로 변환하는 방법을 제시하기 때문이다.

◈◈◈ Highlights ◈◈◈

이 장은 형이상학적 체계의 핵심 이론과 그 실천 방법을 종합적으로 설명한다. 이는 조화, 건강, 풍요를 어떻게 우리 삶에 구현할 수 있는지 안내한다.

또한, 모든 상황의 본질과 그것을 어떻게 변화시키거나 제거할 수 있는지를 설명한다. 어떤 어려움이든, 이를 극복하거나 해결하는 방법을 제시하며, 이것이 유일하고 확실한 방법임을 설명한다. 또한 어떤 주장이든 이해할 만큼 현명하고, 증거의 가치를 평가할 경험이 충분하며 자신의 판단을 굳게 따를 만큼 단호하고, 기꺼이 희생을 감수할 만큼 강인한 사람들에게 허락된 마스터키에 대해서 언급한다.

Master Key System ──────────────

01   과학자들이 처음 태양 중심설을 제안했을 때, 많은 사람이 큰 충격을 받았다. 그 이론은 설명이 필요 없을 만큼 명백히 잘못된 것처럼 보였다. 태양이 하늘을 가로질러 움직인다는 사실만큼 확실한

것은 없었기 때문이다. 모두가 태양이 서쪽 지평선 너머로 가라앉는 것을 볼 수 있었다. 학자들은 격분했고, 많은 과학자는 이 새로운 이론을 말도 안 되는 것으로 일축했다. 그러나 결국 증거의 힘이 모두의 마음을 바꾸어놓았다.

02 우리는 종을 "소리를 내는 물체"라고 생각하지만, 사실 종은 단지 공기 중에 진동을 만들어낼 뿐이다. 종의 울림은 초당 18회의 속도로 진동하며 우리의 의식 속에서 소리로 인식된다. 인간의 청각은 초당 약 38,000회까지의 진동을 소리로 감지할 수 있다. 진동수가 그 속도를 넘어서면 다시 모든 것이 고요해진다. 따라서 소리는 종 자체에 있는 것이 아니라 우리의 마음속에 존재한다.

03 우리는 태양을 "빛을 발하는 존재"로 여기고 그렇게 표현하기도 한다. 하지만 실제로 태양은 초당 약 400조 회의 진동 주파수를 가진 에너지를 에테르에 방출하며, 이 에너지가 우리에게 빛으로 인식된다. 우리가 빛이라고 부르는 것은 에너지의 한 형태이고, 파동의 움직임이 우리 의식 속에서 만들어내는 감각임을 이제는 모두가 인정한다. 빛의 진동수에 따라 우리가 인식하는 색이 달라진다. 색이 변화할 때, 빛의 파장은 짧아지고 진동 속도는 빨라진다. 그래서 우리는 장미를 붉다고, 풀을 푸르다고, 하늘을 파랗다고 말하지만, 사실 색은 오직 우리의 마음속에만 존재하며, 빛의 파동으로 인해 우리가 경험하는 감각일 뿐이라는 것을 알고 있다. 진동수가 초당 400조 회 이하로 떨어지면 우리는 그 진동을 더 이상 빛으로 인식하지 않고 열로 느끼게 된다. 따라서 우리가 감각과 느낌에 의존하는

성공의 문을 여는 마스터키

한 사물의 실체를 알 수 없음이 분명해진다. 만약 우리가 감각에만 의존한다면 태양이 지구 주위를 돈다고 믿어야 할 것이고, 지구가 둥글지 않고 평평하다고, 별들이 거대한 항성이 아니라 빛의 파편이라고 여겨야 할 것이다.

04   모든 형이상학적 탐구의 핵심은 우리 자신과 우리를 둘러싼 세계의 본질을 이해하는 것이다. 간단히 말해, 우리가 바라는 것을 현실에서 실현하려면 그에 상응하는 사고방식을 갖춰야 한다. 조화로운 삶을 살고 싶다면 조화에 대해 생각하고, 건강해지고 싶다면 건강에 대해 생각하며, 풍요를 누리고 싶다면 풍요를 떠올려야 한다. 그러나 이를 위해서는 오감이 알려주는 현실을 뛰어넘는 사고가 필요하다.

05   모든 형태의 질병과 장애, 결핍과 제한이 잘못된 사고방식에서 비롯된 결과라는 사실을 깨닫게 되면, 우리는 자연스럽게 "진리가 우리를 자유롭게 한다"라는 말의 참뜻을 이해하게 된다. 거대한 산을 어떻게 옮길 수 있는지도 알게 된다. 의심, 두려움, 불신, 낙담 같은 부정적인 생각으로 이루어진 거대한 산은 실재하는 한 단순히 치워서는 안 되며, "바다에 던져버려야" 한다.*

◇◇◇◇◇◇

* 근원적인 변화와 해방을 위해서는, 단순히 부정적인 생각을 일시적으로 제거하는 것이 아니라 그것을 완전히 버리고 받아들이지 않는 태도가 필요함을 강조한다.

06 우리에게 주어진 실제적인 과제는 이러한 주장들의 진실성을 직접 확인하는 것이다. 이에 성공한다면, 우리는 어려움 없이 오직 진실만을 생각하게 될 것이다. 앞서 살펴보았듯이, 진실에는 중대한 원리가 담겨 있어 저절로 밝혀질 수밖에 없기 때문이다.

07 정신적 방법으로 질병을 치유하는 사람들은 이 진실을 깨닫고, 자신과 타인의 삶을 통해 매일같이 그 진실을 증명해 보인다. 그들은 생명, 건강, 풍요가 모든 곳에 편재하며 공간을 가득 채우고 있음을 안다. 반면, 질병 등 여러 형태의 결핍을 보여주는 사람들은 아직 이 위대한 법칙을 온전히 이해하지 못하고 있다.

08 모든 상황은 생각의 산물이므로 전적으로 정신적이다. 따라서 질병과 결핍은 진실을 완전히 인식하지 못한 데서 비롯된 정신적 조건일 뿐이다. 그러므로 잘못된 인식이 바로잡히는 순간, 그러한 상황은 사라진다.

09 이 잘못된 인식을 제거하는 방법은 고요함 속에서 진실을 발견하는 것이다. 모든 마음은 하나이므로, 우리는 자신이나 타인을 위해 잘못된 인식을 제거하는 심상화를 시도할 수 있다. 원하는 조건을 머릿속에 그리는 방법을 터득한 사람에게는 이것이 가장 쉽고 신속하게 결과를 얻는 방법이다. 그렇지 않다면, 당신의 진술을 절대적으로 확신하는 과정을 통해, 논리적 설득으로 가능하다.

10 이때 명심해야 할 점이 있다. 모든 상황이 생각에서 만들어진

다는 주장은 가장 놀랍고도 이해하기 어려운 주장 중 하나이다. 그러나 그 어려움이 무엇이든, 어디에 있든, 누구에게 영향을 미치든, 당신에게는 오직 당신만이 치료사이다. 현실화되기를 바라는 진실을 스스로 확신하는 것 외에는 할 일이 없다.

11 생각이 모든 상황을 만들어낸다는 주장은 현존하는 모든 형이상학적 체계에 정확히 부합하는 과학적 진술이며, 다른 어떤 방식으로도 영구적인 결과를 보장할 수 없다.

12 머릿속 이미지, 추론, 자기 암시 등 모든 형태의 집중은 우리에게 진실을 깨닫게 하는 수단일 뿐이다.

13 누군가를 돕고 싶고 그의 결핍, 한계, 잘못된 생각을 없애주고 싶다면, 가장 좋은 방법은 그 사람 자체에 집중하지 않는 것이다. 도우려는 마음가짐으로도 충분하며, 그 자체로 당신은 이미 그 사람과 정신적으로 연결된 셈이다. 그다음에는 그가 겪는 결핍, 한계, 질병, 위험, 어려움 등 어떤 문제든지, 당신의 마음속에서 그것에 대한 믿음을 지워라. 당신이 그렇게 하는 데 성공하기만 하면 원하는 결과는 이미 이루어진 것이고, 그 사람은 자유로워질 것이다.*

◇◇◇◇◇◇

* 상대방의 결핍, 한계, 질병 등에 대한 우리 자신의 믿음을 제거하라는 의미다. 우리가 그 사람의 문제를 실재하는 것으로 인정하고 받아들일수록, 그 문제가 지속되거나 악화될 수 있다는 생각에 기반한다.

14 생각의 창조적 힘을 항상 명심해야 한다. 따라서 부정적인 상황에 집중할 때마다, 그것이 단지 표면적 현상일 뿐 실제로는 실체가 없다는 점을 인식해야 한다. 영적 본질만이 진정한 실재이며, 이는 항상 완전한 상태를 유지한다.

15 모든 사고는 에너지의 한 형태로, 특정한 진동 패턴을 가진다. 현재까지의 연구에 따르면, 진실에 대한 생각의 진동 주파수가 가장 높아, 마치 빛이 어둠을 몰아내듯 모든 오해와 착각을 해소한다. 진실이 드러나면, 어떠한 형태의 오해나 착각도 지속될 수 없다. 따라서 당신에게 주어진 정신적 과제는 진실을 이해하는 것이다. 진실을 온전히 이해할 때 결핍, 제약, 질병 등을 극복할 수 있게 될 것이다.

16 외부 세계에서는 진실을 이해할 수 없다. 외부 세계는 상대적일 뿐이나, 진실은 절대적이기 때문이다. 그러므로 진실은 오직 내면세계에서만 발견될 수 있다.

17 진실만을 보도록 마음을 훈련하는 것은 진실한 상황만을 표현하겠다는 결심과 같다. 그렇게 할 수 있다면, 그것은 우리가 진보하고 있음을 보여주는 증거가 될 것이다.

18 '나'는 완벽하고 온전하다는 것은 절대적 진실이다. 참된 '나'는 영적인 존재이므로 완벽할 수밖에 없다. 참된 '나'에게는 결핍도, 제약도, 질병도 없다. 번뜩이는 영감은 단순한 뇌의 생리학적 반응

이 아닌, 우주의 마음과 연결된 우리의 영적 자아로부터 비롯된다. 우주 정신과의 합일을 인식하는 능력에서 모든 영감과 천재성의 원천이 있다. 그 결과는 훗날 먼 미래 세대에 이르기까지 엄청난 영향을 미칠 수 있어, 많은 이들의 앞길을 밝히는 불기둥과 같다.

19 진실은 실험이나 관찰 또는 논리적 사고의 결과물이 아니다. 진실은 고차원적 의식 상태에서 비롯되는 깨달음이다. 카이사르의 내면에 있는 진실은 그의 행동과 삶 그리고 그가 사회 구조와 발전에 미치는 영향을 통해 구체화된다. 당신의 삶, 행동 그리고 세상에 대한 영향력은 당신이 깨달은 진실의 깊이에 비례한다. 진실은 언어가 아닌 실제 행동을 통해 표현되기 때문이다.

20 진실은 인격을 통해 드러난다. 개인의 인격은 그의 신념 체계, 즉 그가 진실이라고 여기는 것의 구체적 표현이 되어야 한다. 이는 결국 그 사람의 소유물과 생활 방식을 통해 증명된다. 만약 누군가 자신의 운명이 뜻대로 흘러가지 않는다고 불평한다면, 그것은 명백하고 반박할 수 없는 합리적 진리를 부인하는 것만큼이나 자신에게 부당한 것이다.*

◇◇◇◇◇◇

* 이를 알기 쉽게 풀어보면 다음과 같다. "자신의 삶이 원하는 방향으로 흐르지 않는다고 불평하는 것은, 우리의 내면이 외부 현실을 창조한다는 근본적 진리를 부정하는 것과 같다. 이는 자기 자신의 창조적 힘을 인정하지 않는 것으로, 결국 스스로에게 해를 끼치는 행위이다."

21 우리를 둘러싼 환경과 인생에서 마주치는 수많은 상황과 사건들은 이미 잠재의식 속에 존재한다. 그리고 잠재의식은 그 본질과 일치하는 정신적, 물질적 실체를 끌어당긴다. 이처럼 우리의 현재 상태가 미래를 형성한다. 삶의 특정 영역에서 불화나 부조화를 경험한다면, 그 근본 원인을 내면에서 찾고, 외부 현실에 영향을 미치는 내적 사고 패턴을 파악하려 노력해야 한다.

22 우리가 발견한 진실은 우리를 자유롭게 만든다. 그 진실을 의식적으로 깨닫는 순간, 어떤 어려움도 극복할 수 있게 된다.

23 우리가 외부에서 경험하는 현실은 내면의 상태가 투영된 결과물에 불과하다. 따라서 완벽한 이상을 내면에 품으면 그에 상응하는 완벽한 외부 환경을 창조할 수 있다는 것은 과학적 사실만큼이나 명백하다.

24 우리가 불완전하고 결함 있고 상대적이며 제한된 것들만 본다면, 그런 상황이 우리 삶에 그대로 반영될 것이다. 그러나 영적 자아, 즉 완전하고 완벽하며 조화로운 '나'를 보고 인식하도록 마음을 꾸준히 훈련한다면, 건강하고 건전한 환경만이 펼쳐질 것이다.

25 생각은 창조적이며, 진실은 우리가 상상할 수 있는 가장 고귀하고 완벽한 생각이다. 따라서 진실을 생각한다는 것은 진실을 창조하는 행위이다. 또한 진실이 있는 곳에는 거짓이 설 자리가 없다.

성공의 문을 여는 마스터키

26 우주의 마음은 존재하는 모든 마음의 총합이다. 영은 지성을 지녔으므로 영 그 자체가 곧 마음이다. 결국 영과 마음은 같은 말이다.

27 마음이 개별적인 것이 아니라는 사실을 깨닫기란 쉽지 않다. 마음은 편재한다. 마음은 어디에나 있다. 달리 말해, 마음이 없는 곳이란 없다. 그러므로 마음은 보편적이다.

28 지금까지 사람들은 이 우주적이고 창조적인 원리를 지칭할 때 일반적으로 '신'God이라는 단어를 써 왔다. 그러나 이 말은 정확한 의미를 전달하지 못한다. 많은 이들이 '신'을 자신과 분리된 외부의 존재로 인식하지만 실상은 그 반대이다. '신'은 우리의 삶 그 자체이다. '신' 없이는 우리는 죽을 수밖에 없고, 더 이상 존재할 수 없게 된다. 영이 육체를 떠나는 순간, 우리는 아무것도 아닌 존재가 된다. 그러므로 영은 사실상 우리의 전부라 할 수 있다.

29 영이 가진 유일한 활동은 생각하는 능력이다. 따라서 영이 창조적이기 때문에 생각은 창조적이어야 한다. 이 창조적 힘은 보편적인 성질을 지니고 있다. 당신의 사고 능력은 이 보편적인 힘을 의식적으로 방향 짓고, 자신과 타인의 이익을 위해 건설적으로 활용하게 하는 도구이다.

30 이 주장이 타당함을 깨닫고 이해하며 받아들이는 순간, 당신은 마스터키를 손에 넣게 된다. 하지만 이 원리를 이해할 수 있는

지혜, 그 증거를 평가할 수 있는 경험, 자신의 신념을 지킬 수 있는 결의, 그리고 필요한 희생을 감내할 용기가 있는 이들만이 이 마스터키를 진정으로 소유할 수 있음을 명심해야 한다.

31 이제 우리는 우리가 살아가는 곳이 진정 경이로운 세상이며, 우리 자신이 경이로운 존재라는 사실을 깨닫는 데 주력해야 한다. 더욱이 많은 이들이 진실을 깨닫고 있다. 그들이 자신들을 위해 준비된 진실을 깨달을 때, 그들은 이전에 "눈으로 보지 못하고 귀로 듣지 못하며 마음으로 상상하지 못했던" 놀라운 가능성들이 항상 존재했음을 인식하게 될 것이다. 그들은 심판의 강을 건너 진실과 거짓이 구분되는 분기점에 다다른 후에야, 그들이 그토록 갈망하고 꿈꿔왔던 모든 것이 눈부신 실재에 비하면 그저 희미한 개념에 불과했음을 깨닫게 될 것이다.

◈◈◈ Q & A ◈◈◈

Q 존재하는 모든 형이상학적 체계의 이론과 실제는 무엇에 기반을 두는가?

A 우리 자신과 우리가 살아가는 세계에 대한 진실을 아는 것에 기반을 둔다.

Q 당신 자신에 대한 '진실'은 무엇인가?

A 참된 '나', 또는 자아는 영적인 존재이므로 완벽하다.

Q 모든 형태의 잘못된 인식을 제거하는 방법은 무엇인가?

A 우리가 외부로 표현되기를 바라는 상황에 대한 '진실'을 절대적으로 확신하기만 하면 된다.

Q 우리는 다른 사람을 위해서도 그렇게 행할 수 있는가?

A "우리는 우주의 마음 안에서 생활하고 움직이며 존재한다." 우주의 마음은 하나이며 더 이상 나누어지지 않는다. 따라서 우리가 자신을 돕듯 타인을 돕는 것도 충분히 가능하다.

Q 우주의 마음이란 무엇인가?

A 존재하는 모든 마음의 총체이다.

Q 우주의 마음은 어디에 있는가?

A 우주의 마음은 편재한다. 즉, 모든 곳에 존재하며 우주의 마음이 없는 곳은 없다. 그러므로 우주의 마음은 우리 내면에 있다. 우주의 마음은 '내면세계'이며, 우리의 영이자 생명이다.

Q 우주적 마음의 본질은 무엇인가?

A 우주의 마음은 영적이므로 창조적이다. 우주의 마음은 형태로 표현되고자 한다.

Q 우리가 우주의 마음에 따라 행동하려면 어떻게 해야 할까?

A 우리의 생각하는 힘은 우주의 마음에 따라 행동하고 우리 자신과 타인을 위해 그 마음을 외적으로 표현하는 능력이다.

Q 생각한다는 것은 무엇을 의미하는가?

A 분명한 목적을 지닌, 선명하고 단호하며 평온하고 신중하며
   지속적인 사고를 뜻한다.

Q 최종적인 결론은 무엇인가?

A "내가 일하는 것이 아니라, 내 안에 계신 아버지께서 당신의
   일을 하시는 것"이라고 할 수 있다. 여기서 '아버지'는 우주적
   마음이며, 그분이 실제로 당신 안에 존재한다는 사실을 알게
   될 것이다. 다시 말해, 성경에 기록된 놀라운 약속들은 허구가
   아닌 진실이며, 충분한 이해력을 지닌 사람이라면 누구나 이
   를 증명할 수 있음을 깨달을 것이다.

넓은 영토를 상속받을 수는 있어도,

지식과 지혜는 유산으로 물려받을 수 없다.

부자는 자신의 일을 대신할 사람들에게 보수를 줄 수는 있어도,

누군가에게 자신을 대신해 생각해달라고 할 수도 없고,

교양을 돈으로 살 수도 없다.

새뮤얼 스마일스

THE
MASTER
KEY
SYSTEM

질문과 대답
(Q&A)

독자들의 질문에 대해, 마스터키의 창시자이자 이 책의 저자인 찰스 F. 해널의 답변을 정리했다.

1   잠재의식과 의식, 즉 객관적 마음과 주관적 마음을 언급할 때, "우리에게는 서로 연관되어 있지만 뚜렷이 구별되는 두 종류의 마음이 있다"와 "우리에게는 두 가지 기능을 가진 하나의 마음이 있다"라는 표현 중 어느 쪽이 더 정확한 표현인가?

A   정확한 표현은 "우리에게는 두 가지 기능을 지닌 하나의 마음이 있다"이다. 두 종류의 마음이란 존재하지 않는다.

2   종교에서의 악마, 과학에서의 부정성, 철학에서의 악은 생각 에너지가 만들어낸 상상의 산물일 뿐인가, 아니면 나쁘지만 실재하는 것으로 분류해야 하는가? 우리가 지닌 모든 것, 우리의 모든 힘, 더 나아가 우리의 존재 자체가 하나의 영원한 근원에서 비롯된다면, 그 상상의 산물들은 어디에서 오는 것일까?

A   악마, 부정성, 악은 실재하는 것이 아니라 우리의 인식이 왜곡된 결과일 뿐이다. 예를 들어, 우리는 전등을 밝히기 위해 전

기를 사용하며, 그래서 전기를 좋은 것이라고 말한다. 하지만 만약 당신이 절연되지 않은 전선을 잡아 목숨을 잃더라도 그것 때문에 전기가 나쁘거나 악해지는 것은 아니다. 당신이 부주의했거나, 전기를 지배하는 법칙을 몰랐던 것뿐이다. 동일한 원리가 무한한 힘에도 적용된다. 무한한 힘은 하나이지만 모든 힘의 근원이기에, 당신이 그 힘을 건설적으로 사용하느냐 파괴적으로 사용하느냐에 따라, 당신의 삶에서 좋은 것으로 혹은 나쁜 것으로 나타나게 된다.

3 이 책에서 말하는 '하느님'은 범신론적 신이 아닌가?

A 범신론을 어떻게 정의하느냐에 따라 답은 달라진다. 범신론은 다양하게 해석될 수 있는 모호한 개념이다. 예를 들어, 범신론에서 우주는 한 방향으로 끊임없이 진행되는 무한한 존재의 비자발적 진화로 여겨진다. 이런 측면에서 범신론은 신의 내재성을 적극적으로 부정하는 무신론, 신의 존재를 교리적으로 의심하는 불가지론과는 대조된다.

4 진실은 이렇게 정리할 수 있는가? "진실은 절대적이지만, 진실의 내용은 개개인의 의식에 따라 다르다. 그러므로 누구도 궁극적인 진실에 도달했다고 말할 수 없다. 개개인의 의식이 더 이상 발전할 수 없는 수준까지 성장했다고 말할 수 없기 때문이다."

A 맞게 정리했다. 진실은 절대적이지만 진실의 내용은 개개인의 의식에 따라 다르다. 진실은 맹목적인 믿음이나 외부의 권위에 의해 결정되는 것이 아니다. 오히려 그것은 객관적인 증거

와 개인의 직접적인 경험을 통해 검증되고 인식된다.

5   진정한 '나'는 영적이므로 완벽하다. 또한 진정한 '나'는 몸과 마음,
     둘 다를 통제하고 지배한다. 그런데 어떻게 불완전한 결과가 존재할
     수 있는 것일까?

A   불완전한 결과는 없다. 오직 완벽한 결과만이 존재한다. 완벽
     함이란 법칙이 조금의 오차도 없이 정확하게 작용한다는 것
     을 의미한다. 영적 법칙은 항상 완벽하게 작용한다. 개인이 건
     설적으로 생각하면 결과는 건설적이고 조화롭다. 반면 개인이
     파괴적으로 생각하면, 뿌린 대로 거두게 된다. 법칙은 완벽하
     게 작동한다. 따라서 불완전한 결과는 존재할 수 없다. 우리는
     생각의 대상을 자유롭게 선택할 수 있지만, 우리 생각의 결과
     는 불변의 법칙에 따라 지배받는다.

6   생명이란 무엇인가?

A   생명은 우주 에너지가 성장과 자발적 행위의 형태로 유기체에
     나타나는 특성 혹은 원리이다. 우주 에너지는 지능이라고 불
     리는 특성이나 원리로도 나타난다. 따라서 생명과 지능은 어
     느 정도 공존한다. 여기서 이해해야 할 점은 모든 것을 아우르
     는 단 하나의 최고 원리가 있다는 것이다. 그 원리의 본질적
     속성을 이해한다는 것은 불가능하며, 그 원리는 절대적이다.
     우리는 상대적으로만 사고할 수 있을 뿐이다. 따라서 그 절대
     적 원리는 우주의 지능, 우주의 본질로 정의되고, 때로는 에테
     르, 생명, 마음, 영, 에너지, 진실, 사랑 등으로도 표현된다. 그

절대적 원리를 어떻게 정의하느냐는 우리가 그 원리에 대해 사고할 때 마음을 사로잡는 경험이나 관념에 따라 달라진다.

7 성공과 번영을 지배하는 법칙은 어떻게 작용하는가?

A 인간의 두뇌는 현존하는 가장 정교하고 역동적인 메커니즘이다. 우리는 생각할 때마다 무형의 에너지에 메시지를 보내며, 그 무형의 에너지로부터 모든 것이 생성된다. 우리 생각의 이미지와 일치하는 것들에 연관되는 인과관계 사슬은 이렇게 시작된다. 생각이 명확해지고 집중되면 우리는 생각의 대상과 빠르게 조화를 이루게 된다. 그렇지 않은 경우에는 더 많은 시간이 필요하다. 대부분은 결핍, 제약, 상실, 부조화 등 부정적인 것에 초점을 맞추는 경향이 있다. 따라서 그러한 생각에 상응하는 조건을 끌어들이는 것은 당연하다. 반면 소수는 성공, 번영, 조화로운 조건에 집중하고, 그 결과 그러한 긍정적 생각을 반영하는 환경을 경험하게 된다.

8 어떻게 해야 기도에 대한 응답을 받을 수 있는가?

A 우주의 마음, 전능한 힘, 지고한 존재는 우리의 요청에 맞춰 우주의 '운영 방식'을 바꾸거나 예외를 두지 않는다. 우주의 마음은 잘 알려진 법칙들을 준수하며, 그 법칙들은 의식적으로든 무의식적으로든, 우연히든 의도적으로든 작동될 수 있다. 적용된다. 모든 시대의 사람들은 놀라운 끌어당김의 법칙에 영향을 받아, 그들의 간청에 응답하고 그들의 요구를 들어주기 위해 사건을 조정하는 초월적 존재가 분명히 있다고 믿었다.

9   우리는 종종 "소유는 사용에 달려 있다"는 말을 듣는다. 사용하는
    것만이 "힘, 소유물 등의 보고(寶庫)"를 얻는 유일한 방법이라는 점
    을 보여주려면 어떤 예시를 들 수 있을까? 특히 이렇게 얻은 "보고"
    를 긴급한 상황에 활용할 수 있다는 점을 강조할 수 있다면 좋겠다.

A   예를 들어, 어떤 남자가 팔의 힘을 기르고 싶어 한다고 해보자.
    그는 강한 팔을 갖기를 원한다. 하지만 그가 팔을 옆구리에 묶
    어두고, 팔의 힘을 보존하려 한다면 어떻게 될까? 그런 방식
    으로는 현재 보유한 힘조차 점차 약화될 것이다. 대신 팔을 적
    극적으로 사용하고 근력 운동을 통해 근육을 발달시켜야 한
    다. 그 결과, 팔을 자주 사용할수록 팔의 힘이 커진다는 사실을
    알게 될 것이다. 요컨대 현재 가진 힘을 쏟을수록 더 많은 힘
    을 얻게 된다는 뜻이다. 같은 법칙이 정신적, 영적 힘에도 적용
    된다.

10 "자발적으로 사고하지 않으면 고된 노동을 감수해야 하며, 생각을
    적게 할수록 더 많이 일하면서도 그에 대한 보상은 적어질 수밖에
    없다." '몸으로 일하는 하급 노동자'가 존재하지 않는 세상이 가능
    할까?

A   생각의 힘은 우리 일의 고단하고 단조로운 부분을 상당히 덜
    어주었다. 그러나 이른바 '과학적 관리'와 '효율적 공학 시스
    템'은 인간을 단순한 기계로 여기는 경향이 있다. 약간의 차이
    는 있겠지만 시간당 많은 일을 해내는 기계로 보는 것이다.
    노동은 봉사이며, 모든 봉사는 고귀한 것이다. 그러나 '몸으로
    일하는 노동자'의 봉사는 지적이기보다는 무계획적이다. 노동

은 인간의 창조적 본능이 외부로 표현된 것이다. 그러나 산업화로 인한 변화로 이러한 창조적 본능을 발휘할 기회가 점차 줄어들고 있다. 이제 아무도 혼자 힘으로 집을 짓거나 정원을 가꿀 수 없고, 자기 노동력을 자유롭게 사용할 수도 없다. 그 결과 우리는 인간이 누릴 수 있는 가장 큰 기쁨, 즉 무언가를 성취하고 창조하며 실행하는 즐거움을 잃어버렸다. 위대한 힘인 창조적 본능이 왜곡되어 파괴적인 길로 접어들었다. 자신의 창조적 욕구를 건설적으로 표현할 수 없게 되면, 때로는 다른 이들의 성과를 훼손하는 방식으로 그 욕구가 표출된다. 하지만 우리는 노동을 통해 우주가 혼돈이 아니라 질서 있는 체계이며, 불변의 법칙으로 다스려진다는 사실을 깨닫는다. 모든 상황은 원인의 결과이고, 같은 원인에서는 언제나 같은 결과가 생겨난다. 또한 원인은 정신적인 것이고, 생각이 행동을 결정하며, 건설적인 사고는 건설적인 조건을, 파괴적인 사고는 파괴적인 조건을 만들어낸다는 것도 알게 된다.

11 "삶은 외부에서 더해지는 것이 아니라, 내면에서 우러나오는 것을 표현하는 과정이다." 이 말은 책이나 경험 등을 통해 얻는 지식은 고려하지 않는 것인가?

A   특정 정보를 받아들일 준비가 되어 있지 않다면, 책이나 경험, 환경으로부터 얻을 수 있는 이점은 제한적이다. 우리의 내면 세계는 우리가 인식하고 이해할 수 있는 범위 내에서 외부 세계와 연결된다. 예를 들어, 당신이 히브리어에 능숙하지 않다고 가정해보자. 세상에서 가장 아름다운 히브리어로 쓰인, 가

장 고귀한 사상이 담긴 책을 접하더라도, 히브리어를 이해하지 못한다면 그 책의 가치를 알아차리기 어렵다. 다른 경우도 마찬가지다. 우리의 인식 수준이 특정 개념을 수용할 만큼 발달하지 않았다면, 그 개념이나 경험의 가치를 제대로 인식하기 어렵다. 그래서 똑같은 생각이 어떤 이에게는 전혀 인상 깊지 않은 반면, 다른 이에게는 흥미롭고 놀라운 것으로 다가오는 것이다. 전자는 그 개념을 이해할 만한 지적 준비가 되어 있지 않지만, 후자는 그 개념을 받아들일 수 있는 상태여서 그 안에 담긴 의미를 파악할 수 있다.

12 참된 종교와 참된 과학은 '쌍둥이' 관계에 있으므로, 하나가 죽으면 다른 하나도 죽는다고 말할 수 있는가? 그렇다면 그 이유는 무엇인가?

A 참된 과학과 참된 종교가 쌍둥이 관계라는 것은 분명한 사실이다. 진리는 죽을 수 없기에 둘의 죽음을 가정하는 것 자체가 불가능하다. "진리의 핵심은 질서와 법칙을 한결같이 따르는 것이다. 우리 마음은 진리의 본질이 변함없고 지속적이라고 여긴다. 그래서 내면의 경험이든 외부 세계의 경험이든, 이러한 변함없음과 지속성에 어긋나는 현상을 마주치면 마음이 거부감을 느낀다." 이 원칙은 과학과 종교 모두에 적용된다. 과학에서 참된 것은 종교에서도 참되어야 한다. 과학적 진리와 종교적 진리가 별개로 존재할 수는 없다. 모든 진리는 하나이며, 더 이상 나눌 수 없다.

13 물질주의와 영성주의가 마스터키 시스템과 조화를 이룬다는 것을 어떻게 알 수 있을까?

A 마스터키 시스템은 모든 현상의 근원에 단일한 원리와 힘이 있다고 설명한다. 우리가 인식하는 모든 존재는 이 근본적인 힘이 다양한 형태로 표현된 것이다. 이 근본적인 힘의 본질은 비물질적이지만, 그것이 구현된 형태는 물질세계에서 관찰 가능하다. 영적 측면은 개인의 내적 경험에 관련되고, 물질적 측면은 외부에서 관찰 가능한 현상을 나타낸다. 이러한 현상은 자연의 모든 곳에서 발견된다. 인간은 영적 존재이지만 인간의 몸은 물질로 이루어져 있다. 영은 객관적인 방식으로 객관적인 형태를 취해야 한다. 이러한 관점에서 영성은 초자연적 현상이나 신비주의적 경험과는 구별되는 개념이다.

14 유럽뿐 아니라 미국에서도 대다수의 사람들이 전쟁에 싫증을 느끼고 평화를 갈망하며, 번영하는 정상적인 상태로 돌아가기를 원하고 있다. 그런데 그 정상적인 상태로의 복귀 과정이 왜 그토록 더디고 힘겨운 것일까?

A 물론 질문에서 언급한 대로 아무도 더 이상의 전쟁을 원하지 않는다. 마치 누구도 빈곤이나 범죄 같은 파괴적인 상황을 바라지 않는 것과 같다. 하지만 전쟁과 파괴, 빈곤과 범죄를 초래하는 것들에 대한 의식적, 무의식적 욕구가 여전히 존재한다. 이런 지배와 분열에 대한 갈망은 "누가 왕국에서 가장 위대한가?"와 같은 오래된 질문이기도 하다.

자연의 법칙은 모든 이에게 공평하게 적용된다. 개인과 국가 모두 물리적 힘 이외의 다른 형태의 힘이 존재하며, 이로 인해 물리적 힘만으로는 모든 상황을 좌우할 수 없다는 점을 점차 인식하게 된다. 겉으로 드러나는 조화는 오직 내면의 조화에서 비롯된다. 이러한 내적 조화는 우리가 세상을 더 깊이 이해하고 통찰력을 갖출 때 얻어진다.

15 이 책에서 '최상의 성취'를 목표로 삼으면서 어떻게 신학을 무시할 수 있는가?

A 수 세기 전, 사람들은 성경과 갈릴레오 중 하나를 선택해야 했고, 50년 전에는 성경과 다윈 중 하나를 택해야만 했다. 그러나 세인트 폴 대성당의 주임 사제인 윌리엄 잉William Inge이 말했듯이, "교육받은 사람이라면 누구나 생명체의 진화에 관한 핵심적인 사실들이 확고히 정립되었으며, 고대 히브리인들이 바빌로니아로부터 차용한 신화와는 사뭇 다르다는 것을 알고 있다. 현대 과학의 발견을 인정하는 것이 이성적 태도이며, 이를 부정할 이유가 없다. 전통적인 기독교는 단순화되고 본질적 영성에 초점을 맞출 필요가 있다. 현재의 기독교는 과거의 과학적 오류와 부적절한 경제 이론으로 인해 그 본질이 왜곡되었다. 이러한 인식이 확산될수록, 종교는 미신적 요소에서 벗어나 본질적 영성을 추구하게 될 것이다.

16 "5퍼센트만이 전략적 위치를 선점하고, 사건이 일어나기 전에 그 조짐을 감지하는 통찰력을 지닌다"라는 말의 정확한 의미는 무엇일까?

A   95퍼센트의 사람들은 결과를 바꾸기 위해 분주히 노력한다
는 뜻이다. 이들은 불만족스러운 상황에 직면했을 때 즉각적
인 해결책을 찾으려 한다. 그러나 이러한 접근은 문제의 표면
만을 다루는 것에 불과하다는 점을 곧 인식하게 된다. 반면 나
머지 5퍼센트는 문제의 근본 원인을 파악하고 이를 변화시키
는 데 초점을 맞춘다. 그들은 지속적인 변화를 이루려면 근본
원인을 찾아야 한다는 것을 알고, 그 원인이 자신들의 통제하
에 있음을 깨닫는다. 결국 5퍼센트는 스스로 사고하는 사람들
이고, 95퍼센트는 타인의 생각을 그저 받아들이는 사람들이
다. 오직 스스로 사고하는 사람만이 어떤 사건이 일어나기 전
에 그 징후를 감지할 수 있다.

17 '극성'polarity이라는 용어가 정신적 과정에 적용될 때 어떻게 이해해
    야 하는지 좀 더 분명히 설명해달라.
A   극성이란 특정한 사고나 감정의 패턴을 지속적으로 유지하는
    경향을 뜻한다. 특정 방식의 사고를 지속하면, 그 사고 패턴이
    고착화되어 극성을 형성하게 된다. 그렇게 되면 다른 관점에
    서 바라보는 것이 어렵거나 심지어 불가능해진다.

18 진실이란 무엇인가?
A   진실은 행복의 절대 조건이다. 진실을 깨닫고 그에 기반을 두
    고 살아간다면, 비교할 수 없는 깊은 만족감을 경험한다. 진실
    은 모든 인간 활동의 기초이며, 성공적인 사업과 건강한 사회
    적 관계를 위한 필수 요소이다. 진실은 갈등과 의심, 위험이 가

득한 세상에서 유일하게 의지할 수 있는 확고한 기반이다.

무지 때문이든 고의로든 진실을 등지는 모든 행위는 우리를 떠받쳐주는 기반을 허물기에 불화와 혼란, 그리고 필연적인 손실로 이어진다. 열등한 사람이 옳은 행동의 결과를 정확히 예측하지 못하는 것은 당연하다 할지라도, 심오한 통찰력을 지닌 탁월한 사람조차 쉽게 방향을 잃고 성공적인 결과를 이끌어내지 못하게 된다. 그 이유는 애초에 올바른 원칙에서 벗어났기 때문이다.

19 세균은 어떻게 생겨나는가?

A 창조란 다양한 요소들을 조화롭게 결합하여 새로운 것을 만들어내는 과정이다. 예를 들어, 산소와 수소가 적절한 비율로 결합하면 물이 생성된다. 산소와 수소는 모두 눈에 보이지 않는 기체이지만, 물은 눈에 보이는 액체이다.

하지만 세균은 생명체이다. 따라서 세균은 생명이나 지성을 지닌 무언가의 산물임이 분명하다. 영은 우주에 존재하는 유일한 창조 원리이고, 생각은 영의 유일한 활동이다. 그러므로 세균은 정신적 과정의 결과물이다.

개인의 사고는 유사한 성질의 다른 사고들과 공명하며 상호작용한다. 이러한 사고의 상호작용은 집약되어 하나의 중심 아이디어를 형성한다. 이 중심 아이디어는 우주의 근본적인 에너지와 상호작용하여, 결국 사고자의 의도에 부합하는 형태로 현실화된다.

전쟁터에서 죽음의 고통과 극심한 고뇌에 시달리는 수많은 사람은 증오와 고통에 사로잡힌 생각을 메시지로 발신한다. 그러면 얼마 지나지 않아 수많은 사람이 '인플루엔자'라고 불리는 세균에 감염되어 목숨을 잃는다. 숙련된 형이상학자를 제외하고는 아무도 이 치명적인 세균이 언제 어떻게 생겨났는지 모른다.[*] 사고의 다양성만큼이나 미생물의 종류도 다양하며, 해로운 세균뿐만 아니라 이로운 세균도 존재한다. 그러나 어떤 종류의 세균이든 그것이 성장하고 번식하기 위해서는 적절한 환경이 필요하다.

20 환생Reincarnation이라는 개념은 어디에서 유래했을까?

A 각 세대의 생식질germ plasma에는 이전 세대에 존재했던 모든 것의 총합이 담겨 있다. 모든 세포의 핵에는 염색체가 있고, 염색체는 명확한 법칙을 따르며 자연과 조건에 맞는 종을 재생산한다. 염색체는 현미경으로만 관찰될 정도로 작지만, 성체를 구성하는 요소들뿐 아니라 종의 특성, 형태와 외관의 특징, 가족 유사성, 기질과 정신, 성격과 개성을 결정하는 요인들을 포함하고 있다. 따라서 육체적으로 우리는 조상과 동일하며, 여기에 환경과 교육이 더해질 뿐이다. 개별 염색체가 세대를 초월해 동일하다는 사실에서 환생이라는 개념이 탄생했다.

◇◇◇◇◇◇

[*] 인플루엔자는 바이러스에 의해 발생하는 질병이며, 바이러스는 세균과는 다른 미생물로, 그 기원과 진화에 대해서는 아직 완전히 밝혀지지 않았다. 다만 현대 과학에서는 바이러스가 인간의 사고나 감정에 의해 생겨난다고 보지 않는다.

21 흑마술Black Magic이란 무엇인가?

A   흑마술로 알려진 현상이 존재한다는 믿음은 맹신과 미신에서
    비롯된다. 그것은 정신 세계를 지배하는 법칙에 대한 이해 부
    족에서도 기인한다. 모든 사고와 모든 사물은 우주의 마음속
    에 용해되어 있다. 개인은 정신의 문을 열고 어떤 종류의 사고
    라도 받아들일 수 있다. 예컨대, 마법사나 마녀가 우리를 해치
    려 한다고 생각한다면, 우리는 그런 사고가 들어올 수 있는 문
    을 연 것이며, 성경의 욥처럼 "내가 두려워하는 그것이 내게
    임하는구나"라고 말하는 셈이다. 반대로 우리를 돕고자 하는
    사람들이 있다고 생각한다면, 그런 도움을 받아들이기 위한
    문을 연 것이나 마찬가지이다. 그러면 "너희 믿음대로 되라"라
    는 성경 구절이 2,000년 전에도 사실이었듯 오늘날에도 여전
    히 진리임을 깨닫게 될 것이다.

22 진동의 법칙이 생각의 영역에 어떻게 적용되는지 잘 모르겠다. 예를
    들어, 진동수를 변화시키려면 어떻게 해야 하는가? 최상의 결과를
    얻으려면 진동수를 어느 방향으로 변화시켜야 하는가?

A   모든 생각은 진동수를 변화시킨다. 더 크게, 더 깊이, 더 높이,
    더 확신에 차서 사고할수록 뇌세포는 더욱 정제되고 효율적이
    되어 더 미세한 진동까지 수용할 수 있게 된다. 이 원리는 정
    신적, 영적 영역뿐 아니라 물질적 영역에도 적용된다. 귀가 음
    악에 익숙해지면 더 미세한 진동까지 감지할 수 있게 되어, 훈
    련된 음악가는 일반인이 전혀 인식하지 못하는 소리의 화음까
    지 들을 수 있다.

23 혼돈처럼 보이는 현 시국에서, 지구상의 모든 위대한 예언자들이 예
    언한 새 시대, 즉 새로운 천년왕국의 도래를 알아차리기가 쉬울까?

A   광범위한 각성의 두드러진 특징 중 하나는 의심과 불안으로
    가득한 안개를 뚫고 빛나는 낙관주의이다. 새로운 통찰력을
    가져오며, 이것이 확산될수록 부정적 감정과 태도가 줄어든다.
    우리가 갈구하는 것은 아기 예수가 아니라 영적 깨달음이다.
    우리가 열망하는 것은 우리 모두를 자유롭게 할 진실의 광범
    위한 실현과 구현이다. 새로운 시대에 어떤 한 남자나 여자가
    이 진실을 먼저 깨달을 가능성은 거의 없다. 여러 징후를 종합
    해보면, 깨달음의 빛 속에서 다수가 동시에 각성할 가능성이
    훨씬 더 크다는 의미다.

24 당신은 존재하는 모든 것을 창조하고 유지하며 형상을 부여하는 근
    원적 창조자에 대해 언급했다. 그런데도 우리가 결핍을 생각하고,
    전쟁과 범죄를 떠올리게 되는 이유는 무엇일까?

A   결핍과 전쟁, 범죄를 생각하는 능력조차 궁극적으로는 창조의
    근원으로부터 나온다. 우리에게는 건설적으로 생각할 수 있는
    힘이 있는 만큼 파괴적으로 생각할 수 있는 힘도 있다. 하지만
    생각이 창조의 과정이며, 우리 자신이 창조자라는 사실을 자
    각하는 순간 우리는 자신과 타인을 해치는 파괴적인 사고를
    멈출 수 있게 된다.

25 나쁜 사람을 혐오한 칼라일의 사고방식이 그의 발전에 도움이 되지
    않았다는 당신의 주장에 전적으로 동의한다. 그럼에도 오늘날 우리

사회를 짓누르는 전쟁과 부패, 살인과 범죄, 도둑질 같은 사악한 현상들은 분명히 존재한다. 이것을 어떻게 바라봐야 할까? 건설적인 노력에 앞서 더러운 잡초를 제거하는 작업이 필요한 게 아닐까?

A 그렇지 않다. 제거하는 과정은 전혀 필요치 않다. 방에 빛을 들이기 위해 어둠을 쫓아내려 애쓸 필요 없이 그저 불을 켜면 되듯이, 긍정적인 변화를 만들어내면 부정적인 요소는 자연히 사라진다. 현재 부정적인 활동에 쓰이는 자원의 일부만이라도 긍정적인 목적으로 전환된다면, 사회의 많은 문제가 놀라울 정도로 빠르게 해결될 수 있다.

국가의 기본 단위는 개인이다. 정부는 이러한 개인들의 집단적 의식 수준을 반영한다. 따라서 진정한 변화는 개인의 의식 변화에서 시작되며, 이는 결국 사회 전체의 변화로 이어진다. 그러나 우리는 흔히 이 과정을 거꾸로 시도한다. 개인의 변화 없이 제도만 바꾸려 하지만, 이는 근본적인 해결책이 될 수 없다. 하지만 슬기롭고 체계적인 노력으로 지금의 파괴적 사고를 건설적인 방향으로 전환할 수 있다. 큰 힘을 들이지 않고도 말이다.

성공의 문을 여는 마스터키

성전에는 신성한 형상이 모셔져 있고,
예로부터 인류 대다수에게 지대한 영향을 끼쳐왔다.
하지만 엄밀히 말해, 우리 마음에 각인된 인상과 이미지야말로
보이지 않는 힘으로 우리를 끊임없이 지배하며,
우리 모두는 기꺼이 그 앞에 무릎을 꿇곤 한다.

조나단 에드워즈

THE
MASTER
KEY
SYSTEM

해설

생각이 현실이 된다

24주 만에 인생을 뒤바꾸는
마법의 열쇠

강주헌

약 100년 전, "24가지 교훈이 담긴 통신 강의"가 책으로 출판되었다. 이 책은 21세기 초 미국과 한국에서 크게 베스트셀러가 된 론다 번의 『시크릿』에 큰 영향을 미쳤다. 이 영향력 덕분인지, 100년이 지난 지금도 아마존닷컴에서 꾸준히 판매되고 있다. 여러 이유가 있겠지만, 개인적으로는 '선한 마음가짐'을 강조한 점도 한몫했을 것 같다.

1. 개요

역시 1세기가 넘은 때의 일이다. 프랑스에 에밀 쿠에Émile Coué라는 약사가 있었다. 이상하게도 그의 약국에서 약을 받아간 환자들

성공의 문을 여는 마스터키

은 놀라운 치료 효과를 경험했다. 당국은 불법 약물 사용을 의심해 조사했지만, 아무런 증거를 발견하지 못했다. 쿠에 약국의 유일한 특별함은 약 봉투에 적힌 문구에 있었다. "나는 날마다 조금씩 나아지고 있다." 쿠에는 약을 받아가는 환자에게 약을 복용하기 전에 이 문구를 반복해 읽으라고 당부했다. 이른바 '자기 암시'와 반복의 힘이 기적에 가까운 치료 효과로 이어진 것이었다.

이 책의 핵심 메시지 역시 "자기 암시"를 강조하는 데 있다. 구체적으로 들어가면, 끌어당김의 법칙, 창조적인 시각화, 집중의 힘 등이 강조된다. 또한, 쿠에가 암묵적으로 강조한 '반복'의 중요성이 이 책 전반에 걸쳐 나타난다.

능동적인 생각의 중요성이 계속 언급되는 동시에, 프랑스 도덕주의자이던 조제프 주베르(Joseph Joubert, 1754-1824)의 금언 "원대하고 아름다운 생각을 완전히 이해하는 데는 그 생각을 잉태하는 데 공들인 만큼의 시간이 걸린다!"가 강조된다. 이 책을 읽는다고 곧바로 성과가 나타난다는 것은 아니라는 뜻이다. 저자는 24주 동안의 꾸준한 훈련을 통해 '마스터키'를 얻을 수 있다고 조언한다.

이 책의 원제는 간단명료하게 "마스터키 시스템"이다. 그럼 무엇을 위한 마스터키일까? 어떤 부문에 대한 성공을 말하는 것일까? 저자의 표현을 빌리자면, 이는 "생각하는 능력을 얻기 위한" 마스터키이다. 저자는 이러한 방법들을 체계적이고 논리적으로 설명한다.

책에는 성경 구절이 자주 인용되지만, 저자가 언급하는 신은 기독교적 개념보다는 범신론적 관점에 가깝다. 이러한 관점 때문에 이 책은 1933년 종교계의 압력으로 금서로 지정되어 수십 년간 잊혔다.

2. 책의 구성

모든 장은 일관된 구조로 구성되어 있다. 각 장은 주요 내용의 개요로 시작하며, 이어서 번호가 매겨진 문단에서 세부적인 설명을 제공한다. 장의 마지막에는 '질문과 답변' 형식을 통해 핵심 내용을 재정리한다. 이러한 구조는 저자 찰스 F. 해낼이 반복을 통해 독자의 잠재의식에 '마스터키' 개념을 심어주려 애쓰고 있음을 보여준다. 그러곤 마지막에 유명 인사의 어록을 인용해 앞의 내용을 다시 한번 상기시킨다.

또한, 각 장의 마지막에는 해당 장의 핵심 교훈을 실천할 수 있는 구체적인 훈련 방법을 제시한다. 이 훈련 방법들은 위키피디아에 잘 정리되어 있는데, 이를 바탕으로 조금 더 상세히 설명하고자 한다.

01장. 책상에 앉아 차분함을 유지하는 훈련

02장. 잡념을 떨쳐내는 훈련

03장. 긴장된 몸을 이완하는 훈련

04장. 부정적인 생각을 털어내는 훈련

05장. 즐거운 추억의 장소를 마음에 그리는 훈련

06장. 누군가의 사진을 보고 세부를 기억해내는 훈련

07장. 친구의 얼굴에 밝은 표정을 상상하는 훈련

08장. 전함 건조 과정을 머릿속에 그리는 훈련

09장. 씨앗이 자라 꽃 피는 모습을 상상하는 훈련

10장. 기하학적 도형을 마음속에 그려보는 훈련

성공의 문을 여는 마스터키

11장. 마가복음 11장 24절("그러므로 내가 너희에게 말하노니 무엇이든지 기도
    하고 구하는 것은 받은 줄로 믿으라 그리하면 너희에게 그대로 되리라")에
    집중하는 훈련

12장. 전능한 존재와 하나 됨을 상상하는 훈련

13장. 자신이 전체의 일부임을 인식하는 훈련

14장. 조화에 마음을 집중하는 훈련

15장. 지식의 활용이 가치를 지닌다는 깨달음의 훈련

16장. 행복과 조화가 의식의 상태임을 자각하는 훈련

17장. 원하는 것에 집중하는 훈련

18장. 자신의 창조력을 인지하고 신념의 논리적 토대를 세우는 훈련

19장. 개인적 욕구에 초점을 맞추는 훈련

20장. "우리는 그분 안에서 살고 움직이며 존재한다"라는 구절에 집중하는
    성찰 훈련

21장. 진실에 온 마음을 기울이는 훈련

22장. 앨프리드 테니슨의 시구("그대여, 그분께 직접 여쭈어보라. 그분은 그대
    의 기도를 들으신다. 영과 영이 서로 만날 수 있으니, 그분은 그대의 손과 발
    보다 더 가까이, 그대의 숨결보다 더 가까이 계신다")에 몰두하는 훈련

23장. 인간은 육신을 지닌 영임을 집중하는 훈련

24장. 이 세상이 경이로움 그 자체임을 깨닫는 훈련

이렇듯 반복적이고 꾸준한 훈련을 거치면, 24주가 지난 후에는 "여태껏 꿈에서조차 그려보지 못한 결실은 물론, 말로 다 표현할 수 없는 보상까지 얻게 될 것"이라고 저자는 장담한다.

개인적 경험을 밝히는 게 쑥스럽지만, 11장에 나오는 "무엇이든

기도하고 구하는 것은 이미 받은 줄로 믿으라. 그러면 너희에게 그
대로 주어지리라"는 훈련법만큼은 강력한 자기 암시로서 분명 실효
성이 있는 듯하다.

3. 신사고 운동

찰스 F. 해낼과 『성공의 문을 여는 마스터키』(이하 『마스터키』)를
설명할 때 빠짐없이 등장하는 단어가 있다. 바로 '신사고 운동'New
Thought movement 혹은 '신사고 철학'이다. 신사고 운동이란 간단히 말
해, 19세기 초 미국을 휩쓴 종교 운동이었다. 이 운동은 기독교를
기반으로 하되, 고대 그리스, 이집트, 중국, 인도 등의 철학적 지혜
를 융합한 광범위한 사상 체계였다. 특히 생각과 믿음, 의식이 인간
의 마음속에서 어떻게 상호작용하며 우리 정신에 영향을 미치는지
에 주목했다. 더욱이 기독교에서는 기도할 때 간구한 바가 이미 이
루어진 것처럼 '과거형'으로 기도하라 가르친다. 신사고 운동은 이
러한 자기 암시와 확신이 현실 세계에 미치는 영향에 큰 관심을 가
졌다. 이런 측면에서 신사고 운동은 주관적인 정신 활동에 치중한
다는 비판을 받기도 했다.

그러나 '미국 심리학의 아버지'로 평가받는 윌리엄 제임스
(William James, 1842-1910)마저도 신사고 운동을 '정신 치유 운동'과
동일시하며 긍정적으로 평가했다. 19세기 말과 20세기 초, 미국은
물론 유럽도 경제 불황에 시달렸고, 많은 젊은이가 실직과 좌절에
허덕였다. 이때 젊은 세대에 희망의 불씨를 지피겠다고 나선 이들

이 바로 성직자들이었다. 그들이 집필한 책들이 오늘날 자기계발서의 원형이 된 신사고 운동의 일부라는 분석도 있다. 특히 침례교 목사이자 템플대학교 설립자인 러셀 콘웰(Russell Conwell, 1843-1925)의 책은 신사고 운동의 고전으로 꼽힌다. "부자 되는 것이야말로 인간의 의무"라는 그의 주장은 당시 보수 기독교계를 뒤흔들었다. 그리고 세월이 흐르며 그 가르침은 보수 신자들에게도 자연스레 스며들었다.

『마스터키』에는 신사고 운동의 핵심 개념인 형이상학적 믿음, 긍정적 사고, 끌어당김의 법칙, 생명력, 창조적 시각화 등이 그대로 반영되어 있다. 또한 신사고 운동이 집단보다 개인의 힘을 강조한다는 점에서도, 이 책은 신사고 운동의 영향을 받았을 뿐 아니라 그 확산에도 기여했다고 평가할 만하다.

4. 영향과 평가

확인되지 않은 일화지만, 빌 게이츠가 하버드 대학교에 재학할 때 이 책을 읽고 크게 영감을 받아 학업을 중단하고 "모든 책상 위에 컴퓨터를 놓자"라는 꿈을 좇기 시작했다는 소문이 있다. 실리콘밸리에서 성공한 기업가들의 책상마다 해널의 『마스터키』가 놓여 있다는 이야기도 들린다. 진위와 무관하게, 이 책을 둘러싼 소문의 존재 자체가 그 영향력을 방증하는 듯하다.

찰스 F. 해널 공식 웹사이트에 따르면, 유명 베스트셀러 『생각하라, 그리고 부자가 되어라』의 저자 나폴레온 힐은 1919년 해널에게 보낸 편지에서 자신의 성공이 『마스터키』에 제시된 원리 덕분이었다며 고마움을 표했다고 전했다(https://www.haanel.com/history-influence).

긍정적인 생각을 강조하며, 주는 대로 받는다고 가르치는 책인 까닭에, 얼핏 생각하면 나쁜 사람이나 현상을 혐오하는 습관을 떨쳐내려고 노력해야 한다고 강조할 듯하다. 그러나 찰스 F. 해널은 색다르면서도 설득력 있게 교훈을 전한다. 해널은 그런 습관을 없애려 굳이 애쓰지 말라며 이렇게 비유한다.

방에 빛을 들이기 위해 어둠을 쫓아내려 애쓸 필요 없이 그저 불을 켜면 되듯이, 긍정적인 변화를 만들어내면 부정적인 요소는 자연히 사라진다. 현재 부정적인 활동에 쓰이는 자원의 일부만이라도 긍정적인 목적으로 전환된다면, 사회의 많은 문제가 놀라울 정도로 빠르게 해결될 수 있다.

결국 부정적 생각을 말리기보다는, 그 시간에 긍정적 생각을 하라는 것이다. 상대를 혐오하며 허비하는 시간의 10분의 1만이라도 건설적인 일에 쓴다면 세상이 달라질 거란 충고다. 이는 혐오와 갈등이 만연한 현대 사회에 시사하는 바가 크다.

해널이 강조하는 핵심은 개인의 의식 변화이다. 개인을 집단이나 조직보다 중요시하는 이러한 관점은 20세기 초 구조주의 철학의 주요 흐름과도 일치한다. 개인의 사고가 변하면 집단의 사고도 자연히 바뀌기 때문이다.

1세기 전에 쓰인 책이지만, 그 가르침은 여전히 유효하다. 모두가 이 책에 소개된 훈련법을 통해 "여태껏 꿈에서조차 그려보지 못한 결실은 물론, 말로 표현할 수 없는 보상까지" 얻기를 바란다.

충주에서

강주헌

옮긴이 **강주헌**

한국외국어대학교 프랑스어과를 졸업한 뒤 같은 대학원에서 석사 및 박사학위를 받았고 프랑스 브장송 대학에서 수학했다. 번역의 탁월성을 인정받아 2003년 '올해의 출판인 특별상'을 수상했으며, 현재 영어와 프랑스어 전문번역가로 활발하게 활동 중이다.
옮긴 책으로『총 균 쇠』,『12가지 인생의 법칙』,『습관의 힘』,『문명의 붕괴』,『슬럼독 밀리어네어』,『빌 브라이슨의 발칙한 미국 산책』,『촘스키처럼 생각하는 법』등 100여 권이 있으며, 지은 책으로『원문에 가까운 번역문을 만드는 법』,『원서, 읽(힌)다』등이 있다.

성공의 문을 여는 마스터키

1판 1쇄 발행 2024년 10월 31일

지은이 찰스 F. 해낼
옮긴이 강주헌
발행인 박명곤 **CEO** 박지성 **CFO** 김영은
기획편집1팀 채대광, 김준원, 이승미, 김윤아, 백환희, 이상지
기획편집2팀 박일귀, 이은빈, 강민형, 이지은, 박고은
디자인팀 구경표, 유채민, 임지선
마케팅팀 임우열, 김은지, 전상미, 이호, 최고은

펴낸곳 (주)현대지성
출판등록 제406-2014-000124호
전화 070-7791-2136 **팩스** 0303-3444-2136
주소 서울시 강서구 마곡중앙6로 40, 장흥빌딩 10층
홈페이지 www.hdjisung.com **이메일** support@hdjisung.com
제작처 영신사

ⓒ 현대지성 2024

"Curious and Creative people make Inspiring Contents"
현대지성은 여러분의 의견 하나하나를 소중히 받고 있습니다.
원고 투고, 오탈자 제보, 제휴 제안은 support@hdjisung.com으로 보내주세요.

현대지성 홈페이지

이 책을 만든 사람들
편집 채대광 **표지 디자인** 스튜디오 베어 **본문 디자인** 유채민